조혜진 지음

다락원

내게는 특별한★ 스페인어 어휘를 부탁해

지은이 조혜진
펴낸이 정규도
펴낸곳 (주)다락원

초판 1쇄 발행 2013년 1월 18일
초판 7쇄 발행 2025년 1월 6일

책임편집 이숙희, 서지현, 김보미래, 설기수
디자인 윤지영, 윤현주
감수 Roberto Vega Labanda
일러스트 황순영
녹음 Roberto Vega Labanda, Cecilia Lee Chang,
 신소윤, 김래환

다락원 경기도 파주시 문발로 211
내용 문의 : (02)736-2031 내선 420~426
구입 문의 : (02)736-2031 내선 250~252
Fax : (02)732-2037
출판등록 1977년 9월 16일 제300-1977-23호

Copyright ⓒ 2013, 조혜진

저자 및 출판사의 허락 없이 이 책의 일부 또는 전부를 무단
복제·전재·발췌할 수 없습니다. 구입 후 철회는 회사 내규에
부합하는 경우에 가능하므로 구입 문의처에 문의하시기 바랍
니다. 분실·파손 등에 따른 소비자 피해에 대해서는 공정거
래위원회에서 고시한 소비자 분쟁 해결 기준에 따라 보상 가
능합니다. 잘못된 책은 바꿔 드립니다.

ISBN 978-89-277-3099-6 18770

http://www.darakwon.co.kr
다락원 홈페이지를 방문하시면 상세한 출판 정보와 함께 MP3 자료
등 다양한 어학 정보를 얻으실 수 있습니다.

머리말

어휘는 외국어 학습에 있어서 중요한 부분을 차지합니다. 읽기와 쓰기를 비롯한 외국어를 이해하는 총체적인 능력과도 직결되기 때문에 항상 곁에 두고 공부해야 합니다. 하지만 어휘는 한순간에 습득되지 않기 때문에 오랜 시간과 노력을 들여 반복해서 보고 듣고 스스로 학습해야만 그 실력이 쌓이는 것입니다.

〈내게는 특별한 스페인어 어휘를 부탁해〉는 이러한 의도에서 준비, 구성되었습니다. 스페인어 구사 수준을 가늠하는 DELE A1~B2 레벨에 해당하는 필수 어휘 2천여 개를 분야별로 세분화하고, 각 장에 속한 각 과의 마지막에 연습 문제를 제시하여 학습한 것을 스스로 확인할 수 있게끔 만들었습니다. 어휘는 스페인에서 발간되는 각종 교재와 DELE 기출문제, Plan Curricular del Instituto Cervantes, 실생활에서의 사용 빈도, 교수자로서의 경험에 의거하여 선택하였습니다.

또한, 본 책에 제시되는 각 표제 어휘의 의미뿐만 아니라 동의어나 반의어, 파생어, 관련 표현까지 덧붙여 어휘력의 폭을 확장할 수 있도록 배려하였습니다. 부록에도 필수적으로 알아야만 하는 여러 분야의 어휘들을 일목요연하게 정리하였으므로 각 어휘와 함께 제시된 작은 글자들도 간과하지 마시기 바랍니다.

끝으로 본 책을 통해 여러분의 스페인어 어휘 구사력이 쑥쑥 성장하기를 기대합니다.

조혜진

이 책의 구성 및 활용

이 책은 스페인어를 배우는 학습자를 위하여 만들어진 초중급 수준의 어휘집입니다. 본 어휘집에 수록된 단어는 일상생활에서 자주 접하게 되는 단어를 11개의 장으로 큰 주제별로 묶고, 다시 그 안에서 과를 나누어 작은 주제별로 표제어를 제시했습니다. 표제어 아래의 항목에는 파생어, 반의어, 유의어 등과 같은 확장 어휘를 함께 실어 학습자들이 체계적이고 효과적으로 학습할 수 있습니다.

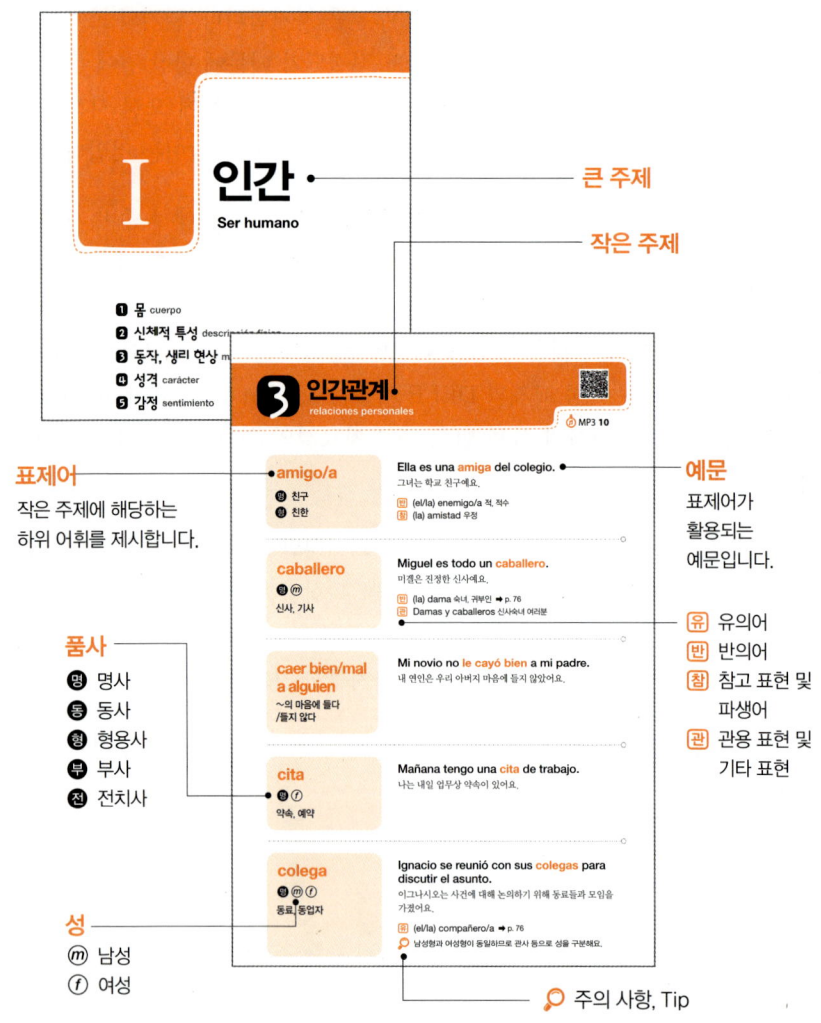

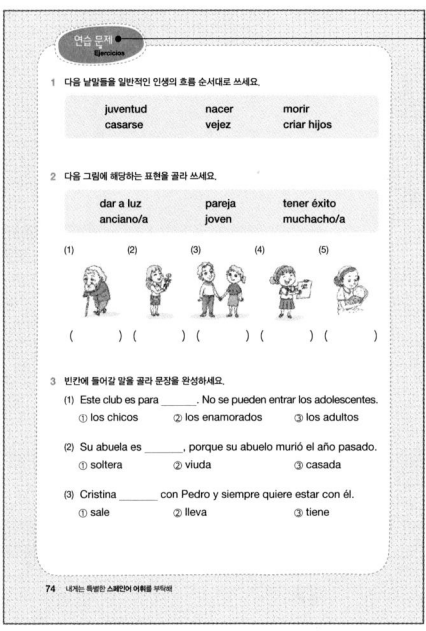

연습 문제
해당 단원에서 배운 내용을 확인해 볼 수 있습니다.

부록 I

- **추가 어휘**
  수, 계산, 형태, 도량형, 시간 관련 표현, 요일, 월, 계절, 색깔, 국명과 국적 형용사, 주요 표지, 자주 쓰는 두문자어, 자주 쓰는 약어

- **규칙·불규칙 동사표**
  규칙 동사와 불규칙 동사의 활용표

부록 II

- **정답**
  각 과의 연습 문제 정답

- **색인**
  색인 ❶ 스페인어 + 한국어
  색인 ❷ 한국어 + 스페인어

목차

머리말 ·· 003
이 책의 구성 및 활용 ······················ 004

I 인간

1. 몸 ·· 010
2. 신체적 특성 ······························· 020
3. 동작, 생리 현상 ·························· 025
4. 성격 ·· 034
5. 감정 ·· 041
6. 정신 활동 ································· 047
7. 건강, 질병 ································· 052

II 인간관계와 사회

1. 가족 ·· 062
2. 인생 ·· 067
3. 인간관계 ··································· 075
4. 일상적인 일 ······························· 079
5. 직업 ·· 083

III 의생활

1. 옷 ·· 094
2. 신발, 소품 ································· 101
3. 모양, 재료 ································· 107
4. 미용, 위생 ································· 113

IV 식생활

1. 음식 ·· 118
2. 맛, 조리법 ································· 132
3. 상점, 식당 ································· 138

V 집

1. 집 ·· 144
2. 주방, 욕실 ································· 154
3. 침실, 거실 ································· 160
4. 집안일 ····································· 165

VI 자연

1. 우주, 지구, 지리 ························· 170
2. 날씨, 자연현상 ··························· 179
3. 동물 ·· 186
4. 식물 ·· 197
5. 환경 ·· 203

VII 도시

1. 건물, 길 ··································· 208
2. 교통 ·· 218
3. 위치 ·· 231

VIII 문화

1. 교육 ·· 238
2. 언어, 문학 ································· 247
3. 종교, 기타 학문 ·························· 253
4. 대중매체 ··································· 260
5. 전화, 우편 ································· 266
6. 인터넷 ····································· 272

IX 여가

1. 영화 연극 ········· 278
2. 미술, 음악, 춤 ········· 284
3. 스포츠 ········· 291
4. 기타 취미 ········· 299
5. 축제, 축하 ········· 303
6. 여행 ········· 308

X 국가

1. 국가, 정치 ········· 316
2. 법, 경찰 ········· 323

XI 경제

1. 경제 ········· 334
2. 노동 ········· 342
3. 쇼핑 ········· 348

부록 I

추가 어휘 ········· 354
1. 수 ········· 354
2. 계산 ········· 355
3. 형태, 도량형 ········· 355
4. 시간 관련 표현 ········· 356
5. 요일 ········· 356
6. 월 ········· 356
7. 계절 ········· 357
8. 색깔 ········· 357
9. 스페인어권 국가들 ········· 358

10. 국명과 국적 형용사 ········· 359
11. 주요 표지 ········· 361
12. 자주 쓰는 두문자어 ········· 362
13. 자주 쓰는 약어 ········· 363

불규칙 동사표 ········· 364
1. 규칙 동사표 ········· 364
2. 불규칙 동사표 ········· 364
3. 어간이 변하는 기타 불규칙 동사 ········· 368

부록 II

정답 ········· 370
색인 ❶ ········· 378
색인 ❷ ········· 398

I 인간
Ser humano

1. 몸 cuerpo
2. 신체적 특성 descripción física
3. 동작, 생리 현상 movimiento, fisiología
4. 성격 carácter
5. 감정 sentimiento
6. 정신 활동 actividad mental
7. 건강, 질병 salud, enfermedad

cuerpo

---

boca
명 f
입

No debes hablar con la boca llena.
입이 가득 찬 상태로 말을 해서는 안 돼요.

- boca abajo 얼굴을 아래로 향하여, 엎드려서
  boca arriba 얼굴을 위로 향하여, 똑바로 누워서
- 총기, 병, 터널, 지하철, 동굴 등의 입구도 boca라고 해요.

---

brazo
명 m
팔

Me duele el brazo derecho.
나는 오른팔이 아파요.

- coger a alguien del brazo ~의 팔을 붙잡다

---

cabeza
명 f
머리

Los aviones pasan por encima de nuestras cabezas.
비행기가 우리 머리 위로 지나가요.

- por cabeza 1인당
- 마늘 한 통을 세는 단위이기도 해요.

---

cara
명 f
얼굴

Me suena su cara.
나는 그의 얼굴이 눈에 익어요.

- (el) rostro
- tener cara dura (=tener mucha cara) 뻔뻔하다, 낯이 두껍다
  dar la cara 정면으로 맞서다, tener mala cara 안색이 안 좋다

---

ceja
명 f
눈썹

Tengo las cejas espesas.
나는 숱이 많은 눈썹을 가지고 있어요.

- fruncir las cejas 눈썹을 찡그리다
- 주로 복수형으로 써요.

10　내게는 특별한 **스페인어 어휘**를 부탁해

cerebro
명 *m*
뇌, 지능

El cerebro humano es más grande que del mono.
사람의 뇌는 원숭이의 뇌보다 커요.

🔍 아이디어를 잘 내는 사람을 가리키기도 해요.

---

codo
명 *m*
팔꿈치

Para estudiar apoyo los codos en la mesa.
나는 공부하기 위해 책상에 팔꿈치를 기대요.

관 hablar por los codos 말을 무척 많이 하다

---

corazón
명 *m*
심장, 마음

Ella está mal del corazón.
그녀는 심장이 좋지 않아요.

관 de (todo) corazón 진심으로
del corazón 연예인을 다루는 잡지나 정보

---

cuello
명 *m*
목

El chico llevaba una bufanda alrededor del cuello.
그 청년은 목 (주위)에 목도리를 하고 있었어요.

🔍 머리와 몸통을 연결하는 부위 전체를 가리켜요.

---

dedo
명 *m*
손가락, 발가락

La chica me señaló con el dedo.
그 소녀는 손가락으로 나를 가리켰어요.

관 (el) dedo pulgar/gordo 엄지, (el) dedo índice 검지
(el) dedo corazón/medio 중지, (el) dedo anular 약지
(el) dedo meñique 새끼손가락

1 몸 cuerpo

diente
명 *m*
치아, 이빨

Me lavo los dientes dos veces al día.
나는 하루에 두 번 이를 닦아요.

- 참 dental 치아의, 이빨의
- 관 (la) muela 어금니
- 🔍 마늘 한 쪽을 세는 단위이기도 해요.

espalda
명 *f*
등

Se echó la mochila a la espalda.
등에 배낭을 짊어졌어요.

- 관 estar de espaldas 등을 돌리고 있다, 등을 보이고 있다
- 🔍 수영의 영법 중의 하나인 '배영'을 뜻하기도 해요.

estómago
명 *m*
위, 복부, 배

Tengo mucho dolor de estómago.
나는 배가 너무 아파요.

- 🔍 원래는 '위'를 뜻하지만 복부 전체를 가리키기도 해요.

físico
명 *m*
체격

Anabel tiene un físico muy llamativo.
아나벨은 매우 눈에 띄는 체격을 갖고 있어요.

- 🔍 '신체의, 몸의'를 뜻하는 형용사이기도 해요.

frente
명 *f*
이마

¿Por qué te tapas la frente con el pelo?
왜 머리카락으로 이마를 가려요?

- 관 (el) frente 정면

garganta
명 *f*
목, 목구멍, 인후, 식도

Tengo dolor de garganta y me cuesta mucho tragar.
나는 목이 아파서 삼키기가 너무 힘들어요.

🔍 목의 내부 기관을 가리켜요.

hígado
명 *m*
간

¿Qué tengo que comer si estoy mal del hígado?
만약 간이 안 좋으면 무엇을 먹어야 하나요?

hombro
명 *m*
어깨

Un amigo mío me tocó el hombro para saludarme.
(한) 친구가 내게 인사하기 위해 어깨를 건드렸어요.

관 hombro con hombro 협력하여

hueso
명 *m*
뼈

Antonio se dio un golpe en la pierna y se rompió el hueso.
안토니오는 다리에 충격을 받아서 뼈가 부러졌어요.

관 estar en los huesos 앙상하게 마르다

🔍 복숭아나 자두 등의 씨를 둘러싼 단단한 부분을 가리키기도 해요.

labio
명 *m*
입술

Mi madre se pintó los labios de rojo.
어머니는 입술을 빨간색으로 칠하셨어요.

참 labial 입술의

Ⅰ. 인간 Ser humano

1 몸 cuerpo

lengua
명 ⓕ
혀, 언어

Me he mordido la lengua.
혀를 깨물었어요.

관 (la) lengua materna 모국어
(la) lengua oficial 공용어

mano
명 ⓕ
손

Mi madre siempre se lava las manos antes de cocinar.
어머니는 항상 요리하시기 전에 손을 씻으세요.

참 manual 손의, 손으로 하는
관 a mano 손으로 만든, 손으로 한, 손에
de segunda mano 중고의
estrechar la mano a alguien ~과/와 악수하다

mejilla
명 ⓕ
볼, 뺨

José me besó en la mejilla.
호세가 내 뺨에 키스했어요.

muñeca
명 ⓕ
손목

Llevo el reloj en la muñeca izquierda.
나는 왼쪽 손목에 시계를 차요.

관 (el/la) muñeco/a 인형

músculo
명 ⓜ
근육

Necesitas desarollar más músculo en las piernas. Las tienes muy delgadas.
당신은 다리에 근육을 더 키워야 해요. 너무 말랐어요.

참 musculoso/a 근육의, 근육질의

muslo
명 *m*
넓적다리, 허벅지

El futbolista tiene una lesión en el muslo.
그 축구 선수는 허벅지 근육에 부상을 입었어요.

---

nariz
명 *f*
코

Él tiene un grano en la nariz.
그는 코에 여드름이 있어요.

관 sonarse la nariz 코를 풀다

---

ojo
명 *m*
눈

Abre los ojos y mírame.
눈을 뜨고 나 좀 봐요.

관 ¡Ojo! 조심해요

---

ombligo
명 *m*
배꼽, 중심

¿Te crees que eres el ombligo del mundo?
당신이 (이) 세계의 중심이라고 생각해요?

---

oreja
명 *f*
귀, 귓바퀴

Celia se ha hecho agujeros en las orejas para llevar pendientes.
셀리아는 귀걸이를 하기 위해 귀에 구멍을 뚫었어요.

관 sonreír de oreja a oreja 활짝 웃다

Ⅰ. 인간 Ser humano

1 몸 cuerpo

palma
명 (f)
손바닥

Te leo la palma de la mano.
당신 손(금)을 읽어 줄게요.

관 hacer/dar palmas 손뼉 치다

---

pecho
명 (m)
가슴

El ladrón tenía una herida en el pecho.
그 도둑은 가슴에 상처가 있었어요.

🔍 (el) tronco 몸통 부위 전체

---

pelo
명 (m)
머리카락, 털

Voy a cortarme el pelo.
나는 머리카락을 자를 거예요.

유 (el) cabello

---

pestaña
명 (f)
속눈썹

Ella arqueaba sus pestañas con rímel.
그녀는 마스카라로 속눈썹을 둥글게 만들었어요.

---

pie
명 (m)
발

He metido solo los pies en la piscina porque el agua está muy fría.
수영장 물이 굉장히 차가워서 나는 발만 담갔어요.

관 a pie 걸어서
de pie 서서

---

16 내게는 특별한 스페인어 어휘를 부탁해

piel
명 (f)
피부

Hay que tomar suficiente agua para tener la **piel** sana.
건강한 피부를 위해 충분한 물을 섭취해야 해요.

관 (la) piel de gallina 소름 돋은 피부, 닭살

pierna
명 (f)
다리

Mi hermana se pone minifalda a menudo porque tiene unas **piernas** muy bonitas.
우리 언니는 아주 예쁜 다리를 가지고 있기 때문에 미니스커트를 자주 입어요.

관 dormir a pierna suelta 두 다리 쭉 뻗고 자다, 편안하게 자다

pulmón
명 (m)
폐, 허파

Fumar daña los **pulmones**.
담배 피우는 것은 폐를 손상시켜요.

rodilla
명 (f)
무릎

Manuel dobló las **rodillas** para rezar.
마누엘은 기도하기 위해 무릎을 꿇었어요.

참 arrodillarse 무릎 꿇다

sangre
명 (f)
피

Mi hermano tiene **sangre** de tipo O.
내 동생은 혈액형이 O형이에요.

참 sangrar 피를 흘리다 ➡ p. 58

Ⅰ. 인간 Ser humano 17

1 몸 cuerpo

trasero
명 *m*
엉덩이, 둔부

Tengo el trasero dolorido porque llevo tres horas sentado.
(나는) 세 시간을 앉아 있었더니 엉덩이가 아파요.

---

tripa
명 *f*
창자, 내장, 복부

Le sonaban las tripas de hambre.
그는 배가 고파서 배에서 소리가 났어요.

---

uña
명 *f*
손톱, 발톱

Tienes que cortarte esas uñas tan largas.
(당신은) 그렇게 긴 손톱은 잘라야만 해요.

관 ser uña y carne ~은/는 단짝이다

---

vena
명 *f*
혈관

Esta inyección se pone en las venas.
이 주사는 혈관에 놓아요.

---

voz
명 *f*
목소리

Ella me lo dijo en voz baja.
그녀는 작은 목소리로 내게 그것을 말했어요.

관 perder la voz (=quedarse sin voz) 목이 잠겨 목소리가 나오지 않다

연습 문제
Ejercicios

1 그림에 해당하는 신체 부위를 골라 쓰세요.

| cuello | oreja | nariz | rodilla | pie |

(1) (   ) (2) (   ) (3) (   ) (4) (   ) (5) (   )

2 다음 중 나머지와 관련 <u>없는</u> 것을 고르세요.

(1) ojo   pestaña   ceja   oreja
(2) labios   frente   dientes   boca
(3) dedo   uña   codo   mano
(4) pierna   brazo   mano   muñeca

3 신체 부위를 분류하세요.

| pecho | cejas | corazón | dedo |
| uña | hombro | lengua | |

tronco	
cabeza	
pie	

Ⅰ. 인간 Ser humano

2 신체적 특성
descripción física

🎵 MP3 **02**

---

alto/a
형
키가 큰

Su hija está muy alta para su edad.
그녀의 딸은 나이에 비해 매우 키가 크네요.

- 반 bajo/a 키 작은 ➡ p. 20
- 관 ¡Alto!, ¡Alto ahí! 정지! 멈추시오!

---

bajo/a
형
키가 작은

Mi hermano es muy bajo.
내 동생은 키가 무척 작아요.

- 반 alto/a 키가 큰 ➡ p. 20

---

barba
명 (f)
턱수염

Mi abuelo tiene la barba muy larga.
나의 할아버지는 무척 긴 턱수염이 있으세요.

- 관 tener/llevar barba 턱수염이 있다
- 🔍 콧수염은 (el) bigote라고 해요.

---

calvo/a
형
대머리의

Vino un señor calvo con gafas para verte.
대머리에 안경을 쓴 남자가 당신을 보러 왔었어요.

---

débil
형
약한

Hay que ayudar a las personas débiles.
약한 사람들을 도와주어야만 해요.

- 반 fuerte 강한, 센 ➡ p. 21

내게는 특별한 **스페인어 어휘**를 부탁해

delgado/a
형
마른

Tienes los brazos demasiado delgados.
당신은 팔이 너무 말랐어요.

🔁 gordo/a 뚱뚱한 ➡ p. 21

estatura
명 *(f)*
신장, 키

Soy de estatura normal.
나는 보통 키예요.

feo/a
형
못생긴

A ninguna madre le parecen feos sus hijos.
그 어떤 어머니에게도 자신의 자녀는 못생겨 보이지 않아요.

🔁 guapo/a ➡ p. 22
  lindo/a, hermoso/a, bonito/a 예쁜, 잘생긴

fuerte
형
강한, 센

Mi mejor amigo es fuerte como un toro.
내 가장 친한 친구는 투우처럼 강해요.

🔁 débil 약한 ➡ p. 20

gordo/a
형
뚱뚱한

¿Por qué estás cada vez más gordo?
당신은 왜 점점 더 뚱뚱해져요?

🔁 delgado/a 마른 ➡ p. 21
🔍 복권 1등도 (el) Gordo라고 해요.

I. 인간 Ser humano

2 신체적 특성 descripción física

guapo/a
형
예쁜, 잘 생긴

¡Qué guapo estás con ese traje!
당신이 그 정장을 입으니 정말 멋져요!

- 유 lindo/a, hermoso/a, bonito/a
- 반 feo/a 못생긴 ➡ p. 21

joven
명 젊은이
형 젊은

Cuando era joven, quería viajar por todo el mundo.
나는 젊었을 때 전 세계를 여행하고 싶었어요.

- 반 viejo/a 늙은 ➡ p. 23
- 참 (la) juventud 청춘, 젊음
- 🔍 남성형과 여성형이 동일하므로 관사 등으로 성을 구분해요.

moreno/a
형
흑갈색 머리카락의

Ana es morena, pero todas sus hermanas son rubias.
아나는 검은 머리이지만 그녀의 여동생들은 모두 금발이에요.

- 🔍 흑인을 완곡하게 가리키는 말이기도 해요.

parecerse
동
닮다

En esta foto te pareces mucho a tu abuelo.
이 사진에서 당신은 할아버지를 무척 닮았어요.

- 🔍 parecer는 '생각하다'를 뜻하는 동사이기도 해요.

pelirrojo/a
형
빨간 머리의

Su hermano es alto, pelirrojo y lleva gafas.
그녀의 남동생은 키가 크고 빨간 머리에 안경을 썼어요.

- 🔍 pelo와 rojo의 합성어예요.

pelo liso
명 *m*
직모, 곧은 머리카락

Mi hermana tiene el pelo liso y rubio.
내 동생은 직모에 금발머리를 가지고 있어요.

- liso/a 평탄한, 매끄러운, 무늬가 없는 ➡ p. 110

---

pelo rizado
명 *m*
곱슬머리

Un hijo mío tiene el pelo rizado.
나의 아들 하나는 곱슬머리예요.

- rizado/a 곱슬거리는

---

peso
명 *m*
체중, 몸무게

¿Cuál es tu peso?
당신 몸무게가 얼마예요?

- pesar 무게를 재다
- ganar/coger peso 체중이 늘다
  perder peso 체중이 줄다

---

rubio/a
형
금발 머리의

Soy moreno, pero mi hermana es rubia.
나는 흑갈색 머리카락이지만 내 여동생은 금발 머리를 가졌어요.

🔍 일반적인 담배를 가리키는 명칭이기도 해요.

---

viejo/a
형
늙은

Está muy viejo para la edad que tiene.
그는 나이에 비해 너무 늙었어요.

- joven 젊은 ➡ p. 22

1. 다음 편지를 읽고 주어진 인물들의 이름을 쓰세요.

   ¡Hola, Amanda!
   Ya he conocido a mis compañeros de clase de español.
   Te envío unas fotografías de ellos.
   Gabriel es el que lleva gafas y tiene el pelo rizado. Sofía es delgada y su pelo es liso y largo. Santiago tiene las orejas muy grandes y el pelo muy corto. Carmen es rubia y tiene los ojos muy grandes.
   ¿Los has reconocido?
   Un beso,
   Pedro

   (1)　　　　　(2)　　　　　(3)　　　　　(4)

   (　　　)　(　　　)　(　　　)　(　　　)

2. 반대말끼리 연결하세요.

   (1) gordo/a ·　　　　　· ① bajo/a
   (2) alto/a ·　　　　　· ② joven
   (3) viejo/a ·　　　　　· ③ débil
   (4) fuerte ·　　　　　· ④ delgado/a

3 동작, 생리현상
movimiento, fisiología

 MP3 03

abrazar
동 껴안다, 포옹하다
~se 서로 끌어안다

Él me **abrazó** muy fuerte.
그는 나를 아주 세게 끌어안았어요.

참 (el) abrazo 포옹

acostar
동 눕히다
~se 눕다

La madre **acuesta** a sus hijos y luego se **acuesta** ella.
어머니는 자녀들을 눕히고 자신도 누워요.

반 levantar(se) 일으키다 (일어나다) ➡ p. 29, p. 81

adelgazar
동 마르다

Mi hermano come muy poco para **adelgazar**.
나의 형은 살을 빼기 위해 매우 조금 먹어요.

반 engordar 살찌다 ➡ p. 27

andar
동 걷다

Iremos **andando** hasta la estación.
우리는 역까지 걸어갈 거예요.

유 caminar

aplaudir
동 박수 치다

El público **aplaude** a los actores.
관객은 배우들에게 박수 쳐요.

참 (el) aplauso 박수

 인간 Ser humano

3 동작, 생리현상 movimiento, fisiología

beber

마시다

¿Qué quieres beber?
무엇을 마시고 싶어요?

참 (la) bebida 음료 ➡ p. 119

besar

입맞춤하다, 키스하다

Bésame, bésame mucho como si fuera esta noche la última vez.
이 밤이 마지막인 것처럼 나에게 많이 키스해 주세요.

참 (el) beso 입맞춤, 키스

caer
동 떨어지다, 넘어지다
~se 넘어지다

Cayó al suelo y se dio un golpe en la cabeza.
그는 바닥에 넘어져서 머리에 타격을 입었어요.

참 (la) caída 추락, 낙하

comer

먹다

Comemos dos hamburguesas.
우리는 햄버거 두 개를 먹어요.

참 (la) comida 음식 ➡ p.79
comestible 식용의

correr

달리다, 뛰다

Los niños corren por el parque.
아이들이 공원에서 뛰어 가요.

참 (la) corrida 경주, 달리기

despertar

깨우다
~se 깨다

Mi madre me despierta todas las mañanas.
엄마는 매일 아침 나를 깨워 주세요.

[참] (el) despertar 기상

doblar

접다, 구부리다

No puedo doblar la rodilla.
나는 무릎을 굽힐 수 없어요.

dormir

자다

La música no me dejaba dormir.
음악은 나를 잠들지 못하게 했어요.

[반] despertarse 깨다
[참] (el) dormitorio 침실 ➡ p.147

empujar

밀다

Empuja la puerta para salir.
나가려면 문을 미세요.

[반] tirar 잡아당기다 ➡ p.32

engordar

살찌다

Hacemos ejercicio para no engordar.
우리는 살찌지 않으려고 운동해요.

[반] adelgazar 마르다 ➡ p. 25

3 동작, 생리현상 movimiento, fisiología

escuchar
동
듣다, 경청하다

Los estudiantes escuchan lo que dice su profesora.
학생들은 선생님이 말씀하시는 바를 경청해요.

- 참 (la) escucha 청취
- oír와 달리 의식적으로 청취하는 행위를 의미해요.

estar de pie
서 있다

Mi padre estaba de pie junto a mi cama.
아버지는 내 침대 옆에 서 계셨어요.

- 반 estar sentado/a 앉아 있다

golpear
동
두드리다, 때리다

El profesor golpea la mesa con la mano.
선생님은 손으로 탁자를 쳐요.

- 참 (el) golpe 타격, 가격

gritar
동
소리 지르다

No me grites.
나에게 고함치지 말아요.

- 참 (el) grito 고함, 비명

hablar
동
말하다

Puedo hablar español e inglés.
나는 스페인어와 영어를 말할 수 있어요.

- 참 (el) habla 말
  (el/la) hablante 화자, 말하는 사람

hambre
명 *f*
배고픔, 공복감

Venimos a casa con mucha hambre.
우리는 배가 무척 고픈 채로 집에 왔어요.

관 A buen hambre no hay pan duro.
큰 배고픔에는 딱딱한 빵이 없다. (시장이 반찬이다.)

---

lágrima
명 *f*
눈물

Cuando vi a mi madre, se me saltaron las lágrimas.
어머니를 보자 눈물이 솟아올랐어요.

관 llorar 울다

---

leer
동
읽다, 독서하다

Lo voy a leer en voz alta.
내가 그것을 큰 소리로 읽겠어요.

참 (la) lectura 독서

---

levantar
동 들다, 일으키다
~se 일어나다

Ella se levantó y dijo su nombre.
그녀는 일어나서 자신의 이름을 말했어요.

반 acostar(se) 눕히다 (눕다) ➡ p. 25, p. 79
   sentar(se) 앉히다 (앉다) ➡ p. 31

---

llorar
동
울다

No llores por mí, Argentina.
아르헨티나여, 나를 위해 울지 말아요.

관 echarse a llorar 울음을 터뜨리다
   llorar a mares 펑펑 울다

Ⅰ. 인간 Ser humano 29

3 동작, 생리현상 movimiento, fisiología

mirar
 보다

¿Por qué me miras así?
왜 나를 그렇게 봐요?

관 mirar algo/a alguien de reojo ~을/를 곁눈질하다
mirar algo/a alguien con buenos/malos ojos
~을/를 좋게/나쁘게 보다

🔍 ver와 같은 의미지만 일반적으로 mirar는 주의력이 필요한 행위를 의미해요.

moverse
 움직이다

La tía se mueve con dificultad porque está mal de salud.
이모는 건강이 나빠서 힘겹게 움직이세요.

참 (la) movida 작동, 움직임

oír
 듣다

¿Me oyes?
내 목소리 들려요?

유 escuchar 듣다 ➡ p.28
참 (el) oído 청각
(el/la) oyente 청취자

oler
 냄새 맡다

Me gusta oler las flores.
나는 꽃향기를 맡는 것이 좋아요.

참 (el) olfato 후각
(el) olor 냄새

reír
 웃다

Sus chistes me hacen reír.
그의 농담이 나를 웃게 만들어요.

참 sonreír 미소 짓다

respirar

숨 쉬다

Respire hondo, por favor.
깊게 숨 쉬세요.

참 (la) respiración 호흡

saborear

맛보다, 음미하다

Para poder **saborear** la comida hay que comer despacio.
음식을 음미하려면 천천히 식사해야 해요.

참 (el) sabor 맛

saltar

뛰어오르다, 껑충 뛰다

Las chicas **saltaron** de alegría.
아가씨들은 기쁨으로 껑충껑충 뛰었어요.

참 (el) salto 뜀, 점프

sed

갈증

Dame una botella de agua. Tengo mucha **sed**.
물 한 병 주세요. 목이 너무 말라요.

관 tener sed 목마르다

sentar

앉히다
~se 앉다

La profesora **sienta** a sus alumnos en el banco.
선생님이 학생들을 벤치에 앉혀요.

반 levantar(se) 일으키다 (일어나다) ➡ p. 29, p. 81

3 동작, 생리현상 movimiento, fisiología

sudar
동
땀 흘리다

Necesitas beber agua porque has sudado mucho.
당신은 땀을 많이 흘렸기 때문에 물을 마셔야 해요.

[참] (el) sudor 땀

---

tirar
동
잡아당기다

Para entrar tira de la puerta.
들어가려면 문을 잡아당기세요.

[반] empujar 밀다 ➡ p. 27

---

tocar
동
만지다

Si lo tocas, te vas a quemar.
그것을 만지면 화상을 입을 거예요.

[관] (el) tacto 촉각

---

ver
동
보다

No vemos mucho la televisión.
우리는 텔레비전을 많이 보지 않아요.

[유] mirar ➡ p. 30
[참] (la) vista 시각

---

volverse
동
뒤를 돌다

Alfonso se volvió y me llamó.
알폰소는 뒤를 돌아 나를 불렀어요.

[유] darse la vuelta
🔍 volver는 '돌아가다'를 뜻해요.

연습 문제
Ejercicios

1 A의 동작과 B의 신체 부위를 알맞게 연결하세요.

A	B
(1) hablar •	• ① nariz
(2) oler •	• ② manos
(3) abrazar •	• ③ labios
(4) correr •	• ④ brazos
(5) besar •	• ⑤ boca
(6) tocar •	• ⑥ pierna

2 다음 그림이 나타내는 동작을 쓰세요.

(1)  (2) (3) (4)  (5)

(   ) (   ) (   ) (   ) (   )

3 빈칸에 들어갈 말을 골라 주어에 맞게 고쳐 쓰세요.

| oler | oír | ver | saborear |

(1) Con el gusto tú _____ la comida.
(2) Con la vista tú _____ la televisión.
(3) Con el olfato nosotros _____ el perfume.
(4) Con el oído vosotros _____ mi voz.

4 성격
carácter

MP3 **04**

abierto/a
형
개방적인, 열린

Mi amiga tiene una mentalidad muy **abierta**.
내 친구는 매우 개방적인 정신세계를 가지고 있어요.

[반] cerrado/a 닫힌, 폐쇄적인

agradable
형
유쾌한, 기분 좋은

Elisa es una persona muy **agradable**.
엘리사는 무척 유쾌한 사람이에요.

[반] desagradable 불쾌한

alegre
형
쾌활한, 명랑한

Carmen es una estudiante muy **alegre**.
카르멘은 아주 명랑한 학생이에요.

[참] (la) alegría 기쁨, 즐거움

amable
형
상냥한, 친절한

Somos **amables** con los ancianos.
우리는 노인들께 친절해요.

[유] simpático/a 친절한, 상냥한 ➡ p. 38
[참] (la) amabilidad 상냥함, 친절함

bueno/a
형
착한, 좋은

Juan es muy **bueno**. Es un **buen** chico.
후안은 정말 착해요. 착한 청년이에요.

[반] malo/a 나쁜, 악한 ➡ p. 36
[참] (la) bondad 선의, 선함

남성명사 단수형 앞에서는 **buen**으로 써요.

34 내게는 특별한 **스페인어 어휘**를 부탁해

carácter
명 ⓜ
성격, 특성

Tiene un carácter muy fuerte.
그는 매우 강한 성격을 가지고 있어요.

관 tener buen/mal carácter 좋은/나쁜 성격을 가지고 있다

cariñoso/a
형
다정한

Debes ser más cariñoso con tu mamá.
당신은 어머니께 좀 더 다정하게 대해야 해요.

참 (el) cariño 애정, 호의

divertido/a
형
재미있는

Me gusta la película. Los actores son muy divertidos.
나는 그 영화가 좋아요. 배우들이 무척 재미있어요.

 aburrido/a 시시운, 심심한 ➡ p. 41
참 divertirse 즐기다

educado/a
형
정중한, 예의 바른

Prefiero al Sr. Morales. Es educado y responsable.
나는 모랄레스 씨가 더 좋아요. 그는 예의 바르고 책임감이 강해요.

 maleducado/a 무례한
참 (la) educación 교육 ➡ p. 69, p.241

generoso/a
형
관대한

La profesora Cho es generosa con sus alumnos.
조 선생님은 학생들에게 관대하세요.

 (la) generosidad 관대함

4 성격 *carácter*

hablador(a)
형
말이 많은, 수다스러운

¡Qué **hablador** es tu vecino! Habla sin parar.
당신 이웃은 정말 수다쟁이예요! 쉬지 않고 말을 해요.

참 hablar 말하다 ➡ p. 28

listo/a
형
똑똑한

Su hija es la más **lista** de la clase.
그의 딸이 반에서 가장 똑똑한 아이예요.

유 inteligente 똑똑한
반 tonto/a 바보스러운, 멍청한 ➡ p.39

llevarse bien/mal
사이가 좋다/나쁘다

Mi vecina y yo **nos llevamos** muy **mal**.
이웃집 여자와 나는 사이가 무척 나빠요.

관 llevarse bien/mal con alguien ~과/와 사이가 좋다/나쁘다

maduro/a
형
성숙한

Me gusta hablar con ella porque es una chica **madura**.
성숙한 아가씨라서 나는 그녀와 이야기하는 것이 좋아요.

참 madurar 성숙해지다, 무르익다

malo/a
형
나쁜, 못된

Es una **mala** persona. Habla mal de ti a tus espaldas.
그는 나쁜 사람이에요. 당신 등 뒤에서 당신 험담을 해요.

참 (la) maldad 악의, 악
 남성명사 단수형 앞에서는 mal로 써요.

mentiroso/a

거짓말을 하는

¡Es tan **mentiroso**!
그는 거짓말쟁이예요!

- 반 sincero/a 솔직한 ➡ p. 38
- 참 (la) mentira 거짓말
  mentir 거짓말하다

paciente

참을성 있는,
인내심이 강한

Es tan **paciente** que nunca se enfada.
그는 인내심이 강해서 절대로 화를 내지 않아요.

- 반 impaciente 조바심내는
- 참 (la) paciencia 인내, 참을성

prudente

신중한

No conduzcas tan rápido y sé más **prudente**.
그렇게 빨리 운전하지 말고 더 신중해지세요.

- 반 imprudente 경솔한, 신중하지 못한
- 참 (la) prudencia 신중함

puntual

시간을 잘 지키는

El jefe llegará a tiempo. Es muy **puntual**.
팀장은 제 시간에 도착할 거예요. 굉장히 시간을 잘 지키거든요.

- 참 (la) puntualidad 정확함, 시간 엄수

seguro/a

자신 있는, 확실한

Lola es **segura** de sí misma y confía en sus capacidades.
롤라는 자신감이 있어서 자신의 능력을 믿어요.

- 반 inseguro/a 안전하지 않은, 확실하지 않은
- 참 (la) seguridad 안전, 확신
- 관 seguro/a de algo ~에 대해 확신하는

4 성격 carácter

sensible

민감한

Soy sensible a los cambios de temperatura.
나는 온도 변화에 민감해요.

참 (la) sensibilidad 감수성

sentido del humor
명 *m*
유머 감각

Mi novio tiene sentido del humor y me hace reír.
내 남자 친구는 유머 감각이 있어서 나를 웃게 만들어요.

관 (el) humor 기분, 유머

serio/a
형
심각한, 진지한

¡Qué serio es! Nunca gasta bromas.
그는 어찌나 진지한지 몰라요! 절대로 농담을 하지 않아요.

관 en serio 심각하게, 진지하게

simpático/a

친절한, 상냥한

A todo el mundo le gusta la gente simpática.
모든 사람들이 상냥한 사람을 좋아해요.

유 amable ➡ p. 34
반 antipático/a 불친절한

sincero/a

솔직한

Anoche fui sincero contigo.
어젯밤 나는 당신에게 솔직했어요.

반 mentiroso/a 거짓말을 하는 ➡ p. 37
참 (la) sinceridad 성의, 진실, 진의

38 내게는 특별한 스페인어 어휘를 부탁해

sociable

사교적인, 우호적인

Ramiro es muy sociable. Tiene muchísimos amigos.
라미로는 아주 사교적이에요. 정말 친구가 많아요.

---

tímido/a

소심한, 수줍어하는

No seas tan tímida.
그렇게 수줍어하지 말아요.

참 (la) timidez 소심함, 수줍음

---

tonto/a

바보 같은, 어리석은

¿Tú te has creído que yo soy tonta?
당신은 내가 바보 같다고 생각했나요?

유 estúpido/a, idiota
반 listo/a ➡ p. 36
　　inteligente 똑똑한

---

trabajador(a)

성실한, 근면한

Ella siempre saca buenas notas porque es muy trabajadora.
그녀는 매우 성실하기 때문에 항상 좋은 성적을 거둬요.

참 trabajar 일하다
🔍 '근로자'의 뜻도 있어요.

---

vago/a

게으른

No trabaja nunca porque es vago.
그는 게으르기 때문에 절대 일을 하지 않아요.

유 perezoso/a
반 trabajador(a) 성실한 ➡ p. 39

Ⅰ. 인간 Ser humano

연습 문제
Ejercicios

1 다음을 연결하여 문장을 완성하세요.

(1) Miguel tiene muy buen carácter. · · ① Es mentirosa.
(2) Ana nunca dice la verdad. · · ② No habla por hablar.
(3) Teresa tiene mucho sentido del humor. · · ③ Le gustan las situaciones cómicas.
(4) Mar es una mujer muy seria. · · ④ Se lleva bien con todo el mundo.

2 다음 인물의 성격으로 알맞은 것을 고르세요.

(1)
① Es trabajador.
② Es malo.
③ Es puntual.

(2)
① Es sensible.
② Es vago.
③ Es prudente.

(3)
① Es simpática.
② Es antipática.
③ Es alegre.

(4)
① Es trabajadora.
② Es tímida.
③ Es sociable.

3 빈칸에 들어갈 말을 골라 문장을 완성하세요.

(1) Lorenzo es un niño _____. Le gusta moverse por la clase.
① serio ② nervioso ③ tímido

(2) A Dolores le gusta hablar y trabajar en grupo. Es muy _____.
① sensible ② puntual ③ sociable

(3) Margarita es muy _____. Siempre ayuda a los vecinos.
① amable ② tranquila ③ divertida

5 감정
sentimiento

MP3 **05**

---

aburrido/a
형
심심한, 지겨운

¿Por qué no salimos? Estoy muy **aburrido**.
우리 외출하면 안 될까요? 굉장히 심심해요.

참 (el) aburrimiento 지겨움, 심심함
　　aburrirse 지겹다, 심심하다

---

aguantar
동
참다

Es difícil **aguantar** el ruido de la calle.
거리의 소음을 참기 힘들어요.

참 (el) aguante 인내

---

alegre
형
즐거운, 기쁜

Maribel está **alegre** por el ascenso de su hijo.
마리벨은 아들의 승진에 기뻐하고 있어요.

참 (la) alegría 기쁨
　　alegrarse 기뻐하다

---

arrepentirse
동
후회하다

No **me arrepiento** de nada.
나는 그 어떤 것에 대해서도 후회하지 않아요.

참 (el) arrepentimiento 후회

---

asustar
동
놀라게 하다, 겁주다
~se 놀라다

¿Te **asusta** pensar en la muerte?
죽음에 대해 생각하는 것이 겁나요?

참 asustado/a 겁먹은, 놀란

Ⅰ. 인간 Ser humano　41

5 감정 sentimiento

contento/a
형
만족스러운, 기쁜

¿Estás **contenta** con el coche?
그 차에 만족해요?

참 contentar 만족시키다

---

deprimido/a
형
우울한, 풀이 죽은

No estés tan **deprimido** y sal.
그렇게 우울해하지 말고 외출하세요.

참 (la) depresión 우울, 낙심
deprimirse 우울해하다

---

disfrutar (de algo)
동
(~을/를) 즐기다

Disfruta de este tiempo tan agradable.
이 화창한 날씨를 즐겨 보세요.

참 (el) disfrute 즐거움, 향유, 기쁨

---

emocionar
동
감동시키다
~se 감동하다

¡No te **emociones** tanto!
그렇게 감동하지 마세요!

참 (la) emoción 감동
emocionado/a 감동한

---

enamorado/a
형
사랑에 빠진, 사랑하는

Estoy **enamorado** de Ana.
나는 아나를 사랑해요.

참 enamorarse de algo/alguien ~과/와 사랑에 빠지다
➡ p. 70

관 estar enamorado/a de algo/alguien ~과/와 사랑에 빠지다

---

42 내게는 특별한 **스페인어 어휘**를 부탁해

enfadado/a

형
화가 난

Mi madre está enfadada conmigo porque anoche volví tarde.
내가 어제 늦게 들어갔기 때문에 엄마가 화나셨어요.

- 참 (el) enfado 분노, 화
  enfadarse 화나다
- 관 enfadarse con algo/alguien ~에게 화가 나다

envidia

명 (f)
질투

¡Qué envidia me da a mí verte tan contenta!
그토록 만족스러워하는 당신을 보니 정말 질투가 나네요!

- 참 envidiar 질투하다
  envidioso/a 질투 나는
- 관 dar envidia a alguien ~을/를 질투 나게 하다
  tener envidia de algo/alguien ~에게 질투심을 갖다

estrés

명 (m)
스트레스

Tenemos mucho estrés por el trabajo.
우리는 일 때문에 스트레스를 많이 받아요.

- 참 estresado/a 스트레스 받은
  estresante 스트레스가 많은, 스트레스를 주는

feliz

형
행복한

Siempre me haces feliz, hijo mío.
내 아들아, 너는 항상 나를 행복하게 하는구나.

- 반 infeliz 불행한
- 참 (la) felicidad 행복

humor

명 (m)
기분

Estoy de buen humor.
나는 기분이 좋아요.

- 관 estar de buen/mal humor 기분이 좋다/나쁘다

Ⅰ. 인간 Ser humano

5 감정 sentimiento

miedo
명 *m*
두려움, 공포

¿No te dan **miedo** las serpientes?
뱀이 무섭지 않아요?

유 (el) temor
관 tener miedo 무섭다, 두렵다
dar miedo a alguien ~에게 겁을 주다

nervioso/a
형
긴장한, 신경질적인

Estoy nervioso porque tengo un examen.
나는 시험이 있어서 긴장돼요.

관 estar nervioso/a (=ponerse nervioso/a) 긴장하다

odiar
동
미워하다, 싫어하다

Odio el color marrón.
나는 밤색이 싫어요.

참 (el) odio 증오

pena
명 *f*
안타까움, 고통, 슬픔

Me da **pena** verlo sufrir así.
그렇게 고통스러워하는 그를 보니 안타까워요.

유 dar pena/lástima a alguien ~에게 안타까움/슬픔을 주다

pobre
형
불쌍한, 가련한

¡**Pobre** de mí!
불쌍한 나!

🔍 '가난한'을 뜻하기도 해요.

preocupado/a

형
걱정하는

Mis padres están preocupados por la salud de mi abuelo.
우리 부모님은 할아버지의 건강 때문에 걱정하고 계세요.

참 (la) preocupación 걱정
　　preocuparse 걱정하다

---

satisfecho/a

형
만족하는, 만족스러운

Me quedé satisfecha con lo que dijo mi novio.
나는 남자 친구가 말한 것에 만족했어요.

참 (la) satisfacción 만족
　　satisfacer 만족시키다

---

sorprender

동
놀라게 하다
~se 놀라다

Me sorprendieron sus ideas.
그의 생각은 나를 놀라게 했어요.

참 sorprendido/a 놀란

---

tranquilo/a

형
침착한, 온화한

El día del examen estaba bastante tranquilo.
그는 시험 날 꽤 침착했어요.

참 tranquilizarse 진정하다, 침착해지다

---

triste

형
슬픈

Me puse triste cuando oí la noticia.
나는 그 소식을 들었을 때 슬퍼졌어요.

반 alegre 즐거운 ➡ p. 34, p. 41
참 (la) tristeza 슬픔

연습 문제
Ejercicios

1 다음 그림을 보고 B의 대답으로 알맞은 것을 모두 골라 쓰세요.

| de buen humor | enfadado/a | feliz |
| deprimido/a | de mal humor | contento/a |

(1)

A ¿Cómo está Ignacio?
B Está _____.

(2)

A ¿Cómo está María?
B Está _____.

(3)

A ¿Cómo está María?
B Está _____.

2 알맞은 말을 고르세요.

Milagros Estoy (1) <u>aburrida / estresada / enamorada</u>, ¿por qué no vamos a ver una película?

Paz Yo, en cambio, estoy muy (2) <u>contenta / estresada / tranquila</u> porque tengo mucho que estudiar y no me da tiempo a hacer nada...

6 정신 활동
actividad mental

MP3 **06**

aprender
동
배우다

Aprendo a montar en bicicleta.
나는 자전거 타는 법을 배워요.

[반] enseñar 가르치다 ➡ p. 242
[관] aprender a + 동사 원형 ~하는 법을 배우다

buscar
동
찾다, 바라다

Yo no **busco** la fama.
나는 명성을 추구하지 않아요.

[참] (la) búsqueda 탐색, 추구

comprender
동
이해하다

Ella te **comprende** perfectamente.
그녀는 당신을 완벽하게 이해해요.

[유] entender ➡ p. 48
[참] (la) comprensión 이해

decidir
동
결정하다

Decidieron no ir.
그들은 가지 않기로 결정했어요.

[참] (la) decisión 결정

encontrar
동
발견하다, 찾다

Al final **encontré** la casa.
마침내 나는 그 집을 찾았어요.

[유] buscar ➡ p. 47
[관] encontrarse con algo/alguien ~을/를 맞닥뜨리다, 마주치다

Ⅰ. 인간 Ser humano 47

6 정신 활동 actividad mental

entender
동
이해하다

No entendí la pregunta.
나는 질문을 이해하지 못했어요.

- 유 comprender ➡ p. 47
- 참 (el) entendimiento 이해

equivocar
동
틀리게 하다, 혼동시키다
~se 혼동하다

Te equivocas, eso no es así.
당신이 틀려요, 그건 그렇지 않아요.

- 참 (el) equívoco 실수, 혼동
- 관 equivocarse de/con algo/alguien
  ~에 대해 실수하다/혼동하다

esperar
동
기다리다, 소망하다

Espero que te haya gustado el regalo.
선물이 당신 마음에 들었기를 바라요.

- 참 (la) esperanza 희망

estudiar
동
공부하다

Estoy estudiando español en una academia.
나는 학원에서 스페인어를 공부하고 있어요.

- 참 (el) estudio 공부
  (el/la) estudiante 학생

ignorar
동
모르다

Ignoramos dónde vive Nacho.
우리는 나초가 어디에 사는지 몰라요.

- 참 (la) ignorancia 무지, 모름

imaginar

동

상상하다
~se 추측하다

Me imagino que tendrás hambre.
당신이 배가 고플 거라고 짐작해요.

 (la) imaginación 상상

---

interesarse

동

관심을 갖다

Mi primo se interesa por Míriam.
내 사촌은 미리암에게 관심이 있어요.

 (el) interés 관심, 흥미 ➡ p. 338
interesarse por algo/alguien ~에 대해 관심이 있다

---

mente

명 *f*

정신, 생각

No podía apartar de la mente tus palabras.
당신 말을 생각에서 떨칠 수가 없었어요.

(el) espíritu, (el) alma 영혼

---

olvidar

동

잊어버리다
~se 잊어버리다

He olvidado su número de teléfono.
나는 그의 전화번호를 잊어버렸어요.

 recordar 기억하다 ➡ p. 50
olvidarse의 경우는 olvidarse de algo/alguien의 어순으로 써요.

---

opinar

동

의견을 갖다,
의견을 나타내다

Prefiero no opinar sobre la cuestión.
나는 그 문제에 대해 의견을 말하고 싶지 않아요.

 (la) opinión 의견

Ⅰ. 인간 Ser humano

6 정신 활동 actividad mental

pensar

생각하다

Pienso ir a bailar.
나는 춤추러 갈 생각이에요.

- 참 (el) pensamiento 생각, 사고
- 관 pensar en algo/alguien ~에 대해 생각하다

---

recordar

기억하다

Recuerdo que no comías pescado.
당신이 생선을 먹지 않았던 것을 기억해요.

- 반 olvidar 잊다 ➡ p. 49
- 참 (el) recuerdo 기억

---

saber

알다

¿No **sabéis** cuánto os quiero?
내가 여러분을 얼마나 사랑하는지 몰라요?

- 유 conocer
- 관 ¡Quién sabe! (그것을) 누가 알겠어요!

---

sentir

느끼다

De repente **sentí** frío.
갑자기 나는 추위를 느꼈어요.

- 참 (el) sentido 느낌
  sentirse ~한 상태이다

---

soñar

꿈꾸다

Juan **sueña** con ser piloto.
후안은 조종사가 되는 것을 꿈꿔요.

- 참 (el) sueño 꿈
- 관 soñar con algo/alguien ~에 대해 꿈꾸다, ~을/를 소망하다
- 🔍 잠을 자며 꿈꾸는 것도 희망하는 것도 모두 **soñar**로 표현해요.

연습 문제
Ejercicios

1 반대말끼리 연결하세요.

(1) olvidar • • ① enseñar
(2) saber • • ② recordar
(3) aprender • • ③ ignorar

2 빈칸에 들어갈 말을 골라 문장을 완성하세요.

> (1)_____ español todos los días para viajar por Argentina.
> (2)_____ a veces, pero (3)_____ bien las explicaciones del profesor.

(1) ① Pienso ② Estudio ③ Sé
(2) ① Sueño ② Aprendo ③ Me equivoco
(3) ① entiendo ② decido ③ olvido

3 빈칸에 들어갈 말을 골라 주어에 맞게 고쳐 쓰세요.

> pensar   aprender   entender   buscar   encontrar

> Estudiante: Profesora, no (1)_____ el diálogo.
> Profesora: ¿Por qué no (2)_____ las palabras en el diccionario?
> Estudiante: ¿Dónde está el diccionario?
> Profesora: Allí, al lado del ordenador. ¿Lo (3)_____?
> Estudiante: Sí, gracias.

7 건강, 질병
salud, enfermedad

MP3 07

alergia
명 f
알레르기

Tengo alergia a los gatos.
나는 고양이 알레르기가 있어요.

- 참 alérgico/a 알레르기가 있는
- 관 tener alergia a algo ~에 알레르기가 있다

ambulancia
명 f
앰뷸런스

Una ambulancia lo llevó al hospital.
(한) 앰뷸런스가 그를 병원으로 이송했어요.

apetito
명 m
식욕

El olor de aceite me quitó el apetito.
기름 냄새가 내게서 식욕을 빼앗아 갔어요.

- 참 apetitoso/a 식욕을 돋우는, 맛있어 보이는

cansado/a
형
피곤한

¿Qué te pasa? Te veo muy cansada.
무슨 일 있어요? 무척 피곤해 보여요.

- 참 (el) cansancio 피로
  cansar 지치게 하다
- 관 estar cansado/a 피곤하다

cuidar
동
돌보다
~se 스스로를 돌보다

La mamá cuida a los hijos.
엄마가 자녀들을 돌봐요.

- 관 cuidar de algo/alguien ~을/를 돌보다
  tener cuidado con algo/alguien ~을/를 조심하다

52 내게는 특별한 **스페인어 어휘**를 부탁해

curar
동
치료하다
~se 낫다

El doctor le curó la herida.
의사가 그녀의 상처를 치료해 주었어요.

관 curarse de algo ~에서 낫다

dentista
명
치과, 치과 의사

Su madre es dentista.
그의 어머니는 치과 의사예요.

참 (el) diente 이빨, 치아 ➡ p. 12
 남성형과 여성형이 동일하므로 관사 등으로 성을 구분해요.

dolor
명 ⓜ
고통

La herida me produce mucho dolor.
상처가 나에게 큰 고통을 줘요.

참 doler 고통스럽다, 고통스럽게 하다
관 tener dolor (de algo) ~이/가 아프다

embarazo
명 ⓜ
임신

Hay que cuidarse mucho durante el embarazo.
임신한 동안은 스스로 많이 돌봐야 해요.

참 (la) embarazada 임산부
   estar embarazada 임신 중이다

encontrarse bien/mal
컨디션이 좋다/나쁘다

¿Te encuentras mal?
몸이 좋지 않아요?

유 sentirse bien/mal/débil 컨디션이 좋다/나쁘다/약하다

I. 인간 Ser humano

7 건강, 질병 salud, enfermedad

enfermedad
명 *f*
질병

En el siglo XXV no habrá enfermedades.
25세기에는 질병이 없을 거예요.

참 enfermarse 병에 걸리다, 아프다

enfermo/a
형 아픈, 병에 걸린
명 환자

Se puso enferma cuando tocó el animal.
그녀가 그 동물을 만졌을 때 병에 걸렸어요.

참 (el/la) enfermero/a 간호사 ➡ p. 86
관 estar enfermo/a 아프다, 병에 걸리다

farmacia
명 *f*
약국

Allí hay una farmacia.
저기 약국이 하나 있어요.

참 (el/la) farmacéutico/a 약사

fiebre
명 *f*
열

Mi hijo tiene mucha fiebre.
내 아들은 열이 많이 나요.

참 febril 열이 나는
관 tener fiebre 열이 나다

grave
형
심각한, 위중한

Hubo diez heridos graves en aquel accidente.
그 사고에서는 열 명의 중상자가 있었어요.

참 (la) gravedad 위중함
관 estar grave 심각하다, 위중하다

gripe

독감

Josefa tiene la gripe A.
호세파는 A형 독감에 걸렸어요.

---

herir

상처를 입히다
~se 다치다

El ladrón hirió al policía en el brazo.
그 도둑이 경찰관의 팔에 상처를 입혔어요.

> 참 (la) herida 상처
> estar herido/a 상처 입다

---

hospital

병원

¿Dónde está el hospital de Cruz Roja?
적십자 병원은 어디에 있어요?

> 참 (la) hospitalización 입원
> hospitalizar(se) 입원시키다 (입원하다)

---

inyección

주사

La enfermera viene a ponerme una inyección.
간호사가 나에게 주사를 놓으러 와요.

> 참 inyectar 주사하다
> poner (una) inyección 주사를 놓다

---

mareado/a

어지러운

Estaba mareada porque había leído en el coche.
차에서 책을 읽었더니 어지러웠어요.

> 참 marearse 어지럽다

7 건강, 질병 salud, enfermedad

medicina
명 f
약, 의학

¿Te has tomado ya la **medicina**?
약을 먹었나요?

유 (el) medicamento

médico/a
명
의사

Los **médicos** cuidan a los pacientes.
의사들이 환자를 돌봐요.

유 (el/la) doctor(a)

paciente
명
환자

Los **pacientes** necesitan descansar.
환자는 쉬어야만 해요.

참 (la) paciencia 인내심, 참을성
🔍 남성형과 여성형이 동일하므로 관사 등으로 성을 구분해요.

pedir hora
예약하다

Quiero **pedir hora** con la doctora López.
나는 로페스 박사님과 (면담) 시간을 예약하고 싶어요.

picar

간지럽다, 따끔거리다

Me **pica** la espalda.
등이 간지러워요.

참 (la) picadura 물리거나 쏘인 상처, 간지러움
picante 간지러운, 매운 ➡ p. 136
🔍 벌레나 새 등이 물거나 쏘는 것, 음식이 매운 것도 picar라고 해요.

quemarse
동
데이다, 화상을 입다

Me quemé la lengua con la sopa.
스프에 혀를 데었어요.

[참] (la) quemadura 화상

receta (médica)
명 f
처방전

Voy a la farmacia con **receta médica**.
나는 처방전을 가지고 약국에 가요.

[참] recetar 처방하다, 처방전을 쓰다
🔍 '요리법, 레시피'의 뜻도 있어요.

reposo
명 m
안정, 휴식

Usted necesita guardar **reposo** unos días.
당신은 며칠 간 안정을 취해야 해요.

[참] reposar 안정을 취하다, 휴식하다

resfriado/a
명 m 감기
형 감기에 걸린

Los niños están **resfriados**.
아이들은 감기에 걸렸어요.

[유] (el) catarro

salud
명 f
건강

¿Cómo está de **salud**, abuela?
할머니, 건강은 어떠세요?

[참] saludable 건강한
[관] estar bien/mal de salud 건강이 좋다/나쁘다

Ⅰ. 인간 Ser humano

7 건강, 질병 salud, enfermedad

sangrar

피가 나다

El joven chocó contra la pared y le **sangró** la nariz.
청년은 벽에 부딪혀서 코에서 피가 났어요.

참 (la) sangre 피 ➡ p. 17

---

sano/a

건강한

No se preocupe, el niño está muy **sano**.
걱정하지 마세요, 아이는 매우 건강해요.

참 sanar 치료하다, 낫게 하다

---

seguro médico

의료보험

¿Tienes **seguro médico**?
의료보험 있으세요?

---

temperatura

체온, 온도

La **temperatura** se mide con el termómetro.
체온은 체온계로 재요.

관 tomar la temperatura 체온/온도를 재다
(el) termómetro 체온계, 온도계 ➡ p. 59

---

tensión

혈압, 당기는 힘

Mi madre tiene la **tensión** baja por la mañana.
어머니는 오전에 혈압이 낮으세요.

관 tomar la tensión 혈압을 재다

termómetro
명 *m*
체온계, 온도계

Ponle el termómetro a la niña.
아이에게 체온계를 대세요.

---

tos
명 *f*
기침

Tengo tos y no puedo comer nada.
기침이 나고 아무것도 먹지 못하겠어요.

참 toser 기침하다

---

urgencias
명 *f*
응급실

Anoche tuvimos que ir a urgencias.
어젯밤 우리는 응급실에 가야만 했어요.

참 urgente 급한

🔍 '위급, 긴급'은 단수로 표현하지만 '응급실'은 복수형으로 써요.

---

vida
명 *f*
생명, 삶

He vivido aquí toda mi vida.
평생 나는 이곳에서 살았어요.

참 vivir 살다
viviente 살아 있는

---

vomitar
동
토하다

Eso me da ganas de vomitar.
그것은 나를 토하고 싶게 만들었어요.

참 (el) vómito 구토

연습 문제
Ejercicios

1 다음을 의사의 일과 환자의 증상으로 분류하세요.

| curar | vomitar | toser |
| sangrar | recetar | marearse |

el/la médico/a	
el/la paciente	

2 A의 상황과 B의 충고를 알맞게 연결하세요.

A
(1) Me duelen los dientes.
(2) Estoy muy cansada.
(3) No me encuentro bien.
(4) El médico me ha dado una receta.

B
① Tienes que descansar.
② Tienes que ir al médico.
③ Tienes que ir a la farmacia.
④ Tienes que ir al dentista.

3 다음 단어의 동사형을 쓰세요.
(1) el dolor ( )
(2) la herida ( )
(3) la receta ( )
(4) la sangre ( )

II 인간관계와 사회

Relaciones Personales y Sociedad

1. 가족 familia
2. 인생 vida
3. 인간관계 relaciones personales
4. 일상적인 일 acciones cotidianas
5. 직업 profesión

1 가족
familia

MP3 **08**

---

abuelo/a
명
할아버지/할머니

Les presento a mis abuelos.
여러분께 나의 할아버지, 할머니를 소개해 드릴게요.

---

antepasado/a
명
선조, 조상

Uno de sus antepasados se casó con una princesa.
그의 조상들 중 한 명은 공주와 결혼했어요.

---

cuñado/a
명
처남, 매부/
올케, 시누이

Tu cuñado te ha llamado.
당신 처남이 전화했어요.

🔍 배우자의 형제, 자매나 그들의 배우자를 가리키는 말이에요.

---

esposo/a
명
남편/부인

Mi esposo y yo nos conocimos cuando teníamos 20 años.
남편과 나는 20살 때 만났어요.

유 (el) marido 남편 ➡ p. 63
　 (la) mujer 부인 ➡ p. 64

---

familia
명 (f)
가족

¿Cuántos sois en tu familia?
가족이 몇 명이세요?

참 familiar 가족의, 친숙한

hermano/a

형제/자매

Mi hermano me lleva tres años.
내 남동생은 나와 3년 터울이에요.

관 (el/la) gemelo/a 쌍둥이

---

hijo/a

아들/딸

Tengo un hijo y dos hijas.
나는 아들 하나에 딸 둘을 두었어요.

관 (el/la) hijo/a mayor 장남/장녀
　(el/la) hijo/a único/a 외동아들/딸

---

hogar

가정, 집

Nos casamos y formamos un hogar.
우리는 결혼해서 한 가정을 꾸려요.

참 hogareño/a 가정적인

---

madre

어머니

He llamado a mi madre esta mañana.
오늘 아침에 어머니께 전화했어요.

유 (la) mamá 엄마
참 (la) madrastra 계모

🔍 라틴아메리카 일부 지역에서는 madre보다 mamá를 선호해요.

---

marido

남편

Mi hijo y mi marido no se parecen mucho.
내 아들과 남편은 서로 많이 닮지 않았어요.

반 (la) mujer ➡ p. 64
　(la) esposa 부인 ➡ p. 62
관 (el) ex marido 전남편

Ⅱ. 인간관계와 사회 Relaciones Personales y Sociedad

1 가족 familia

mujer
명 (f)
부인, 여자

Mi futura mujer trabaja en un banco.
내 부인이 될 사람은 은행에서 근무해요.

- 유 (la) esposa ➡ p. 62, (la) señora
- 관 (la) ex mujer 전부인
- 🔍 라틴아메리카에서는 mujer 대신 esposa, señora를 사용해요.

nieto/a
명
손자/손녀

Todos los nietos se reunieron para celebrar el cumpleaños de la abuela.
모든 손자, 손녀들이 할머니의 생신을 축하하기 위해 모였어요.

nuera
명 (f)
며느리

Yo soy la nuera del Sr. Martínez.
나는 마르티네스 씨의 며느리예요.

- 반 (el) yerno 사위 ➡ p. 65

padre
명 (m)
아버지

El padre de José murió hace cinco años.
호세의 아버지는 5년 전에 돌아가셨어요.

- 유 (el) papá 아빠
- 참 (el) padrastro 계부
- 관 (los) padres 부모님

pariente
명
친척

Vinieron mis parientes a felicitarme.
친척들이 나를 축하해 주기 위해 왔어요.

- 유 (el/la) familiar 친척
- 🔍 남성형과 여성형이 동일하므로 관사 등으로 성을 구분해요.

primo/a

사촌

Un primo suyo es futbolista.
그의 사촌 한 명은 축구 선수예요.

sobrino/a

조카

Tendré una sobrina el mes que viene.
다음 달에 나는 조카가 생겨요.

suegro/a

시부모, 장인/장모

Los sábados vamos a comer a casa de mis suegros.
토요일마다 우리는 처가댁에 점심을 먹으러 가요.

tío/a

삼촌/고모

Mi tía es siete años menor que mi madre.
고모는 우리 어머니보다 일곱 살이 어리세요.

🔍 큰아버지, 작은아버지, 고모부, 이모부 / 숙모, 외숙모, 이모 등 주어와 삼촌 관계에 있는 모든 남성과 여성을 가리켜요.

yerno

사위

De los tres yernos míos, el marido de mi hija mayor es el que mejor me cae.
나의 세 사위들 중 가장 마음에 드는 사람은 큰딸의 남편이에요.

반 (la) nuera 며느리 ➡ p. 64

Ⅱ. 인간관계와 사회 Relaciones Personales y Sociedad

연습 문제
Ejercicios

1 다음 설명에 맞는 말을 골라 쓰세요.

> nuera   abuelo   prima   yerno   nieta   suegro

(1) la hija de mi tía   (   )
(2) el marido de mi hija   (   )
(3) la hija de mi hijo   (   )
(4) la mujer de mi hijo   (   )
(5) el padre de mi padre   (   )
(6) el padre de mi marido   (   )

2 빈칸에 들어갈 말을 골라 문장을 완성하세요.

(1) Los hijos de mi hermana son mis _____.
  ① yernos   ② primos   ③ sobrinos

(2) Las hijas de mi tío son mis _____.
  ① nietas   ② primas   ③ hermanas

(3) La hija de mis padres es mi _____.
  ① hermana   ② tía   ③ nuera

(4) Los hijos de mis abuelos son mis _____.
  ① tíos   ② hermanos   ③ nietos

(5) Mi tía es la _____ de mi abuela.
  ① sobrina   ② prima   ③ hija

3 반대말끼리 짝지은 것이 <u>아닌</u> 것을 고르세요.

  ① nuera - yerno   ② marido - mujer
  ③ parientes - familiares   ④ madre - padre

2 인생
vida

MP3 **09**

---

adolescente
- 명 청소년
- 형 청춘의, 청소년기의

Es profesor de instituto y da clases a adolescentes.
그는 학교 선생님이라 청소년에게 수업을 해요.

참 (la) adolescencia 청소년기
🔍 남성형과 여성형이 동일하므로 관사 등으로 성을 구분해요.

---

adulto/a
- 명 성인, 어른
- 형 성인의

Esta película es para adultos.
이 영화는 성인을 위한 거예요.

---

anciano/a
- 명 노인
- 형 나이 든

Aquí vive una anciana que no tiene hijos.
이곳에 자녀가 없는 노인이 한 분 사세요.

유 (el/la) viejo/a 노인, 늙은 ➡ p. 23

---

bautizar
- 동
세례를 주다

El sacerdote la bautizó en enero.
신부님이 1월에 그녀에게 세례를 주었어요.

참 (el) bautizo 세례

---

bebé
- 명 *m*
아기

Tu bebé, ¿es niño o niña?
당신의 아기는 아들이에요, 딸이에요?

🔍 일반적으로 성별의 구분 없이 써요.

Ⅱ. 인간관계와 사회 Relaciones Personales y Sociedad **67**

2 인생 vida

boda
명 f
결혼식

Su boda tuvo lugar en una iglesia muy bonita.
그녀의 결혼식은 아주 예쁜 교회에서 열렸어요.

유 (el) matrimonio

---

casado/a
명 기혼자
형 결혼한

Merche está casada con mi primo.
메르체는 내 사촌과 결혼한 상태예요.

관 (los) recién casados 신혼부부

---

casarse
동
결혼하다

¿Cuándo te casas?
언제 결혼하세요?

반 divorciarse 이혼하다
관 estar casado/a 결혼했다, 결혼한 사람이다

---

chico/a
명
소년/소녀, 청년/아가씨

Las chicas de la oficina son de Barcelona.
사무실의 아가씨들은 바르셀로나 출신이에요.

유 muchacho/a ➡ p.71
joven ➡ p. 22

---

crecer
동
성장하다, 크다

Crecí en Buenos Aires.
나는 부에노스아이레스에서 컸어요.

 (el) crecimiento 성장

criar

키우다

Los crió su abuela hasta los diez años.
할머니가 그들을 열 살까지 키우셨어요.

참 (la) crianza 양육

---

dar a luz
낳다, 출산하다

Mi hermana acaba de dar a luz una niña.
언니가 막 여자아이를 낳았어요.

유 parir

---

destino

운명

Es mi destino vivir lejos de casa.
집에서 멀리 떨어져 사는 것이 내 운명이에요.

---

divorciarse

이혼하다

Tras dos años de matrimonio, decidieron divorciarse.
그들은 2년의 결혼 생활 후에 이혼하기로 결정했어요.

참 (el/la) divorciado/a 이혼남/이혼녀
　　(el) divorcio 이혼

---

educación

교육

Quieren darles a sus hijos una buena educación.
그들은 자녀들에게 좋은 교육을 해 주고 싶어 해요.

참 educar 교육하다
　　educativo/a 교육적인

2 인생 vida

enamorarse

사랑에 빠지다

Los dos jóvenes se enamoraron locamente.
두 젊은이는 미친 듯이 사랑에 빠졌어요.

참 (el) enamoramiento 사랑에 빠지는 것

---

envejecer(se)

늙다

En un año se envejeció mucho.
그는 1년 새 많이 늙었어요.

참 envejecido/a 늙어 버린

---

funeral

장례식

Todos los familiares asistieron a los funerales.
모든 친인척이 장례식에 참석했어요.

참 funerario/a 장례식의, 장례의

🔍 단수와 복수가 동일한 의미로 쓰여요.

---

joven
명 젊은이/아가씨
형 젊은

Un joven me ayudó en el accidente.
그 사고에서 한 청년이 나를 도와주었어요.

유 chico/a ➔ p. 68
muchacho/a ➔ p.71 소년/소녀, 청년/아가씨
반 mayor 성인, 나이가 든 ➔ p. 71
참 (la) juventud 청춘, 청년기

🔍 남성형과 여성형이 동일하므로 관사 등으로 성을 구분해요.

---

llevar ~ años juntos
(~해/년을) 함께하다

Mis abuelos llevan 60 años juntos.
우리 할아버지, 할머니는 60년을 함께하고 계세요.

luna de miel
명 *f*
신혼여행

Están de luna de miel en La Habana.
그들은 라 아바나에서 신혼여행 중이에요.

---

matrimonio
명 *m*
부부, 결혼

A la fiesta solo van los matrimonios.
그 파티에는 부부들만 가요.

- 참 matrimonial 부부의
- 🔍 '결혼'의 의미도 있어요.

---

mayor
명 성인, 노인
형 나이가 든, 성인의

Nuestros hijos ya son mayores.
우리 아이들은 이미 성인이에요.

- 반 menor 미성년자, 미성년의
  (el/la) menor de edad 미성년자
- 관 (el/la) mayor de edad 성인

---

morir
동
죽다

Un amigo de mi padre murió de repente.
아버지의 친구 한 분이 갑자기 돌아가셨어요.

- 반 nacer 태어나다 ➡ p. 72
- 참 (la) muerte 죽음

---

muchacho/a
명
소년/소녀,
청년/아가씨

Aquella muchacha rubia es mi hija Susana.
저 금발의 소녀가 제 딸인 수사나예요.

- 유 chico/a ➡ p. 68
  joven ➡ p. 22

Ⅱ. 인간관계와 사회 Relaciones Personales y Sociedad

2 인생 vida

nacer

태어나다

Che Guevara nació en Argentina.
체 게바라는 아르헨티나에서 태어났어요.

- 반 morir 죽다 ➡ p.71
- 참 (el) nacimiento 탄생

niñez
명 *f*

유년 시절, 어린 시절

Pasó su niñez en casa de sus abuelos.
그는 할아버지 댁에서 유년 시절을 보냈어요.

- 참 (el/la) niño/a 어린이

novio/a
명
연인, 약혼자

Mi novia trabaja en una escuela.
내 여자 친구는 (한) 학교에서 근무해요.

- 참 (el) noviazgo 약혼

pareja
명 *f*
커플

En este juego hay que formar parejas.
이 게임에서는 커플을 만들어야 해요.

- 관 (la) pareja de hecho 사실혼 관계의 커플

salir con alguien
~과/와 사귀다

Desde esta semana salgo con Miguel.
나는 이번 주부터 미겔과 사귀어요.

- 반 romper con alguien ~과/와 헤어지다
- 🔍 '~과/와 외출하다'를 뜻하기도 해요.

separarse
동
헤어지다, 별거하다

¿En qué año se separó usted de su marido?
몇 년도에 남편과 헤어지셨어요?

참 (la) separación 결별, 별거

soltero/a
명 미혼남/미혼녀
형 미혼의

Estoy soltera.
나는 미혼이에요.

반 (el/la) casado/a 기혼자, 결혼한 ➡ p. 68

tener éxito
성공하다

Su negocio tiene mucho éxito y gana mucho dinero.
그는 사업이 매우 성공해서 돈을 많이 벌어요.

관 exitoso/a 잘된, 번창하는, 성공한

vejez
명 (f)
노년기

Las piernas se vuelven débiles en la vejez.
노년기에는 다리가 약해져요.

참 viejo/a 늙은 ➡ p. 23

viudo/a
명 홀아비/미망인
형 배우자를 잃은

Murió su mujer y se quedó viudo.
그는 부인이 죽어서 홀아비가 되었어요.

II. 인간관계와 사회 Relaciones Personales y Sociedad

연습 문제
Ejercicios

1 다음 낱말들을 일반적인 인생의 흐름 순서대로 쓰세요.

juventud	nacer	morir
casarse	vejez	criar hijos

2 다음 그림에 해당하는 표현을 골라 쓰세요.

dar a luz	pareja	tener éxito
anciano/a	joven	muchacho/a

(1)   (2)   (3)   (4)   (5)

(   ) (   ) (   ) (   ) (   )

3 빈칸에 들어갈 말을 골라 문장을 완성하세요.

(1) Este club es para _____. No se pueden entrar los adolescentes.
  ① los chicos   ② los enamorados   ③ los adultos

(2) Su abuela es _____, porque su abuelo murió el año pasado.
  ① soltera   ② viuda   ③ casada

(3) Cristina _____ con Pedro y siempre quiere estar con él.
  ① sale   ② lleva   ③ tiene

3 인간관계
relaciones personales

amigo/a
- 명 친구
- 형 친한

Ella es una amiga del colegio.
그녀는 학교 친구예요.

- [반] (el/la) enemigo/a 적, 적수
- [참] (la) amistad 우정

caballero
- 명 m
- 신사, 기사

Miguel es todo un caballero.
미겔은 진정한 신사예요.

- [반] (la) dama 숙녀, 귀부인 ➡ p. 76
- [관] Damas y caballeros 신사숙녀 여러분

caer bien/mal a alguien
~의 마음에 들다 / 들지 않다

Mi novio no le cayó bien a mi padre.
내 연인은 우리 아버지 마음에 들지 않았어요.

cita
- 명 f
- 약속, 예약

Mañana tengo una cita de trabajo.
나는 내일 업무상 약속이 있어요.

colega
- 명 m f
- 동료, 동업자

Ignacio se reunió con sus colegas para discutir el asunto.
이그나시오는 사건에 대해 논의하기 위해 동료들과 모임을 가졌어요.

- [유] (el/la) compañero/a ➡ p. 76
- 남성형과 여성형이 동일하므로 관사 등으로 성을 구분해요.

II. 인간관계와 사회 Relaciones Personales y Sociedad

3 인간관계 relaciones personales

compañero/a
명
동료, 파트너

He visto a tu **compañero** de la oficina en el parque.
나는 공원에서 당신의 사무실 동료를 보았어요.

참 (el) compañerismo 동료애

---

dama
명 f
숙녀, 귀부인

Antes las **damas** llevaban abanico.
전에는 귀부인들이 부채를 들고 다녔어요.

관 (la) primera dama 퍼스트레이디
(la) dama de honor 결혼식에서 신부 측 들러리

---

discusión
명 f
토론, 논의

Eso está en **discusión**.
그것은 논의 중에 있어요.

참 discutir 논의하다, 토론하다

---

hombre
명 m
인간, 남자

Es **hombre** de pocas palabras.
그는 말수가 적은 남자예요.

반 (la) mujer 여자 ➡ p. 64
관 (el) hombre de negocios 비즈니스맨
(el) hombre del tiempo 기상 캐스터

---

huésped
명
손님, 숙박객

Actualmente tienen tres **huéspedes** permanentes.
현재는 세 명의 장기 투숙객이 있어요.

관 (el/la) invitado/a, (el/la) visitante 방문객, 손님
🔍 남성형과 여성형이 동일하므로 관사 등으로 성을 구분해요.

individuo
명 *m*
개인, 사람

Dos individuos entraron en casa y robaron las joyas y el dinero.
두 명이 집에 들어와서 보석과 돈을 훔쳐 갔어요.

참 individual 개인의

---

madrina
명 *f*
(세례식이나 결혼식의) 대모

La madrina de la boda fue la madre del novio.
결혼식의 대모는 신랑의 어머니였어요.

반 (el) padrino 대부 ➡ p. 77
 결혼식에서 신랑과 동행하여 예식을 도와주는 여성을 가리켜요.

---

padrino
명 *m*
(세례식이나 결혼식의) 대부

En las bodas el padrino acompaña a la novia al altar.
결혼식에서 대부는 신부를 제대까지 동행해요.

반 (la) madrina 대모
 결혼식에서 신부와 동행하여 예식을 도와주는 남성을 가리켜요.

---

persona
명 *f*
사람, 인간, 인물

Unas cien personas asistieron al concierto.
백여 명의 사람들이 콘서트에 참석했어요.

관 en persona 몸소, 직접 만나서
　　por persona 1인당

---

vecino/a
명
이웃

El vecino de al lado nos ayuda mucho.
이웃집 남자는 우리를 많이 도와줘요.

 '주민'을 뜻하기도 해요.

Ⅱ. 인간관계와 사회 Relaciones Personales y Sociedad

연습 문제
Ejercicios

1 반대말끼리 연결하세요.

(1) padrino • • ① caballero
(2) dama • • ② mujer
(3) hombre • • ③ madrina
(4) amigo • • ④ enemigo

2 다음 중 나머지와 관련 <u>없는</u> 것을 고르세요.

(1) dama   caballero   mujer   señora
(2) cosa   persona   gente   individuo
(3) amigo   compañero   colega   anciano

3 다음 설명에 알맞은 표현을 골라 쓰세요.

| madrina | colegas | me cae bien | vecinos |

(1) Me gusta la profesora. ( )
(2) Gente que vive cerca de mi casa. ( )
(3) Gente que trabaja conmigo. ( )
(4) Mujer que acompaña al novio en una boda. ( )

4 일상적인 일
acciones cotidianas

 MP3 **11**

acostarse
동
눕다, 잠자리에 들다

Nos acostamos tarde como a las 2 de la madrugada.
우리는 느지막이 새벽 두 시 정도에 잠자리에 들어요.

---

almorzar
동
점심 먹다, 늦은 아침을 먹다

Vamos a **almorzar**, ya que no hemos desayunado.
우리 늦은 아침을 먹으러 가요, 아침을 먹지 않았잖아요.

참 (el) almuerzo 늦은 아침 식사, 브런치, 점심 식사

---

bañarse
동
목욕하다

Siempre **me baño** por la noche.
나는 항상 밤에 목욕해요.

참 (el) baño 목욕, 욕조
관 darse un baño 목욕하다

---

cena
명 f
저녁 식사

Ella nos invitó a una **cena** en el restaurante.
그녀는 한 식당에서 우리를 저녁 식사에 초대했어요.

참 cenar 저녁 먹다

---

comida
명 f
음식, 점심 식사

No sirven **comida** después de las cuatro.
네 시 이후에는 점심 식사를 제공하지 않아요.

유 (el) almuerzo
참 comer 먹다, 점심 먹다 ➡ p. 26
관 (la) comida a domicilio 배달 음식
(la) comida basura 정크 푸드, (la) comida rápida 패스트푸드

II. 인간관계와 사회 Relaciones Personales y Sociedad 79

4 일상적인 일 acciones cotidianas

desayuno
명 *m*
아침 식사

El **desayuno** está preparado en la cama.
침대에 아침 식사가 준비되어 있어요.

참 desayunar 아침 먹다

ducharse
동
샤워하다

¿Por qué no **te duchas** ahora?
지금 샤워를 하지 그래요?

참 (la) ducha 샤워 ➡ p. 155

hacer la cama
침대를 정리하다

Tienes que **hacer la cama** antes de desayunar.
당신은 아침 식사 전에 침대를 정리해야만 해요.

관 hacer la compra 장을 보다

ir a trabajar
출근하다

¿**Va a trabajar** en su coche?
자가용으로 출근하세요?

lavarse la cara
세수하다

Lávate la cara y los dientes.
얼굴과 이를 닦으세요.

관 lavarse las manos/el pelo 손/머리카락을 씻다

levantarse

일어나다

Mi madre se levanta a las seis y me despierta.
어머니는 여섯 시에 일어나셔서 나를 깨우세요.

merienda

간식

Hoy no voy a llevar la merienda.
오늘은 간식을 가져가지 않을래요.

참 merendar 간식 먹다

reunirse

모이다, 모임을 갖다

Todos sus amigos se reunieron para ayudarlo.
그의 모든 친구들이 그를 돕기 위해 모였어요.

참 (la) reunión 모임

sacar al perro
개를 데리고 나가다,
개를 외출시키다

No te olvides de sacar al perro.
개를 외출시키는 것을 잊지 말아요.

salir

외출하다, 나가다

¿A qué hora sales de la oficina?
사무실에서 몇 시에 나가세요?

관 salir con alguien ~과/와 사귀다, 외출하다

II. 인간관계와 사회 Relaciones Personales y Sociedad

Ejercicios

1 다음 중 나머지와 관련 없는 것을 고르세요.

(1) acostarse   por la mañana   desayuno   levantarse

(2) ducharse   lavarse el pelo   hacer la cama   darse un baño

(3) desayunar   merienda   almuerzo   pasear al perro

2 다음을 주어진 영역에 맞게 분류하세요.

> ducharse   comprar   leer
> preparar documentos   ver la televisión
> lavarse las manos   correr diariamente
> escuchar música   estudiar

para cuidarse	
para divertirse	
para trabajar	

3 빈칸에 들어갈 말을 골라 주어에 맞게 고쳐 쓰세요.

> hacer   sacar   ver   salir   ducharse

(1) Mis hermanos _____ la televisión todas las noches.

(2) Me gusta _____ con mis compañeros de oficina.

(3) Berta _____ la compra los sábados.

(4) Mi novio _____ a su perro tres veces al día.

(5) Yo _____ antes de desayunar.

 직업
profesión

MP3 **12**

abogado/a

변호사

De mayor quiero ser abogada.
나는 커서 변호사가 되고 싶어요.

actor/actriz

배우

¿Sabes el nombre del actor de la película que vimos ayer?
어제 우리가 본 영화의 배우 이름을 아세요?

- 참 (la) actuación 공연
  actuar 공연하다
- 🔍 남성형과 여성형의 형태가 달라요.

agricultor(a)

농부

Los jóvenes de hoy no quieren ser agricultores.
요즘 젊은이들은 농부가 되기를 원하지 않아요.

- 참 (la) agricultura 농업

ama de casa

가정주부

Mi mamá es ama de casa.
우리 엄마는 가정주부세요.

- 참 (el/la) amo/a 주인

arquitecto/a

건축가

El edificio diseñado por la arquitecta es mundialmente famoso.
그 건축가에 의해 설계된 그 건물은 세계적으로 유명해요.

- 참 (la) arquitectura 건축 ➡ p. 253

Ⅱ. 인간관계와 사회 Relaciones Personales y Sociedad **83**

5 직업 profesión

asistente/a
명
조수, 가사 도우미

La directora llamó a su asistente.
팀장은 자신의 조수를 불렀어요.

참 asistir 보조하다, 돕다, 참석하다 ➡ p. 239

bombero/a
명
소방관

Hay que cederles el paso a los bomberos.
소방관들에게 통행을 양보해야 해요.

cajero/a
명
계산원

Voy a la cajera para pagar esto.
나는 이것을 지불하기 위해 계산원에게 가요.

참 (la) caja 계산대, 상자 ➡ p. 349

camarero/a
명
웨이터/웨이트리스

Estoy aquí de camarero durante el verano.
나는 여름 동안 이곳에 웨이터로 있어요.

cantante
명
가수

Los cantantes de K-pop visitan París este fin de semana.
K-pop 가수들이 이번 주말에 파리를 방문해요.

참 (la) canción 노래 ➡ p. 284
　　cantar 노래하다

 남성형과 여성형이 동일하므로 관사 등으로 성을 구분해요.

carpintero/a

목수

Martín es carpintero de muebles.
마르틴은 가구 목수예요.

cartero/a

우편배달부

El cartero no ha traído hoy la carta de mi madre.
우편배달부가 오늘은 어머니의 편지를 가져오지 않았어요.

참 (la) carta 편지 ➡ p. 138

cocinero/a

요리사

El cocinero es un vasco de mucha fama.
요리사는 매우 유명한 바스크 사람이에요.

참 (la) cocina 주방 ➡ p.145
cocinar 요리하다

Vasco는 스페인의 북부의 한 지역이에요.

conductor(a)

운전사

El conductor paró el coche ante el paso de peatones.
운전사는 횡단보도 앞에서 차를 멈췄어요.

참 conducir 운전하다 ➡ p.223

dependiente/a

종업원

Ella trabaja como dependienta en una tienda.
그녀는 한 상점에서 종업원으로 일해요.

관 depender de algo/alguien
~에 달려 있다, ~에 종속되어 있다

5 직업 profesión

diseñador(a)
명
디자이너, 설계자, 도안가

Él es diseñador de moda y ella es diseñadora de muebles.
그는 패션 디자이너이고 그녀는 가구 디자이너예요.

 (el) diseño 디자인 ➡ p. 96
diseñar 디자인하다, 도안하다

empleado/a
명
직원

La dueña no está en este momento. Yo soy un empleado.
사장님은 지금 안 계세요. 나는 직원이에요.

 emplear 고용하다, 사용하다

enfermero/a
명
간호사

El enfermero levantó al paciente.
간호사가 환자를 일으켰어요.

 enfermo/a 아픈 ➡ p. 54

escritor(a)
명
작가

Es una conocida escritora de novelas de ciencia ficción.
그녀는 유명한 공상과학소설 작가예요.

유 (el/la) autor(a) ➡ p. 247
 escribir 쓰다

fotógrafo/a
명
사진사

Trabaja en un importante periódico como fotógrafo.
그는 한 주요 신문(사)에서 사진기자로 일해요.

 (la) fotografía (=la foto) 사진 ➡ p. 300
fotografiar, sacar/tomar fotos 사진 찍다

funcionario/a

공무원

Mi padre es funcionario de policía.
우리 아버지는 경찰 공무원이세요.

guardia

경비원, 경비

Le preguntamos a un guardia cómo se iba al puerto.
우리는 (한) 경비원에게 어떻게 항구로 가는지 물었어요.

🔍 남성형과 여성형이 동일하므로 관사 등으로 성을 구분해요.

intérprete

통역사

Acompaña al presidente en su viaje oficial un intérprete de ruso.
(한) 러시아어 통역사가 공식 방문에서 대통령을 수행해요.

🔍 남성형과 여성형이 동일하므로 관사 등으로 성을 구분해요.

jardinero/a

정원사

A mi marido le gustan mucho las flores. Es un buen jardinero.
내 남편은 꽃을 무척 좋아해요. 훌륭한 정원사예요.

참 (el) jardín 정원 ➔ p. 148

jefe/a

책임자, 국장, 과장

¿Quién es el jefe aquí?
누가 이곳의 책임자인가요?

5 직업 profesión

juez(a)
명
판사

La **jueza** lo condenó a veinte años de cárcel.
판사는 그를 20년 징역형에 처했어요.

 juzgar 심판하다, 판단하다 ➡ p.328

maestro/a
명
선생님

Mi tía es **maestra**.
우리 고모는 선생님이세요.

 주로 유치원이나 초등교육 종사자를 가리켜요.

mecánico/a
명
기사, 기술자

El **mecánico** me dijo que la reparación iba a ser muy cara.
기사는 수리가 아주 비쌀 거라고 내게 말했어요.

 (el/la) ingeniero/a 엔지니어

médico/a
명
의사

¿En esta sala hay algún **médico**?
이 홀에 의사가 계시나요?

 (el/la) doctor(a)

minero/a
명
광부

Algunas minas han empezado a admitir **mineras**.
어떤 광산은 여자 광부를 받아들이기 시작했어요.

 (la) mina 광산

modelo
명
모델

Si quieres ser mi modelo, debes estarte quieta.
당신이 내 모델이 되고 싶다면 가만히 있어야만 해요.

 남성형과 여성형이 동일하므로 관사 등으로 성을 구분해요.

---

obrero/a
명
노동자

En esa fábrica trabajan cerca de mil obreros.
그 공장에는 천 명에 가까운 노동자들이 일해요.

 (el/la) trabajador(a) ➡ p. 39
(la) obra 작업, 공사 ➡ p. 249

---

oficio
명
직업, 일

Mi oficio es enseñar español.
내 직업은 스페인어를 가르치는 거예요.

 (la) profesión

---

panadero/a
명
제빵사

Mis padres son panaderos y hacen el pan más rico del mundo.
우리 부모님은 제빵사이신데 세상에서 가장 맛있는 빵을 만드세요.

 (el) pan 빵 ➡ p. 126
(la) panadería 빵집, 제과점 ➡ p. 140

---

peluquero/a
명
미용사

¿A qué peluquero vas? Es que te han cortado muy bien el pelo.
어떤 미용사에게 다니세요? 머리를 정말 잘 자르셨네요.

 (la) peluquería 미용실 ➡ p. 215

5 직업 profesión

periodista
명
기자, 저널리스트

En aquella guerra murieron los **periodistas** extranjeros también.
그 전쟁에서 외국인 기자들도 사망했어요.

참 (el) periódico 신문 ➡ p. 263
 남성형과 여성형이 동일하므로 관사 등으로 성을 구분해요.

pescador(a)
명
어부, 낚시꾼

La mayoría de los habitantes de este pueblo son **pescadores**.
이 마을 주민의 대부분은 어부예요.

참 pescar 낚시하다

piloto
명
조종사, 운전사

Los **pilotos** se presentaron a los pasajeros.
조종사들은 승객에게 자기소개를 했어요.

참 pilotar 조종하다, 운전하다
 남성형과 여성형이 동일하므로 관사 등으로 성을 구분해요.

pintor(a)
명
화가

Picasso fue un **pintor** español nacido en Málaga.
피카소는 말라가에서 태어난 스페인 화가였어요.

참 (la) pintura 그림, 회화
   pintar 그리다

policía
명
경찰

Varios **policías** fueron corriendo al lugar del accidente.
여러 명의 경찰이 사고 현장으로 뛰어 갔어요.

남성형과 여성형이 동일하므로 관사 등으로 성을 구분해요.
경찰 집단 전체는 여성형으로 써요.

profesor(a)

교수님, 선생님

Mi **profesora** de lengua ha publicado varias novelas.
저의 언어(국어) 선생님은 여러 권의 소설을 출간하셨어요.

secretario/a

비서

Si quiere hablar con la directora, hable primero con su **secretario**.
감독님과 이야기하고 싶으시면 먼저 그의 비서와 말씀하세요.

관 Secretario/a General 사무총장

taxista

택시 기사

A este restaurante vienen muchos **taxistas** para comer.
이 레스토랑에는 택시 기사들이 식사하러 많이 와요.

참 (el) taxi 택시 ➡ p. 228

남성형과 여성형이 동일하므로 관사 등으로 성을 구분해요.

vendedor(a)

상인, 판매원

Es el mejor **vendedor** de seguros de su departamento.
그는 (자기) 부서에서 최고의 보험 판매원이에요.

참 (la) venta 판매
vender 팔다 ➡ p. 351

veterinario/a

수의사

Llevé al perro enfermo al **veterinario**.
나는 병든 개를 수의사에게 데리고 갔어요.

Ⅱ. 인간관계와 사회 Relaciones Personales y Sociedad

연습 문제
Ejercicios

1 다음 그림에 해당하는 직업을 연결하세요.

(1) •   • ① enfermera

(2) •   • ② piloto

(3) •   • ③ pintor

(4) •   • ④ cantante

(5) •   • ⑤ policía

(6) •   • ⑥ pescador

2 다음 설명에 맞는 직업을 골라 쓰세요.

| cartero/a | veterinario/a | bombero/a | dependiente/a |

(1) El que apaga los incendios.   (   )
(2) La que cuida a los animales enfermos.   (   )
(3) La que trabaja en una tienda y vende zapatos, ropa...
                                                                 (   )
(4) El que trabaja en la calle, pasa por las casas y reparte cartas, paquetes, postales...   (   )

III 의생활

Ropa

1. 옷 ropa
2. 신발, 소품 calzado, complementos
3. 모양, 재료 estilo, material
4. 미용, 개인 위생 cuidado personal, higiene personal

1 옷
ropa

MP3 **13**

---

abrigo
명 *m*
코트, 외투

Su **abrigo** era de color amarillo.
그의 코트는 노란색이었어요.

참 abrigar 감싸다, 덧입다

---

bañador
명 *m*
수영복

Mejor vamos antes a ver **bañadores**.
먼저 수영복을 보러 가는 것이 좋겠어요.

유 (el) traje de baño
참 bañarse 해수욕하다, 목욕하다 ➡ p. 79

---

bolsillo
명 *m*
주머니

Me encantan estos **bolsillos** pequeños del abrigo.
나는 코트의 (이) 작은 주머니들이 무척 마음에 들어요.

참 (el) bolso 핸드백 ➡ p. 101

---

botón
명 *m*
단추

No sé dónde he perdido uno de estos **botones**.
나는 어디에서 이 단추들 중 하나를 잃어버렸는지 모르겠어요.

---

bragas
명 *f*
여성용 팬티

Le regalé a mi madre unas **bragas** azules.
어머니께 파란색 팬티를 선물했어요.

🔍 항상 복수형으로 써요.

calzoncillos
명 *m*
남성용 팬티

¿Has encontrado unos **calzoncillos** que te gusten?
마음에 드는 팬티를 발견했어요?

 항상 복수형으로 써요.

---

camisa
명 *f*
셔츠, 남방

Llevas una **camisa** muy bonita. ¿Dónde la compraste?
아주 예쁜 셔츠를 입고 있네요. 그거 어디서 샀어요?

관 (la) blusa 블라우스

---

camiseta
명 *f*
티셔츠

Siempre vas con camisas. ¿Nunca te pones **camisetas**?
늘 셔츠를 입고 다니시네요. 티셔츠는 전혀 입지 않으시나요?

---

chaleco
명 *m*
조끼

Mi abuelo siempre llevaba **chaleco** debajo de la chaqueta.
할아버지는 항상 자켓 아래에 조끼를 입으셨어요.

관 (el) chaleco salvavidas 구명조끼 ➡ p. 222

---

chaqueta
명 *f*
재킷

Quítate esa **chaqueta** y ponte otra más elegante.
그 재킷은 벗고 좀 더 우아한 다른 것을 입으세요.

관 (la) chaqueta de cuero 가죽 재킷

1 ropa

coser
 동
바느질하다, 꿰매다

No sé coser. Mi madre lo ha hecho siempre por mí.
저는 바느질 할 줄 몰라요. 어머니께서 항상 제 대신 해 주셨어요.

참 (el) cosido 바느질

diseño
명 *m*
디자인

Para hacer un buen diseño de un bolso hay que pensar en su utilidad.
좋은 핸드백 디자인을 하려면 그 쓰임새에 대해 생각해야만 해요.

참 diseñar 디자인하다, 설계하다
관 (el) diseño de moda 패션디자인

escaparate
명 *m*
진열대

Quería ver la camiseta negra del escaparate.
진열대의 검은색 티셔츠를 보고 싶어요.

estar de moda
유행하다

Las camisas estampadas de flores están de moda.
꽃무늬 셔츠가 유행이에요.

반 estar pasado/a de moda 유행이 지났다
관 llevarse mucho algo ~을/를 많이 착용하다

falda
명 *f*
치마

Quería una falda de algodón con bolsillos.
주머니가 달린 면 치마를 원했어요.

참 (la) minifalda 미니스커트

jersey
명 *(m)*
스웨터

¡Mira, qué **jerséis** más caros!
이것 봐요, 엄청나게 비싼 스웨터예요!

[유] (el) suéter

---

lavar en seco
드라이클리닝을 하다

Esta camisa de seda hay que **lavar**la **en seco**.
이 실크 셔츠는 드라이클리닝을 해야 해요.

---

manga
명 *(f)*
소매

Estas camisetas sin **mangas** se llevan en verano.
이 민소매 티셔츠는 여름에 입어요.

[관] sin mangas 민소매의

---

pantalones
명 *(m)*
바지

¿Cuántos **pantalones** meto en la maleta?
트렁크에 바지를 몇 개 넣을까요?

[관] (los) pantalones cortos 짧은 바지
🔍 단수형인 pantalón으로도 써요.

---

pijama
명 *(m)*
파자마

Ponte el **pijama** y vete a la cama.
파자마를 입고 침대로 가세요.

III. 의생활 Ropa

1 옷 ropa

probador
명 *m*
탈의실, 피팅룸

Los probadores están ahí, al fondo.
탈의실은 저기 안쪽에 있어요.

probarse
동
입어 보다, 착용해 보다

¡Qué falda más bonita! ¡Quiero probármela!
정말 예쁜 치마네요! 그것을 입어 보고 싶어요!

quedar bien/mal
잘 어울리다/어울리지 않다

A **¿Qué tal me queda esta camiseta?**
이 티셔츠가 나에게 어울려요?

B **Es que no te queda muy bien.**
사실은 썩 잘 어울리지는 않아요.

 sentar bien/mal
관 ir bien/mal con algo/alguien
~과/와 잘 어울리다/어울리지 않다

quitarse
동
벗다

Me quité la falda y me puse los pantalones.
나는 치마를 벗고 바지를 입었어요.

 vestirse 옷 입다 ➡ p. 99
ponerse algo ~을/를 입다

ropa
명 *f*
옷

Voy a cambiarme de ropa.
나는 옷을 갈아입을 거예요.

관 (la) ropa interior/íntima 속옷
(la) ropa deportiva 스포츠 웨어

98　내게는 특별한 **스페인어 어휘**를 부탁해

talla
명 (f)
사이즈

¿Qué talla usas?
몇 사이즈 입으세요?

🔍 (el) número도 '치수'를 뜻하며 주로 신발 치수를 가리킬 때 써요.

traje
명 (m)
슈트, 정장

Pruébese este traje, a ver si le gusta.
이 슈트를 입어 보세요. 마음에 드는지 봅시다.

관 (el) traje de baño 수영복

vaqueros
명 (m)
청바지

¿Por qué no te compras también unos pantalones vaqueros?
청바지도 사지 그래요?

유 (los) jeans
🔍 원래 vaquero는 카우보이를 의미해요.

vestido
명 (m)
드레스, 원피스

Voy a ponerme el vestido de novia de mi madre en mi boda.
나는 결혼식에서 어머니의 웨딩드레스를 입을 거예요.

vestirse

옷 입다

No tardo nada en vestirme.
나는 옷 입는데 오래 걸리지 않아요.

유 ponerse algo

연습 문제
Ejercicios

1 다음 그림에 해당하는 말을 연결하세요.

(1) •   • ① el pijama

(2)  •   • ② la camiseta

(3) •   • ③ la falda

(4)  •   • ④ el traje

(5)  •   • ⑤ los pantalones

2 의미가 비슷한 말끼리 연결하세요.

(1) vaqueros •   • ① biquini
(2) bañador •   • ② bragas
(3) calzoncillos •   • ③ jeans
(4) camisa •   • ④ blusa

3 다음 중 나머지와 관련 <u>없는</u> 것을 고르세요.

(1) vestido   pijama   camisa   traje
(2) camiseta   camisa   bañador   jersey
(3) camisa   vaqueros   pantalones   falda
(4) chaqueta   camiseta   chaleco   calzoncillos

2 신발, 소품
calzado, complementos

 MP3 **14**

anillo
명 *m*
링, 반지

Por su aniversario de boda Tomás le regaló un **anillo** a su mujer.
결혼기념일을 맞아 토마스는 부인에게 반지를 선물했어요.

bolso
명 *m*
핸드백

También necesito un **bolso** de fiesta y unos zapatos de tacón.
파티용 핸드백과 하이힐도 필요해요.

참 (la) bolsa 봉투 ➡ p. 348

bota
명 *f*
부츠

Pruébate estas **botas**. Las necesitarás en invierno.
이 부츠를 신어 보세요. 겨울에 필요해요.

🔎 주로 복수형으로 써요.

bufanda
명 *f*
목도리

Puedes comprarle a tu marido una **bufanda** o un pañuelo.
당신은 남편에게 목도리나 스카프를 사줄 수 있어요.

calcetín
명 *m*
양말

Los **calcetines** blancos no quedan bien con el traje negro.
흰 양말은 검은 정장과 어울리지 않아요.

🔎 주로 복수형으로 써요.

2 신발, 소품 calzado, complementos

cartera
명 *f*
지갑

Ten cuidado con tu cartera. Aquí hay mucha gente.
지갑을 조심하세요. 여기는 사람이 많아요.

관 (el) monedero 동전 지갑

cinturón
명 *m*
벨트

Se te caen los pantalones. ¿Por qué no te pones un cinturón?
당신 바지가 흘러내려요. 벨트를 하지 그러세요?

참 (la) cintura 허리

collar
명 *m*
목걸이

¿Quieres que te deje el collar que me puse en tu boda?
당신 결혼식에서 내가 걸었던 목걸이를 빌려 줄까요?

corbata
명 *f*
넥타이

¿Qué te parece si le compramos una corbata de rayas a papá?
아빠에게 줄무늬 넥타이를 사 드리는 건 어때요?

gafas
명 *f*
안경

Llevo gafas desde los diez años.
나는 열 살 때부터 안경을 썼어요.

관 (las) gafas de sol 선글라스
🔍 복수형으로 써요.

gorra
명 f
캡 모자

Cuando voy a la playa, me pongo una **gorra**.
해변에 갈 때는 캡 모자를 써요.

guante
명 m
장갑

Quiero comprar unos **guantes**. Tengo las manos heladas.
나는 장갑을 사고 싶어요. 손이 얼었어요.

🔍 주로 복수형으로 써요.

joya
명 f
보석

Guardo las **joyas** en una caja fuerte.
나는 보석들을 금고에 보관해요.

[참] (el/la) joyero/a 보석상
(la) joyería 귀금속 상점

maletín
명 m
작은 가방, 손가방

¿Has guardado la calculadora en el **maletín**?
당신이 손가방에 계산기를 넣었어요?

🔍 주로 남자들이 들고 다니는 가방을 가리켜요.

medias
명 f
스타킹

Prefiero las **medias** hasta la cintura.
나는 허리까지 오는 스타킹이 더 좋아요.

🔍 주로 복수형으로 써요.

2 신발, 소품 calzado, complementos

mochila
명 (f)
배낭

Si te gusta ir al campo, cómprate una **mochila**.
야외에 가는 것을 좋아한다면 배낭을 하나 구입하세요.

pañuelo
명 (m)
스카프, 손수건

¿Quieres regalarle a mamá un **pañuelo** de seda?
엄마께 실크 스카프를 선물해 드리고 싶어요?

paraguas
명 (m)
우산

No te olvides del **paraguas**. Está lloviendo.
우산을 잊지 말아요. 비가 와요.

pendiente
명 (m)
귀고리

¿Quién es la chica que lleva los **pendientes** grandes?
큰 귀고리를 한 여자는 누구예요?

🔍 주로 복수형으로 써요.

pulsera
명 (f)
팔찌

A mi novia le compré una **pulsera** de oro por su cumpleaños.
생일 선물로 내 여자 친구에게 금팔찌를 사 줬어요.

reloj
명 m
시계

¡Qué reloj más elegante!
정말 우아하게 생긴 시계예요.

참 (la) relojería 시계 상점
(el/la) relojero/a 시계 수리공

---

sandalia
명 f
샌들

Compró unas sandalias para ir a la playa.
그는 해변에 가기 위해 샌들을 샀어요.

---

sombrero
명 m
(챙이 있는) 모자

Al ver a su abuelo, me quité el sombrero.
그의 할아버지를 보자 나는 모자를 벗었어요.

참 (la) sombra 그늘, 그림자

---

zapatilla (de deporte)
명 f
운동화

Las zapatillas de deporte me quedan pequeñas, me hacen mucho daño.
운동화가 나한테 작아서 무척 아파요.

유 (las) deportivas
관 (las) zapatillas 슬리퍼

---

zapato
명 m
구두

Se puso los zapatos para salir.
그는 외출하기 위해 구두를 신었어요.

참 (la) zapatería 구두 가게
관 (los) zapatos de tacón (=los tacones) 하이힐
🔍 주로 복수형으로 써요.

연습 문제
Ejercicios

1 다음 그림에 해당하는 말을 연결하세요.

(1) 　(2) 　(3) 　(4) 　(5)

① las medias　② los calcetines　③ el pañuelo　④ la cartera　⑤ la mochila

2 다음 상황과 소품을 알맞게 연결하세요.

(1) Está lloviendo　・　　・ ① la corbata
(2) Hace frío　・　　・ ② el paraguas
(3) Voy a una cena de negocios　・　　・ ③ los guantes
(4) Para mis pantalones　・　　・ ④ el cinturón
(5) Para proteger mis manos del frío　・　　・ ⑤ la bufanda

3 다음 신체 부위에 착용하는 소품들을 분류하세요.

① el sombrero　② las deportivas　③ el reloj
④ el anillo　⑤ la gorra　⑥ las botas
⑦ los pendientes　⑧ la bufanda　⑨ el collar
⑩ la corbata　⑪ los guantes　⑫ las gafas de sol

cabeza	cuello	mano	pies

3 모양, 재료
estilo, material

 MP3 15

---

aguja
명 *f*
바늘

Con esta aguja puedes coser el botón.
당신은 이 바늘로 단추를 달 수 있어요.

관 Buscar una aguja en un pajar.
짚더미에서 바늘 찾기 (서울에서 김 서방 찾기)

---

algodón
명 *m*
면

El algodón es muy fresco para el verano.
면은 여름에 매우 시원해요.

---

ancho/a
형
넓은, 헐거운, 낙낙한

La chaqueta le quedaba muy ancha.
재킷이 그에게 무척 컸어요.

유 amplio/a
반 estrecho/a 좁은, 끼는 ➡ p. 172

---

claro/a
형
밝은, 옅은

Me gusta el color azul claro.
나는 밝은 파란색이 좋아요.

반 oscuro/a 어두운, 짙은 ➡ p. 110

---

cómodo/a
형
편안한

No entiendo por qué no tienes unos jeans. Son tan cómodos.
나는 왜 당신에게 청바지가 없는지 이해가 되지 않아요. 너무나 편하거든요.

반 incómodo/a 불편한

III. 의생활 Ropa   107

3 모양, 재료 estilo, material

corto/a
형
짧은

¿No es demasiado **corta** esta falda?
이 치마는 너무 짧지 않나요?

반 largo/a 긴 ➡ p. 110

---

cuero
명 *m*
가죽

Ayer compré unos pantalones de **cuero** de color verde.
어제 녹색 가죽 바지를 하나 샀어요.

유 (la) piel ➡ p.17

---

de cuadros
체크무늬의

Quiero unas camisas **de cuadros**.
나는 체크무늬 셔츠를 원해요.

관 (el) cuadro 사각형 ➡ p.146

---

de lunares
물방울무늬의,
도트 프린트의

Tengo una foto de mi mamá con un vestido **de lunares**.
나는 물방울무늬 원피스를 입은 엄마의 사진이 한 장 있어요.

관 (el) lunar 점
　　(la) luna 달 ➡ p. 173

---

de rayas
줄무늬의,
스트라이프 무늬의

Aquella corbata **de rayas** grises es inglesa.
저 회색 줄무늬 넥타이는 영국제예요.

관 (la) raya 선, 금

estampado/a

무늬가 날염된,
무늬가 들어간

Ese vestido estampado de flores es precioso.
그 꽃무늬 원피스는 예뻐요.

참 estampar 프린트하다, 찍다

---

grande

큰

¿Tienes una talla más grande?
한 치수 더 큰 것이 있어요?

반 pequeño/a 작은 ➡ p. 111

---

grueso/a

두꺼운

Esta bufanda es demasiado gruesa para llevarla al cuello.
이 목도리는 목에 두르기에는 지나치게 두꺼워요.

반 fino/a 얇은

---

hilo

실

Con un hilo blanco ella me cosió el botón.
그녀는 흰색 실로 내게 단추를 꿰매 주었어요.

---

lana

울, 양모

Ese jersey de lana es ideal para el invierno.
그 모직 스웨터는 겨울용으로 딱이에요.

3 모양, 재료 estilo, material

largo/a
 긴

Quiero otro un poco más largo.
나는 조금 더 긴 것을 원해요.

반 corto/a 짧은 ➡ p. 108

ligero/a
 가벼운

Busco un abrigo de lana que sea muy ligero.
나는 아주 가벼운 모직 코트를 찾고 있어요.

반 pesado/a 무거운

liso/a
 단색의, 장식이 없는

Me gustan los vestidos lisos porque los puedo combinar con diferentes complementos.
나는 다양한 소품들과 조화시킬 수 있어서 단색의 원피스가 좋아요.

oro
 금

Estos collares son de oro.
이 목걸이들은 금으로 된 거예요.

oscuro/a
 어두운, 짙은

Lara llevaba un sombrero de un hermoso verde oscuro.
라라는 아주 아름다운 짙은 녹색 모자를 쓰고 있었어요.

반 claro/a 밝은, 옅은 ➡ p. 107

pequeño/a

작은

La clienta no quiere este bolso **pequeño**. Lo quiere más grande.
손님은 (이) 작은 백을 원하지 않아요. 더 큰 것을 원해요.

 grande 큰 ➡ p. 109

plata
명 *f*
은

La **plata** es menos valorada que el oro.
은은 금보다 값어치가 덜해요.

🔍 라틴아메리카 일부 지역에서는 돈(dinero)의 의미로도 사용해요.

seda
명 *f*
실크

Quiero comprarme una blusa de **seda**.
나는 실크 블라우스를 사고 싶어요.

suave

부드러운

Toca este pañuelo. ¡Qué **suave** es!
이 스카프를 만져 봐요. 정말 부드러워요!

 áspero/a 거친

tela
명 *f*
원단, 헝겊

Ella usó esta **tela** para hacer una manta.
그녀는 모포를 만들기 위해 이 원단을 썼어요.

연습 문제
Ejercicios

1 반대말끼리 연결하세요.

(1) estrecho/a　•
(2) corto/a　•
(3) claro/a　•
(4) grande　•

•　① oscuro/a
•　② ancho/a
•　③ pequeño/a
•　④ largo/a

2 다음 그림에 해당하는 말을 골라 쓰세요.

| de cuadros | de lunares | de rayas | estampado/a |

(1)　　　　　　(2)　　　　　　(3)　　　　　　(4)

(　　　)　(　　　)　(　　　)　(　　　)

3 다음을 연결하여 문장을 완성하세요.

(1) La camisa es de seda.　•
(2) El vestido es liso.　•
(3) Esta camisa es de algodón.　•
(4) La chaqueta es de lana.　•

•① Puedes lavarla con otra ropa.
•② No debes meterla en la lavadora.
•③ Es muy buena para el frío.
•④ Este collar irá bien con él.

4 미용, 개인 위생
cuidado personal, higiene personal

MP3 **16**

---

afeitarse
동
면도하다

Mi papá **se afeita** todas las mañanas.
우리 아빠는 매일 아침 면도하세요.

관 (la) maquinilla de afeitar 전기면도기

---

barra de labios
명 *f*
립스틱

Mi novio me regaló una **barra de labios** de color naranja.
내 남자 친구가 내게 오렌지색 립스틱을 선물했어요.

관 (la) barra 막대기, 스틱

---

cepillo de dientes
명 *m*
칫솔

Llevo un **cepillo de dientes** en el bolso para lavarme los dientes.
나는 이를 닦기 위해 핸드백에 칫솔을 가지고 다녀요.

관 (el) cepillo 솔

---

champú
명 *m*
샴푸

No nos lavamos el pelo con **champú** sino con jabón.
우리는 샴푸가 아니라 비누로 머리를 감아요.

관 (el) suavizante del pelo 헤어 린스

---

cosmético
명 *m*
화장품

En el bolso llevo algunos **cosméticos**. ¿Quieres que te los deje?
핸드백에 화장품이 몇 개 있어요. 빌려 줄까요?

Ⅲ. 의생활 Ropa   113

4 미용, 개인 위생 cuidado personal, higiene personal

cuidarse

(스스로를) 돌보다, 가꾸다

Me encanta cuidarme.
나는 스스로를 가꾸는 것을 무척 좋아해요.

참 (el) cuido (=cuidado) 주의, 조심, 돌봄

jabón

비누

Hay que lavarte las manos con jabón.
당신은 비누로 손을 씻어야 해요.

maquillarse

화장하다

Me maquillo siempre cuando salgo con mis amigos.
나는 친구들과 외출할 때는 항상 화장을 해요.

유 pintarse
참 (el) maquillaje 화장

pasta de dientes
명 (f)
치약

Queda muy poca pasta de dientes. Necesito otro tubo.
치약이 얼마 남지 않았어요. 새것이 필요해요.

관 (la) pasta 반죽, 페이스트

peinarse

머리를 빗다

Mi abuela se peina antes de acostarse.
할머니는 잠자리에 들기 전에 머리를 빗으세요.

참 (el) peine 빗

114 내게는 특별한 스페인어 어휘를 부탁해

perfume
명 *(m)*
향수

Se echa **perfume** cuando tiene una reunión importante.
그는 중요한 회의가 있을 때 향수를 뿌려요.

[참] perfumar 향수를 뿌리다

secador
명 *(m)*
헤어드라이어

A veces uso el **secador** para secarme el pelo.
나는 머리카락을 말리기 위해 가끔 헤어드라이어를 써요.

[참] secar 말리다
[관] secarse el pelo 머리를 말리다

teñir el pelo
머리카락을 염색하다

Teñí el pelo de color violeta.
나는 보라색으로 머리카락을 염색했어요.

tijeras
명 *(f)*
가위

Mete las **tijeras** en la caja.
가위를 상자에 넣으세요.

🔍 복수형으로 써요.

toalla
명 *(f)*
수건

Sécate las manos con esta **toalla**.
이 수건으로 손을 닦으세요.

연습 문제
Ejercicios

1 다음 그림에 해당하는 말을 연결하세요.

(1) •   • ① el cepillo de dientes

(2) •   • ② la toalla

(3) •   • ③ el peine

(4) •   • ④ la pasta de dientes

(5) •   • ⑤ el jabón

2 빈칸에 들어갈 말을 골라 문장을 완성하세요.

| las tijeras | la maquinilla de afeitar | el cepillo |
| jabón | el secador | el peine |

(1) Me lavo las manos con _____.
(2) Me peino con _____.
(3) Me seco el pelo con _____.
(4) Me corto el pelo con _____.
(5) Me afeito con _____.
(6) Me lavo los dientes con _____.

IV 식생활

Comer

1. 음식 alimentos
2. 맛, 조리법 sabor, preparación
3. 상점, 식당 tienda, restaurante

1 음식
alimentos

MP3 **17**

---

aceite
명 *m*
식용유, 기름

Cocinar con menos aceite es importante para la dieta.
적은 기름으로 요리하는 것이 다이어트에 중요해요.

- 참 aceitoso/a 기름진
- 관 (el) aceite de oliva 올리브유

---

aceituna
명 *f*
올리브

Las aceitunas son muy importantes en la cocina española.
올리브는 스페인 요리에서 매우 중요해요.

- 관 (la) oliva 올리브, (el) olivo 올리브 나무

---

agua
명 *f*
물

Necesito dos vasos de agua para hacer paella.
(나는) 파에야를 만들기 위해 물 두 컵이 필요해요.

- 관 (el) agua potable 음용수, (el) agua corriente 수돗물
  (el) agua mineral 천연수, 생수
- 🔍 여성명사지만 단수에는 남성 관사를 사용해요.

---

ajo
명 *m*
마늘

Los coreanos usamos mucho ajo en la comida.
(우리) 한국인들은 음식에 마늘을 많이 사용해요.

- 관 (la) cabeza de ajo 통마늘 한 개, (el) diente de ajo 마늘 한 쪽

---

arroz
명 *m*
쌀

A mi hijo le gustan las galletas de arroz.
우리 아이는 쌀로 만든 쿠키를 좋아해요.

- 참 (el) arrozal 논

atún
명 *m*
참치

Con estas latas de atún podemos hacer unas comidas muy ricas.
우리는 이 참치 캔으로 아주 맛있는 음식을 몇 개 만들 수 있어요.

---

azúcar
명 *m*
설탕

Ponme dos cucharitas de azúcar en el café.
커피에 설탕 두 티스푼을 넣어 주세요.

[참] azucarado/a 설탕이 들어간

---

bacalao
명 *m*
대구

El bacalao fresco es un pescado barato.
생대구는 값싼 생선이에요.

---

bebida
명 *f*
음료

Te toca traer bebidas para la fiesta de este fin de semana.
이번 주말 파티에 당신이 음료수를 가지고 올 차례예요.

[참] beber 마시다 ➡ p. 26

---

bocadillo
명 *m*
(스페인식) 샌드위치

Compramos queso para los bocadillos.
우리는 샌드위치용으로 치즈를 사요.

1 음식 alimentos

café
명 m
커피

¿Tomamos café?
우리 커피 마실까요?

- 참 (la) cafetería 카페테리아, 카페 ➡ p. 138
- 관 (el) café con leche 밀크 커피
  (el) café cortado 소량의 진한 밀크 커피
  (el) café solo 우유를 넣지 않은 소량의 진한 커피

caramelo
명 m
사탕, 캐러멜

No comas tantos caramelos. Luego tendrás que ir al dentista.
그렇게 사탕을 많이 먹지 말아요. 나중에 치과에 가야 할 거예요.

carne
명 f
고기, 육류

Lucía no come carne. Es vegetariana.
루시아는 고기를 먹지 않아요. 채식주의자예요.

- 참 carnívoro/a 육식의
- 관 (la) carne de vaca/ternera/cerdo/cordero
  암소 고기/송아지 고기/돼지고기/양고기

cebolla
명 f
양파

Cuando preparo espaguetis, yo les pongo mucha cebolla.
나는 스파게티를 만들 때 양파를 많이 넣어요.

cereal
명 m
곡물, 곡류

El cereal es la base alimenticia de muchos países.
곡류는 많은 국가들의 기본적인 먹거리예요.

cerveza
명 *f*
맥주

Compré cinco cervezas en el supermercado.
마트에서 맥주 다섯 병을 샀어요.

참 (la) cervecería 맥주집, 호프집
관 (la) cerveza sin alcohol 무알콜 맥주

dulce
명 *m*
사탕, 단맛의 과자나 케이크
형 달콤한

De postre sacamos frutas y dulces variados.
후식으로 우리는 과일과 다양한 케이크를 꺼냈어요.

ensalada
명 *f*
샐러드

Te haré una ensalada con lechuga, tomate y atún.
당신에게 상추, 토마토와 참치로 샐러드를 해 줄게요.

espaguetis
명 *m*
스파게티

Los espaguetis son más gruesos y más largos que los fideos.
스파게티는 국수보다 더 굵고 길어요.

관 (el) fideo 국수

fiambre
명 *m*
(햄 등의) 가공육

El chorizo es un fiambre.
초리소는 일종의 가공육이에요.

관 (el) embutido 소시지류

IV. 식생활 Comer

1 음식 alimentos

fresa
명 *f*
딸기

Las fresas de primavera son las mejores.
봄 딸기가 최고예요.

🔍 라틴아메리카 일부 지역에서는 (la) frutilla라고 해요.

fruta
명 *f*
과일

Las piñas y los plátanos son frutas tropicales.
파인애플과 바나나는 열대 과일이에요.

참 (la) frutería 과일 가게 ➡ p. 139
관 (los) frutos secos 건과류

hamburguesa
명 *f*
햄버거

En el colegio he comido una hamburguesa.
학교에서 햄버거를 먹었어요.

참 (la) hamburguesería 햄버거 가게

harina
명 *f*
밀가루

Este pan se hace con harina y agua.
이 빵은 밀가루와 물로 만들어요.

helado
명 *m*
아이스크림

De postre tomé helado de vainilla.
후식으로 나는 바닐라 아이스크림을 먹었어요.

참 (la) heladería 아이스크림 가게 ➡ p. 139

huevo
명 *m*
달걀

Mis gallinas ponen huevos todas las mañanas.
(내) 암탉들은 매일 아침 달걀을 낳아요.

관 (la) docena de huevos 달걀 12개
(el) huevo frito 계란 프라이
(el) huevo duro 삶은 계란

jamón
명 *m*
하몽, 햄

Me hago un bocadillo con tres lonchas de jamón.
나는 하몽 세 조각으로 샌드위치를 만들어요.

🔍 잘라 놓은 하몽을 세는 단위는 loncha예요.

leche
명 *f*
우유

A ¿Queda leche? 우유 남았어요?
B Solo una botella. 딱 한 병 남았어요.

🔍 바디 로션을 가리키기도 해요.

lechuga
명 *f*
상추

¿Por qué no pones lechuga en la ensalada?
왜 당신은 샐러드에 상추를 넣지 않나요?

legumbre
명 *f*
콩류

Hay que comer legumbres para tener buena salud.
건강을 위해 콩류를 먹어야 해요.

1 음식 alimentos

limón
명 *m*
레몬

El **limón** posee un alto contenido en vitamina C.
레몬은 비타민 C 성분을 많이 가지고 있어요.

참 (la) limonada 레모네이드

maíz
명 *m*
옥수수

Las palomitas son **maíz** tostado.
팝콘은 튀긴 옥수수예요.

mantequilla
명 *f*
버터

Saca la **mantequilla** de la nevera.
냉장고에서 버터를 꺼내세요.

manzana
명 *f*
사과

Quería un kilo de **manzanas** y una piña, pero pequeña.
사과 1kg과 파인애플 1개를 원해요. 단, 작은 것으로요.

참 (el) manzano 사과나무

marisco
명 *m*
해산물

No me gusta el **marisco**.
나는 해산물이 싫어요.

참 (la) marisquería 해산물 레스토랑

mayonesa
명 *f*
마요네즈

De primero, quiero espárragos con mayonesa.
첫 번째 요리로 나는 마요네즈를 곁들인 아스파라거스를 원해요.

melocotón
명 *m*
복숭아

El melocotonero que plantamos en el jardín se estropeó sin llegar a dar ningún melocotón.
우리가 정원에 심은 복숭아 나무는 복숭아를 맺지 못하고 못쓰게 되어 버렸어요.

🔍 라틴아메리카 일부 지역에서는 (el) durazno라고 해요.

melón
명 *m*
멜론

¿Alguien quiere un poco de melón?
누구 멜론 먹고 싶은 사람 있어요?

mermelada
명 *f*
마멀레이드, 잼

Hacemos mermelada de melocotón.
우리는 복숭아 마멀레이드를 만들어요.

miel
명 *f*
꿀

La miel es un alimento sano y natural.
꿀은 건강한 천연 식품이에요.

1 음식 alimentos

naranja
명 *f*
오렌지

Valencia es mundialmente famosa por su naranja.
발렌시아는 세계적으로 오렌지로 유명해요.

- 관 (la) media naranja 천생연분
- 🔍 Valencia는 스페인 남동부에 위치한 한 지역이에요.

ostra
명 *f*
굴

Las ostras se comen sin cocinar.
굴은 요리하지 않고 먹어요.

pan
명 *m*
빵

No te olvides del pan, dos barras de pan.
빵을 잊으면 안 돼요, 바게트 2개요.

- 참 (la) panadería 빵집 ➡ p. 140
- 관 (el) pan de molde 식빵
- 🔍 스페인 사람들이 먹는 바게트 모양의 빵을 세는 단위는 barra예요.

patata
명 *f*
감자

La tortilla de patata es un plato típico español.
감자 토르티야는 스페인의 대표적인 음식이에요.

- 관 las patatas fritas 감자튀김
- 🔍 라틴아메리카에서는 (la) papa라고 해요.

pera
명 *f*
배

¿Cuál prefieres? ¿La manzana o la pera?
어떤 것이 더 좋아요? 사과요, 배요?

pescado
명 *m*
생선

¿Hoy no hay nada de pescado?
오늘은 생선이 하나도 없어요?

참 (la) pescadería 생선 가게
pescar 낚시하다

---

pimienta
명 *f*
후추

En la mesa siempre están preparadas la pimienta y la sal.
탁자에는 항상 후추와 소금이 준비되어 있어요.

🔍 남성형인 pimiento는 피망을 가리켜요.

---

piña
명 *f*
파인애플

Necesito un cuchillo más grande para cortar la piña.
파인애플을 자르려면 좀 더 큰 칼이 필요해요.

---

plátano
명 *m*
바나나

¿Cuánto vale un kilo de plátanos?
바나나 1kg은 얼마예요?

유 (la) banana

---

pollo
명 *m*
닭고기, 병아리

Hoy servimos sopa de ajo y pollo asado.
오늘 우리는 마늘 스프와 오븐 구이한 닭을 제공해요.

IV. 식생활 Comer

1 음식 *alimentos*

queso
명 *m*
치즈

Huele mucho este queso.
이 치즈는 냄새가 많이 나요.

 (el) queso fresco 금방 만들어 숙성 과정을 거치지 않은 생치즈
🔍 슬라이스 치즈의 단위는 loncha예요.

refresco
명 *m*
청량음료

Después del concierto nos ofrecieron un refresco.
콘서트 후에 우리에게 청량음료를 제공했어요.

sal
명 *f*
소금

La sopa está salada. Le has puesto demasiada sal.
스프가 짜요. 소금을 너무 많이 넣었어요.

 (la) sal gorda 굵은 소금

salsa
명 *f*
소스

Para la carne va bien una salsa de vino.
이 고기에는 포도주 소스가 잘 어울려요.

sopa
명 *f*
스프

La sopa de marisco está muy buena.
해산물 스프가 매우 맛있어요.

tarta
명 f
케이크

He comprado una tarta para celebrar el cumpleaños de mi amigo Pedro.
나는 친구인 페드로의 생일을 축하하기 위해 케이크를 하나 샀어요.

- 참 (la) pastelería 제과점
- 관 (la) tarta de chocolate/manzana 초콜릿/사과 케이크
  (el) pastel 케이크, 파이

té
명 m
차

Los japoneses toman mucho té verde.
일본인들은 녹차를 많이 마셔요.

- 관 (el) té negro 홍차

tomate
명 m
토마토

En Corea, ¿por qué venden los tomates en la frutería?
한국에서는 왜 토마토를 과일 가게에서 팔죠?

tortilla
명 f
토르티야,
(스페인식) 오믈렛

La tortilla se hace con patatas y huevos.
토르티야는 감자와 달걀로 만들어요.

- 관 (la) tortilla de maíz 옥수수 토르티야
- 🔍 라틴아메리카 일부 지역에서는 주식으로 옥수수 토르티야를 빵처럼 먹어요.

tostada
명 f
토스트

He desayunado dos tostadas y un vaso de leche.
나는 아침으로 토스트 두 장과 우유 한 컵을 먹었어요.

- 참 tostar 노릇노릇하게 굽다, 볶다

1 음식 alimentos

uva
명 *(f)*
포도

Con las uvas podemos hacer zumo o vino.
우리는 포도로 주스나 포도주를 만들어요.

관 las doce uvas (=las uvas de la suerte)
12월 31일 자정에 먹는 열두 알의 포도

verdura
명 *(f)*
채소

Hace falta comprar verdura.
채소를 사야 해요.

유 (la) hortaliza 콩류를 포함한 채소류
관 (el/la) vegetariano/a 채식주의자

vinagre
명 *(m)*
식초

Échale a la ensalada sal, vinagre y aceite.
샐러드에 소금, 식초, 식용유를 뿌리세요.

vino
명 *(m)*
포도주

Los españoles dicen que una buena comida debe acompañarse de un buen vino.
스페인 사람들은 좋은 음식에는 좋은 포도주가 곁들여져야 한다고 말해요.

관 (el) vino blanco/tinto/rosado 화이트/레드/로즈 와인

zumo
명 *(m)*
주스

Esta mañana he tomado un zumo de naranja.
오늘 아침에 나는 오렌지 주스를 마셨어요.

🔍 라틴아메리카에서는 (el) jugo라고 해요.

연습 문제
Ejercicios

1 다음 그림에 해당하는 말을 쓰세요.

(1)    (2)    (3)    (4)

(   )   (   )   (   )   (   )

2 다음 음식과 색깔을 연결하세요.

(1) el limón ・   ・① naranja ・   ・(5) el tomate
(2) la fresa ・   ・② verde ・   ・(6) la lechuga
(3) el plátano ・   ・③ amarillo/a ・   ・(7) el ajo
(4) la harina ・   ・④ blanco/a ・   ・(8) la mantequilla
                        ・⑤ rojo/a ・

3 A의 질문과 B의 대답을 알맞게 연결하세요.

        A   B

(1) ¿Te apetece jamón? ・   ・① Sí, uno de fresa.
(2) ¿Hay que comprar huevos? ・   ・② Sí, una loncha, por favor.
(3) ¿Queda pan? ・   ・③ Sí, una docena.
(4) ¿Quieres un helado? ・   ・④ Sí, media barra.

4 다음 중 나머지와 관련 없는 것을 고르세요.

(1) pescado   tomate   lechuga   cebolla
(2) vinagre   aceite   sopa   salsa de tomate
(3) leche   vino   refresco   miel

2 맛, 조리법
sabor, preparación

MP3 **18**

ácido/a
형
신맛의, 산성의

Los alimentos **ácidos**, como el limón, son buenos para el hígado.
레몬처럼 신 음식은 간에 좋아요.

참 (la) acidez 신맛, 산성

a la parrilla
불에 구운, 석쇠에 구운, 숯불에 구운

Este restaurante especializado en carne **a la parrilla** es muy famoso en mi país.
이 숯불 구이 요리 전문 레스토랑은 우리나라에서 무척 유명해요.

관 (la) parrilla 석쇠, 그릴

al horno
오븐에 구운,
오븐에 조리한

A María le gusta el pescado **al horno**.
마리아는 오븐에 익힌 생선을 좋아해요.

관 (el) horno 오븐

al vapor
증기로 익힌, 찐

No engordan las verduras **al vapor**.
증기에 찐 채소는 살이 찌지 않아요.

관 (el) vapor 증기

asado/a
형
구운

De segundo, quiero cordero **asado**.
메인 요리로 오븐 구이한 양고기를 주세요.

참 asar 굽다

132 내게는 특별한 **스페인어 어휘**를 부탁해

botella
명 (f)
병

Traigo dos botellas de vino.
포도주 두 병을 가지고 왔어요.

caliente
형
뜨거운

¡Uy! La leche está demasiado caliente.
앗! 우유가 너무 뜨거워요.

[반] frío/a 차가운 ➡ p. 135
[참] calentar 데우다

cocer
동
끓이다, 요리하다

Vamos a cocer el pescado a fuego lento.
우리는 생선을 약한 불에서 익힐 거예요.

[유] cocinar
[참] cocido/a 익은

cortar
동
자르다

Después de lavar las manzanas, córtalas por la mitad.
사과를 씻은 후 절반으로 자르세요.

[참] (el) corte 자름, 절단

crudo/a
형
날 것의, 익지 않은

El pollo todavía está crudo. Hay que cocerlo un poco más.
닭고기가 아직도 안 익었어요. 조금 더 익혀야 해요.

[반] cocido/a 익은

2 맛, 조리법 sabor, preparación

dieta
명 *f*
식이요법, 다이어트

La **dieta** sana incluye alimentos naturales.
건강한 식이요법은 천연 식품을 포함하고 있어요.

- estar a dieta 다이어트를 하다

dulce
형
단맛의

Dicen que los alimentos **dulces**, como el chocolate, son buenos para el estómago.
초콜릿처럼 단 음식은 위에 좋다고들 해요.

- amargo/a 쓴맛의
 명사로 사용하면 케이크나 사탕처럼 단맛의 음식을 가리켜요.

duro/a
형
딱딱한

No me gustan los huevos **duros**.
나는 삶은 달걀이 싫어요.

- tierno/a 부드러운

estar hecho
익다

Esta carne está dura. **Está muy hecha**.
이 고기는 딱딱해요. 너무 익었어요.

- estar muy hecho/a 지나치게 익다
- estar poco hecho/a 거의 익지 않다

fresco/a
형
신선한

Creo que aquí el marisco es muy **fresco**.
내 생각엔 이곳 해산물은 무척 신선해요.

- estar pasado/a 상하다, 신선하지 않다
 날씨를 표현할 때는 '선선하다'를 뜻해요.

frío/a

차가운

¿Te caliento la sopa? Está fría.
스프를 데워 줄까요? 차갑잖아요.

[반] caliente 뜨거운 ➡ p. 133
[참] enfriar 식히다

frito/a

튀긴

Las patatas fritas van bien con la hamburguesa.
감자튀김은 햄버거와 잘 어울려요.

[참] freír 튀기다

lata

통조림, 캔

En casa siempre tengo sardinas en lata.
나는 항상 집에 정어리 통조림을 가지고 있어요.

maduro/a

익은

Ya podemos comer el melón. Está maduro.
이제 우리 멜론을 먹을 수 있어요. 익었어요.

[참] madurar 익다, 성숙하다, 익히다
[반] estar verde 덜 익었다

pelar

껍질을 벗기다

Para hacer la tortilla de patatas, primero hay que pelar las patatas.
감자 토르티야를 하려면, 먼저 감자 껍질을 벗겨야 해요.

2 맛, 조리법 sabor, preparación

picante
형
매운

A mí la comida **picante** me sienta mal.
나는 매운 음식이 좀 거북해요.

참 picar 맵다 ➡ p. 56

---

receta
명 *f*
조리법, 레시피

La **receta** del postre está escrita en mi cuaderno.
그 디저트의 조리법은 내 공책에 적혀 있어요.

🔍 '처방전'을 뜻하기도 해요.

---

rico/a
형
맛있는

¡Qué **rico** está este zumo! Quiero otro más.
이 주스 너무 맛있어요! 한 잔 더 마시고 싶어요.

유 delicioso/a, sabroso/a, bueno/a ➡ p. 34

---

saber (a algo)
동
(~한) 맛이 나다

Este pescado está malísimo. Además **sabe** a quemado.
이 생선은 너무 맛없어요. 더군다나 탄 맛이 나요.

관 saber bien/mal 맛이 있다/없다

---

salado/a
형
짠맛의

La carne está un poco **salada**. Pero sabe fenomenal.
고기가 조금 짜요. 하지만 정말 맛있었어요.

반 soso/a 싱거운

연습 문제
Ejercicios

1 빈칸에 들어갈 말을 골라 문장을 완성하세요.

> soso/a   pescado al horno
> fresco/a   no le ha sabido a nada

> En el restaurante que han elegido Luis y Sara sirven comidas muy buenas. Hoy Luis ha pedido (1)_____, porque está a dieta, pero se lo han traído tan (2)_____ que (3)_____. En cambio, Sara estaba muy contenta con el marisco (4)_____ que le han servido.

2 A의 음식과 B의 맛을 알맞게 연결하세요.

A	B
(1) dulce •	• ① vinagre
(2) salado •	• ② ajo
(3) ácido •	• ③ helado de fresa
(4) picante •	• ④ jamón

3 다음 표현의 의미와 반대말을 연결하세요.

(1) Prefiero las comidas saladas. •	• ① verde
(2) La leche está muy caliente. •	• ② soso/a
(3) Las peras están maduras. •	• ③ crudo/a
(4) La carne está demasiado hecha. •	• ④ frío/a

3 상점, 식당
tienda, restaurante

MP3 19

aperitivo
명 m
전채 요리, 애피타이저

¿Prefieren tomar antes un **aperitivo**?
먼저 전채 요리를 드시겠어요?

bar
명 m
바

Fuimos de **bar** en **bar** tomando tapas.
우리는 타파스를 먹으며 바를 전전했어요.

관 (la) barra (de un bar) 바의 카운터, 바의 긴 테이블

cafetería
명 f
카페, 카페테리아, 찻집

Comeré en cualquier **cafetería** cuando termine el trabajo.
나는 일을 마친 후 아무 카페테리아에서나 식사할 거예요.

유 (el) café ➡ p. 120

carnicería
명 f
정육점

Compré dos filetes de ternera en la **carnicería**.
정육점에서 송아지 필레 두 개를 샀어요.

참 (el/la) carnicero/a 정육점 상인
(la) carne 고기, 육류 ➡ p. 120

carta
명 f
메뉴판

Aquí tienen la **carta** de postres.
디저트 메뉴판 여기 있어요.

🔍 '편지'를 뜻하기도 해요.

138 내게는 특별한 스페인어 어휘를 부탁해

cuenta
명 (f)
계산서

¿Me trae la **cuenta**, por favor?
계산서 주시겠어요?

- 참 contar 계산하다, 셈하다
- 관 pedir la cuenta 계산서를 청구하다

frutería
명 (f)
과일 가게

Ya hay peras en la **frutería**.
이제 과일 가게에 배가 있어요.

- 참 (el/la) frutero/a 과일 가게 상인

heladería
명 (f)
아이스크림 가게

Siempre que paso por esta **heladería**, entro a tomarme un helado.
이 아이스크림 가게를 지나칠 때는 항상 아이스크림을 사 먹으러 들어와요.

- 참 (el) helado 아이스크림 ➡ p. 122

menú del día
명 (m)
정식, 점심 정식

¿Cuál es el **menú del día**?
점심 정식이 어떤 거예요?

mercado
명 (m)
시장

Acércate al **mercado** y compra fruta.
시장에 들러서 과일을 사세요.

3 상점, 식당 tienda, restaurante

panadería
명 (f)
빵집

En las **panaderías** se suelen vender también productos de pastelería.
빵집에서는 종종 제과점 제품도 팔아요.

참 (el/la) panadero/a 제빵사 ➡ p. 89

pescadería
명 (f)
생선 가게

En esa **pescadería** venden pescado fresco y pescado congelado.
그 생선 가게에서는 생물 생선과 냉동 생선을 팔아요.

참 (el/la) pescadero/a 생선 가게 상인

plato
명 (m)
요리, 접시

El arroz con pollo es mi **plato** favorito.
닭고기 밥은 내가 좋아하는 요리예요.

관 de primero 첫 번째 요리로
de segundo 두 번째 요리로
(el) plato fuerte/principal 메인 요리

postre
명 (m)
후식

¿Qué hay de **postre**?
후식으로는 뭐가 있죠?

관 de postre 후식으로

propina
명 (f)
팁

Antes de salir deja **propina**, ¿vale?
나가기 전에 팁을 놓아요, 알았죠?

관 de propina 덤으로

140 내게는 특별한 **스페인어 어휘**를 부탁해

reservar mesa
명
(식당의) 자리를 예약하다

Llama al restautante y reserva una mesa para dos.
레스토랑에 전화해서 두 사람 자리를 예약하세요.

---

restaurante
명 *(m)*
레스토랑, 식당

Los camareros de este restaurante son muy amables.
이 레스토랑의 웨이터들은 아주 친절해요.

---

supermercado
명 *(m)*
슈퍼마켓

¿Por qué hay tanta gente en el supermercado?
왜 슈퍼마켓에 사람이 이렇게 많아요?

---

tapa
명 *(f)*
타파스

Tomamos unas cañas y unas tapas de boquerones.
우리는 생맥주 몇 잔과 멸치 절임 타파스를 먹었어요.

관 ir de tapas 타파스를 먹으러 가다

🔍 보통 복수형으로 사용해요. 원래 보온이나 보냉, 파리를 쫓기 위해 덮었던 빵 조각에서 명칭이 유래했어요. 타파스는 주로 안주용으로 만든 소량의 음식을 뜻해요.

---

tomar algo
동
요기하다, 무언가를 먹다

Si tienes hambre, podemos tomar algo.
만일 당신이 배가 고프다면, 우리 무언가 좀 먹을 수도 있어요.

유 picar algo 요기하다, 소량의 음식을 먹다

IV. 식생활 Comer

연습 문제
Ejercicios

1 다음 상품을 파는 상점과 상인을 쓰세요.

(1)
- 상점 : _____
- 상인 : _____

(2)
- 상점 : _____
- 상인 : _____

(3)
- 상점 : _____
- 상인 : _____

(4)
- 상점 : _____
- 상인 : _____

2 다음을 대화의 순서에 맞게 정렬하세요.

① ¿Qué quiere de postre?
② ¿Me trae la cuenta, por favor?
③ ¿Qué quiere beber?
④ De primero quiero sopa de pescado y de segundo pollo asado.
⑤ Buenos días. ¿Qué va a tomar?
⑥ No, gracias, mejor un café con leche.
⑦ ¿Cuál es el menú del día?

(   ) – (   ) – (   ) – (   ) – (   ) – (   ) – (   )

V 집
Casa

1. 집 vivienda
2. 주방, 욕실 cocina, cuarto de baño
3. 침실, 거실 dormitorio, salón
4. 집안일 labores domésticas

1 집
vivienda

 MP3 **20**

alquilar
 동
빌려 주다, 임대하다, 빌리다

Alquilé un coche para viajar por España.
스페인을 여행하기 위해 자동차를 한 대 빌렸어요.

[참] (el) alquiler 임대, 임차

ascensor
 명 *m*
엘리베이터

De momento, el **ascensor** no funciona.
마침 지금은 엘리베이터가 작동하지 않아요.

[참] ascender 올라가다

azulejo
 명 *m*
타일

Lo más caro de la reforma de la casa han sido los **azulejos** de la cocina y el baño.
집을 보수할 때 가장 비싼 것은 주방과 욕실의 타일이었어요.

balcón
 명 *m*
발코니

Tengo unas plantas en el **balcón**.
나는 발코니에 화분을 가지고 있어요.

🔍 작은 규모의 테라스를 가리켜요.

calefacción
 명 *f*
난방

En mi casa tenemos **calefacción** eléctrica.
우리 집에서는 전기 난방을 해요.

[관] (la) calefacción central 중앙난방
     (la) calefacción individual 개별난방

casa

집

Vivo en una casa de alquiler.
나는 임대한 집에 살고 있어요.

---

céntrico/a

도심의, 중심가의

Mi piso es muy céntrico y está muy bien comunicado.
내 아파트는 도심에 있고 교통이 아주 좋아요.

참 (el) centro 중심, 도심

---

chalé

단독주택, 별장

¿Vives en un piso o en un chalé?
당신은 아파트에 살아요, 단독주택에 살아요?

---

cocina

주방, 부엌

La cocina es el lugar más importante de la casa porque es donde se prepara la comida.
주방은 음식이 준비되는 곳이기 때문에 집에서 가장 중요한 장소예요.

참 cocinar 요리하다

---

columna

기둥

En el salón hay tres columnas de mármol.
거실에는 세 개의 대리석 기둥이 있어요.

1 집 vivienda

comedor
명 m
식당

En el **comedor** del colegio comemos cientos de alumnos.
학교 식당에서는 수백 명의 학생들이 점심을 먹어요.

참 comer 먹다 ➡ p. 26

construir
동
짓다, 건설하다

Quien **construyó** esta iglesia fue mi padre.
이 교회를 지은 사람은 우리 아버지셨어요.

참 (la) construcción 건축
(el/la) constructor(a) 건축가

cortina
명 f
커튼

Estas **cortinas** verdes quedarán bien en mi cuarto.
이 녹색 커튼은 내 방에 잘 어울릴 거예요.

관 correr las cortinas 커튼을 닫다

cristal
명 m
유리

Hoy voy a limpiar los **cristales**. ¿Me echas una mano?
오늘 유리를 닦을 거예요. 나를 좀 도와줄래요?

🔍 주로 창에 끼워진 유리를 뜻해요.

cuadro
명 m
그림, 액자, 사각형

Tengo dos **cuadros** abstractos colgados en la pared.
나는 벽에 두 점의 추상화를 걸어 두었어요.

cuarto de baño
명 *m*
욕실

El **cuarto de baño** está al final del pasillo.
욕실은 복도 끝에 있어요.

유 (el) baño
관 (el) cuarto 방

dormitorio
명 *m*
침실

Mi casa tiene tres **dormitorios**, dos baños, una cocina grande, un salón-comedor y un jardín alrededor.
우리 집은 침실 세 개, 욕실 두 개, 큰 주방 하나, 거실 겸 식당, 그리고 주변에 정원이 있어요.

참 dormir 자다 ➡ p. 27

electro-doméstico
명 *m*
가전제품

Mi hijo va a abrir una tienda de **electro-domésticos**.
우리 아들은 가전제품 상점을 열 거예요.

참 doméstico/a 가정의, 가사의

escalera
명 *f*
계단, 층계

Vamos a subir por la **escalera**. Es un quinto piso.
우리 계단으로 올라가요. 5층이에요.

espejo
명 *m*
거울

Quiero poner el **espejo** en el lavabo.
그 거울을 욕실에 놓고 싶어요.

1 집 vivienda

estantería
명 (f)
책장, 진열장

Tengo una estantería llena de libros.
나는 책으로 가득 찬 책장을 가지고 있어요.

---

garaje
명 (m)
주차장

¿El piso tiene plaza de garaje?
그 아파트는 주차장에 자리가 있나요?

- 유 (el) aparcamiento ➡ p. 208
- 🔍 plaza de garaje는 아파트 주차장에 세대별로 할당된 자리를 뜻해요.

---

habitación
명 (f)
방

Las habitaciones dan a la calle.
방들은 거리를 향하고 있어요.

- 유 (el) cuarto
- 참 (el/la) habitante 주민 ➡ p. 213
  habitar 거주하다

---

jardín
명 (m)
정원

Mi sueño es tener una casa con jardín.
내 꿈은 정원이 딸린 집을 갖는 거예요.

- 참 (la) jardinería 원예

---

lámpara
명 (f)
램프, 전등

Al irse la luz, mi abuelo encendió una lámpara de petróleo.
전기가 나가자 할아버지는 석유램프를 키셨어요.

llave
명 *f*
열쇠

No pude entrar en casa porque había dejado las llaves en la oficina.
열쇠를 사무실에 두고 와서 집에 들어갈 수 없었어요.

참 (el) llavero 열쇠고리

luz
명 *f*
빛, 불

Esta habitación no tiene mucha luz.
이 방은 빛이 많이 들지 않아요.

관 dar/encender la luz 불을 켜다
apagar la luz 불을 끄다

mudarse
동
이사하다

Dentro de poco me mudaré de casa.
나는 조만간 이사할 거예요.

참 (la) mudanza 이사

mueble
명 *m*
가구

Daniel quiere poner más muebles en su salón.
다니엘은 거실에 가구를 더 놓고 싶어 해요.

참 (la) mueblería 가구점
amueblado/a 가구가 있는, 가구가 딸린

pared
명 *f*
벽

A esta pared le vendría muy bien un cuadro de tu tío.
이 벽에는 당신 삼촌의 그림이 아주 잘 어울렸을 거예요.

관 Las paredes oyen. 벽이 듣는다.
(낮말은 새가 듣고 밤말은 쥐가 듣는다.)

V. 집 Casa

1 집 vivienda

pasillo
명 m
복도

Su casa tiene un largo pasillo.
그의 집은 긴 복도가 있어요.

---

patio
명 m
중정, 파티오

La cocina da a un patio.
주방은 파티오를 향하고 있어요.

🔍 전통적인 스페인 건축양식으로, 건물 가운데 위치한 작은 공간을 가리켜요.

---

piscina
명 f
수영장

En el edificio donde vivo tengo piscina y zonas verdes.
내가 살고 있는 건물에는 수영장과 녹지가 있어요.

---

piso
명 m
아파트, 층, 바닥

Roberto llama a Beatriz para enseñarle su piso.
로베르토는 자신의 아파트를 보여 주려고 베아트리스에게 전화해요.

관 compartir piso 아파트를 함께 쓰다, 한 아파트에 살다
(el) apartamento 아파트, 원룸

🔍 스페인에서 (el) apartamento는 원룸과 같이 작은 아파트를 의미해요. 일반적인 아파트는 piso라고 해요.

---

portero/a
명
수위

El portero me entregó el paquete que me había mandado mi madre.
수위는 어머니가 보내신 소포를 내게 건네주었어요.

🔍 축구에서 골키퍼를 가리키기도 해요.

propietario/a

주인, 소유주

¿Nadie quiere hablar con el **propietario** del piso?
아무도 아파트 소유주와 이야기하고 싶어 하지 않나요?

- (el/la) dueño/a, (el/la) casero/a

puerta

문

Siempre cierra la **puerta** con llave.
항상 열쇠로 문을 잠그세요.

- (el) puerto 항구 ➡ p. 227
- llamar a la puerta 노크하다

soleado/a

햇빛이 잘 드는,
볕이 잘 드는

Mi prima vive en un piso bastante pequeño pero es muy **soleado**.
내 사촌은 꽤 작지만 아주 볕이 잘 드는 아파트에 살아요.

- (el) Sol 태양 ➡ p. 176

sótano

지하실

Utilizamos el **sótano** de la casa para guardar el vino.
우리는 집의 지하실을 포도주 보관을 위해 써요.

suelo

바닥

La alfombra es tan ancha que cubre todo el **suelo**.
카펫이 너무 넓어서 온 바닥을 다 덮어요.

- por los suelos 아주 값싸게, 아주 비참한 상황에서

1 집 vivienda

techo
명 *m*
천장

En el **techo** hay una lámpara muy moderna que ilumina bien.
천장에는 아주 환하게 비추는 세련된 전등이 있어요.

관 (el/la) sin techo 부랑자, 노숙인

terraza
명 *f*
테라스

¿El salón no tiene **terraza**?
거실은 테라스가 없나요?

🔍 여름 동안의 노천카페를 가리키기도 해요.

timbre
명 *m*
벨

Toque el **timbre** si necesita algo.
만일 무언가 필요하면 벨을 누르세요.

ventana
명 *f*
창문

¿Quieres cerrar la **ventana**? Es que entra mucho aire.
창문을 닫아 줄래요? 바람이 많이 들어오거든요.

vivienda
명 *f*
집

Quiero tener una segunda **vivienda** en mi pueblo.
고향에 두 번째 집을 가지고 싶어요.

유 (la) casa ➡ p. 145
참 vivir 살다
관 (el) domicilio 거주지

🔍 casa보다 넓은 개념으로 '주거지'를 뜻해요.

연습 문제
Ejercicios

1 다음 사물과 가장 밀접한 관계의 장소를 연결하세요.

(1) las plantas · · ① la pared
(2) la televisión · · ② el balcón
(3) las llaves · · ③ las ventanas
(4) los cristales · · ④ la puerta
(5) el cuadro · · ⑤ el salón

2 빈칸에 들어갈 말을 골라 대화를 완성하세요.

| ① soleado | ② cocina | ③ alquiler | ④ garaje |
| ⑤ terraza | ⑥ piso | ⑦ comedor | |

(1) A Buenos días, llamo por el anuncio del _____. ¿Cómo es?
B Tiene una habitación, una _____, un _____ con una _____ grande y un cuarto de baño.

(2) A Y tiene mucha luz?
B Sí, es muy _____.

(3) A ¿Tiene plaza de _____?
B No, pero en la calle se puede aparcar muy bien.

(4) A ¿Cuánto cuesta el _____?
B 650 euros al mes.

3 다음 행위가 이루어지는 적절한 장소를 연결하세요.

(1) La niña está durmiendo. · · ① el cuarto de baño
(2) Papá está viendo la televisión. · · ② el comedor
(3) Mamá se va a duchar. · · ③ la cocina
(4) Voy a preparar la comida. · · ④ la habitación
(5) Ya son las dos. ¡A comer! · · ⑤ el salón

2 주방, 욕실
cocina, cuarto de baño

 MP3 **21**

almacenar
동
저장하다, 보관하다

La tienda cuenta con un local para **almacenar** verduras.
그 상점은 채소를 저장할 수 있는 장소를 가지고 있어요.

참 (el) almacén 창고, 저장고

bañera
명 *f*
욕조

La **bañera** de mi casa es redonda y tiene los grifos dorados.
우리 집의 욕조는 둥글고 황금색 수도꼭지가 달렸어요.

참 bañarse 목욕하다 ➡ p. 79

bidé
명 *m*
비데

Este cuarto de baño es tan pequeño que no tiene **bidé**.
이 욕실은 너무 작아서 비데가 없어요.

cafetera
명 *f*
커피메이커

Al terminar la comida, puse la **cafetera** en el fuego.
식사가 끝나자 나는 불에 커피메이커를 올렸어요.

참 (el) café 커피 ➡ p. 120
관 (la) cafetera eléctrica 전기 커피메이커

congelar
동
냉동하다, 얼리다

Luisa compra carne una vez al mes y la **congela** para tenerla a mano siempre que la necesite.
루이사는 한 달에 한 번 고기를 사서 필요할 때마다 쓸 수 있도록 냉동해요.

참 (el) congelador 냉동고

 154　내게는 특별한 **스페인어 어휘**를 부탁해

copa
명 *f*
(다리가 긴) 잔

El champán siempre se toma en copa.
샴페인은 항상 잔에 마셔요.

🔍 잔의 형태에 따라 명칭이 달라요.

cubierto
명 *m*
포크, 칼, 숟가락 세트, 식사 도구

¿Tú pones los cubiertos en la mesa?
당신이 식탁에 식사 도구를 놓을래요?

🔍 주로 복수형으로 써요.

cuchara
명 *f*
숟가락

La sopa y el puré se toman siempre con cuchara.
스프와 퓨레는 항상 숟가락으로 먹어요.

참 (la) cucharilla 티스푼

cuchillo
명 *m*
칼

Has puesto las cucharas y los tenedores, pero se te han olvidado los cuchillos.
당신은 숟가락과 포크는 놓았지만 칼은 잊어버렸군요.

ducha
명 *f*
샤워, 샤워기

Me levanté y me di una ducha con agua fría para despertarme.
나는 일어나서 잠을 깨기 위해 찬물로 샤워를 했어요.

참 ducharse 샤워하다 ➡ p. 80
관 tomarse/darse una ducha 샤워하다

V. 집 Casa 155

2 주방, 욕실 cocina, cuarto de baño

fregar
동
설거지하다

¿Puedes fregar los platos y poner la mesa?
설거지하고 상을 차려 줄 수 있어요?

참 (el) fregadero 개수대

grifo
명 m
수도꼭지

Caen gotas del grifo. Ciérralo bien.
수도꼭지에서 물방울이 떨어져요. 잘 잠그세요.

관 (la) cerveza al grifo 생맥주

horno
명 m
오븐

El pollo está en el horno.
닭고기는 오븐 안에 있어요.

참 hornear 오븐에 굽다

lavabo
명 m
세면대, 화장실

Han elegido el lavabo en color blanco.
그들은 흰색 세면대를 선택했어요.

원래는 세면대를 뜻하지만 넓은 의미로 화장실을 가리키기도 해요.

lavadora
명 f
세탁기

Mi hermana se casa y voy a regalarle una lavadora.
언니가 결혼을 하는데 나는 세탁기를 선물할 거예요.

참 lavar 세탁하다, 닦다

lavavajillas
명 *m*
식기세척기

Mete los platos sucios en el lavavajillas.
지저분한 접시들을 식기세척기에 넣으세요.

유 (el) lavaplatos

---

mantel
명 *m*
식탁보

Hoy voy a poner el mantel que me gusta más.
오늘 내가 제일 좋아하는 식탁보를 깔 거예요.

---

microondas
명 *m*
전자레인지

No me gusta calentar la comida en el microondas.
나는 음식을 전자레인지에 데우는 것을 좋아하지 않아요.

---

nevera
명 *f*
냉장고

Te he dejado la comida en la nevera.
당신 점심을 냉장고에 두었어요.

유 (el) frigorífico

---

papel higiénico
명 *m*
화장지

¿Dónde están los rollos de papel higiénico?
두루마리 화장지는 어디 있어요?

관 higiénico/a 위생적인, 보건상의

V. 집 Casa

2 주방, 욕실 cocina, cuarto de baño

servilleta
명 (f)
냅킨

Después de comer, la niña se limpió la boca con la servilleta.
식사 후에 아이는 냅킨으로 입을 닦았어요.

---

taza
명 (f)
(손잡이가 달린) 잔

¿Tomas el café en taza o en vaso?
커피를 잔에 마셔요, 컵에 마셔요?

🔍 커피나 홍차의 잔을 가리켜요.

---

tenedor
명 (m)
포크

Anoche cenamos en un restaurante de cuatro tenedores.
어젯밤 우리는 포크 4개짜리 식당에서 저녁을 먹었어요.

🔍 스페인 레스토랑의 등급은 포크의 수로 나타내요.

---

vaso
명 (m)
컵

¿De quién es este vaso de leche caliente?
뜨거운 우유가 든 이 컵은 누구 거죠?

🔍 손잡이가 없는 일반적인 물컵을 가리켜요.

---

váter
명 (m)
변기, 화장실

No tiren en el váter nada más que el papel higiénico.
변기에 휴지 외에는 아무것도 버리지 마세요.

유 (el) wáter, (el) inodoro, (el) retrete

연습 문제
Ejercicios

1 다음 사물과 쓰임새를 연결하세요.

(1) la nevera •
(2) el lavavajillas •   • ① fregar
(3) el horno •
(4) el armario •   • ② cocinar / calentar
(5) el microondas •
(6) la lavabo •   • ③ almacenar
(7) el grifo •

2 그림에 해당하는 말을 연결하세요.

(1)  (2)   (3)  (4)   (5)

① la cuchara   ② el papel higiénico   ③ las servilletas   ④ la copa   ⑤ el cuchillo

3 다음을 연결하여 문장을 완성하세요.

(1) poner •   • ① las frutas en el fregadero.
(2) calentar •   • ② el pescado en el horno.
(3) lavar •   • ③ la lavadora
(4) meter •   • ④ el grifo.
(5) cocinar •   • ⑤ los platos en el lavavajillas.
(6) almacenar •   • ⑥ la comida en el microondas.
(7) cerrar •   • ⑦ los alimentos en el armario.

V. 집 Casa   159

3 침실, 거실
dormitorio, salón

 MP3 22

---

aire acondicionado
명 m
에어컨

Hace mucho calor. ¿Por qué no ponemos un **aire acondicionado**?
날씨가 너무 더워요. 우리 에어컨을 설치하는 것이 어때요?

관 (el) aire 공기
acondicionado/a 조절된

---

alfombra
명 f
카펫

Sofía tiene una **alfombra** de lana en el suelo.
소피아는 바닥에 모직 카펫을 깔았어요.

---

almohada
명 f
베개

Prefiero dormir sin **almohada**. Para mí es más cómodo.
나는 베개 없이 자는 것을 더 좋아해요. 내게는 그것이 더 편해요.

---

armario
명 m
장, 싱크대의 장

Guardo mis chaquetas en el segundo estante del **armario**.
나는 재킷들을 옷장의 두 번째 칸에 보관해요.

🔍 옷장, 싱크대 장을 모두 가리켜요.

---

cajón
명 m
서랍, 서랍장

Puedes usar todos los **cajones** para guardar tus cosas.
당신은 물건을 보관하기 위해 서랍을 모두 쓸 수 있어요.

참 (la) caja 상자 ➡ p. 348

---

160 내게는 특별한 **스페인어 어휘**를 부탁해

cama
명 ⓕ
침대

Entre la cama y la pared hay una mesilla.
침대와 벽 사이에 작은 탁자가 하나 있어요.

관 estar en cama, guardar cama 몸이 편치 않다, 침대에 있다
hacer la cama 침대를 정리하다

---

despertador
명 ⓜ
자명종

Tienes que poner el despertador a las seis de la mañana.
당신은 자명종을 아침 여섯 시에 맞춰야 해요.

참 despertarse 깨다

---

equipo de música
명 ⓜ
전축, 오디오

Debajo de la televisión, tengo el equipo de música.
나는 텔레비전 밑에 오디오를 두었어요.

관 (el) cquipo 팀, 장비

---

mando (a distancia)
명 ⓜ
리모컨

¿Dónde está el mando a distancia?
리모컨은 어디 있어요?

관 (el) mando 명령, 통제권

---

manta
명 ⓕ
모포

Las sábanas y la manta están en el armario.
시트와 모포는 옷장 안에 있어요.

V. 집 Casa

3 침실, 거실 dormitorio, salón

mesa
명 (f)
탁자

Mi mujer lleva varios días buscando una **mesa** que le guste.
내 아내는 며칠 동안 마음에 드는 탁자를 찾고 있어요.

관 poner la mesa 상을 차리다
recoger/quitar la mesa 상을 치우다

mesilla de noche
명 (f)
나이트 테이블, 침대 옆 협탁

El despertador está encima de la **mesilla de noche**.
자명종은 협탁 위에 있어요.

ordenador
명 (m)
컴퓨터

Mi abuela me regaló este **ordenador** cuando entré en la universidad.
대학에 들어갈 때 할머니께서 이 컴퓨터를 내게 선물해 주셨어요.

관 (la) impresora 프린터
🔍 라틴아메리카에서는 computador(a)를 사용해요.

sábana
명 (f)
시트

Cambia las **sábanas**, que están sucias.
시트를 교체하세요, 지저분하니까요.

관 (la) ropa de cama 침대 시트 세트

salón
명 (m)
거실

De noche me gusta escuchar música en el **salón**.
나는 밤에 거실에서 음악 듣는 것을 좋아해요.

유 (el) cuarto de estar

silla
명 (f)
의자

Hay seis sillas alrededor de la mesa.
탁자 주위에 의자 6개가 있어요.

sillón
명 (m)
1인용 소파 의자

Tengo dos sillones cerca de la chimenea.
나는 벽난로 근처에 소파 의자 두 개를 두었어요.

🔍 silla보다 크고 안락한 의자를 가리켜요.

sofá
명 (m)
소파, 긴 의자

Siéntate en el sofá, estarás muy cómoda.
소파에 앉으세요, 아주 편안할 거예요.

teléfono
명 (m)
전화기

De repente sonó el teléfono.
갑자기 전화벨이 울렸어요.

관 llamar por teléfono, telefonear 전화 걸다
hablar por teléfono 전화 통화하다

televisión
명 (f)
텔레비전

He visto la televisión todo el día.
나는 하루 종일 텔레비전을 봤어요.

유 (el) televisor TV 수상기

V. 집 Casa

1 다음 그림에 해당하는 말을 쓰세요.

(1) (   )
(2) (   )
(3) (   )
(4) (   )
(5) (   )

2 다음 사물과 가장 어울리는 장소를 연결하세요.

(1) las sábanas　　　　　•　　　•　① encima de la mesilla
(2) la mesilla de noche　•　　　•　② encima de la cama
(3) el despertador　　　•　　　•　③ encima de la sábana
(4) la manta　　　　　　•　　　•　④ al lado de la cama
(5) la alfombra　　　　•　　　•　⑤ en el suelo

3 다음을 주어진 영역에 맞게 분류하세요.

silla	televisión	cama
cajón	aire acondicionado	equipo de música
sillón	ordenador	mesilla de noche

electrodomésticos	muebles

4 집안일
labores domésticas

MP3 **23**

apagar la luz
불을 끄다

¿Puedes apagar la luz? Quiero dormir ya.
불을 좀 꺼 줄래요? 이제 자고 싶어요.

[반] dar/encender la luz 불을 켜다 ➡ p. 149

aspiradora
명 *f*
진공청소기

Primero hay que pasar la aspiradora en el salón.
먼저 거실에 진공청소기를 돌려야 해요.

[참] aspirar 빨아들이다, 흡입하다
[관] pasar la aspiradora 진공청소기를 돌리다

barrer
동
쓸다, 빗자루로 쓸다

Después, hay que barrer la terraza.
다음에는 테라스를 빗자루로 쓸어야 해요.

basura
명 *f*
쓰레기

Hay mucha basura en la calle.
거리에 쓰레기가 많아요.

[관] sacar la basura 쓰레기를 밖으로 치우다

detergente
명 *m*
세제

Antes de lavar, pongo detergente en la lavadora.
세탁 전에 세탁기에 세제를 넣어요.

V. 집 Casa 165

4 집안일 labores domésticas

enchufar

플러그를 꽂다

Enchufa la plancha y espera a que se caliente antes de empezar a planchar.
다림질을 시작하기 전에 다리미를 플러그에 꽂고 뜨거워질 때까지 기다리세요.

- 반 desenchufar 플러그를 빼다
- 참 (el) enchufe 플러그

escoba

비, 빗자루

Coloqué la **escoba** en un rincón de la cocina.
나는 주방 구석에 빗자루를 두었어요.

- 관 pasar la escoba 빗자루로 쓸다, 비질하다

estropeado/a
형
고장 난, 망가진

Tengo **estropeada** la lavadora.
나는 망가진 세탁기가 있어요.

- 관 estar estropeado/a, tener estropeado/a algo
  estropear(se) 고장 나다

funcionar

작동하다, 기능하다

¿Cómo **funciona** este microondas?
이 전자레인지는 어떻게 작동해요?

- 참 (la) función 기능, 작동 ➡ p. 280

hacer la cama
침대를 정리하다

Voy a **hacer la cama** y a ducharme.
나는 침대를 정리하고 샤워할 거예요.

limpiar el polvo
먼지를 닦다

El mueble está sucio. ¿Cuándo vas a **limpiar**le **el polvo**?
가구가 더러워요. 언제 먼지를 닦을 건가요?

유 quitar el polvo

---

planchar

다림질하다

Antes de **planchar** la camisa, hay que mojarla un poco.
셔츠를 다림질하기 전에 조금 적셔야 해요.

참 (la) plancha 다리미
관 (la) tabla de planchar 다리미판

---

poner la lavadora
세탁기를 작동시키다

¿Puedes **poner la lavadora**? Tengo que salir ahora mismo.
당신이 세탁기를 돌릴 수 있어요? 나는 지금 당장 나가 봐야 해요.

관 poner la lavavajillas 식기세척기를 작동시키다

---

tender la ropa
옷을 널다

No te olvides de **tender la ropa** que está dentro de la lavadora.
세탁기 안에 있는 옷을 너는 것을 잊지 말아요.

---

trapo

행주, 걸레, 헝겊

Necesito un **trapo** húmedo para limpiar la mesa.
탁자를 닦기 위해 젖은 걸레가 필요해요.

관 (el) trapo de cocina 행주

연습 문제
Ejercicios

1 빈칸에 들어갈 말을 골라 문장을 완성하세요.

> sacar estropeado/a detergente
> escoba trapo

(1) Para barrer es necesario tener una _____.
(2) Dame un _____ para limpiar bien los cristales.
(3) No te olvides de echar _____ antes de poner la lavadora.
(4) Hay que _____ la basura.
(5) Esta lavadora no está _____. Funciona muy bien.

2 A의 동사와 함께 쓸 수 있는 말을 B에서 골라 연결하세요.

A	B
(1) tender	① la aspiradora
(2) poner	② la ropa
(3) hacer	③ el polvo
(4) pasar	④ la cama
(5) quitar	⑤ la mesa

3 다음 사물은 2번의 어떤 행위와 관련이 있는지 쓰세요.

(1) el mantel   (   )
(2) el trapo   (   )
(3) las sábanas   (   )

VI 자연

Naturaleza

1. 우주, 지구, 지리 universo, Tierra, geografía
2. 날씨, 자연현상 tiempo, fenómenos naturales
3. 동물 animales
4. 식물 plantas
5. 환경 medio ambiente

1 우주, 지구, 지리
universo, Tierra, geografía

 MP3 **24**

---

agua
명 f
물

Es aconsejable beber dos litros de **agua** por día.
하루에 2리터의 물을 마시는 것이 바람직해요.

관 (el) agua dulce 민물, (el) agua salada 해수
🔍 복수로 사용하면 '강물, 바닷물'을 뜻하기도 해요.

---

arena
명 f
모래

En la playa los niños hacen castillos de **arena**.
해변에서 아이들이 모래성을 지어요.

참 arenal 모래의, 모래밭의
🔍 '투우장'을 뜻하기도 해요.

---

bosque
명 m
숲

Debemos proteger los **bosques** por nuestros hijos.
우리는 우리 아이들을 위해 숲을 보호해야 해요.

---

campo
명 m
시골, 밭, 논

Los domingos siempre paseamos por el **campo**.
일요일마다 우리는 항상 들판을 산책해요.

관 (el) campo santo 묘지, 묘역

---

cometa
명 m
혜성

Anoche vimos el **cometa** Halley.
어젯밤 우리는 핼리 혜성을 봤어요.

참 (la) cometa 연

continente
명 *m*
대륙

Hay cinco continentes en la Tierra: Eurasia, América, Oceanía, África y la Antártida.
지구에는 5개의 대륙인 유라시아, 아메리카, 오세아니아, 아프리카, 남극대륙이 있어요.

costa
명 *f*
해안

Es necesario mantener limpias las costas.
해안을 깨끗하게 유지할 필요가 있어요.

참 costero/a 해안의

desierto
명 *m*
사막

El pueblo está cerca del desierto del Sahara.
그 마을은 사하라사막에서 가까이에 있어요.

참 desértico/a 사막의
🔍 형용사로 '텅 빈'을 뜻하기도 해요.

ecuador
명 *m*
적도

En el Ecuador hay veces que el Sol llega al punto más alto en el cielo al mediodía.
적도에서는 태양이 정오에 하늘 가장 높은 지점에 도달하는 때가 있어요.

참 ecuatorial 적도의, 적도 부근의
🔍 보통 대문자로 써요.

este
명 *m*
동, 동쪽

Esta ventana está orientada al Este.
이 창문은 동향이에요.

🔍 동서남북의 네 방위를 나타낼 때는 대문자로, 한 국가나 지역의 방향을 구분할 때는 소문자로 써요.

1 우주, 지구, 지리 universo, Tierra, geografía

estrecho
명 *m*
해협

El **estrecho** de Gibraltar separa el continente europeo del continente africano.
지브롤터 해협은 유럽과 아프리카 대륙을 분리하고 있어요.

🔍 형용사로 '좁은'을 뜻하기도 해요.

---

estrella
명 *f*
별

Hay muchísimas **estrellas** en el cielo.
하늘에 별이 무척 많아요.

참 estrellar(se) 부딪히다, 충돌하다

---

frontera
명 *f*
국경

Los Pirineos son una **frontera** natural entre España y Francia.
피레네 산맥은 스페인과 프랑스의 자연 국경이에요.

---

geografía
명 *f*
지리

En el libro de **geografía** aparecen todos los ríos y cordilleras del país.
지리책에는 그 나라의 모든 강과 산맥이 나와 있어요.

참 (el/la) geógrafo/a 지리학자

---

hemisferio
명 *m*
반구

El Ecuador divide la Tierra en los **hemisferios** norte y sur.
적도는 지구를 북반구와 남반구로 나누어요.

isla
명 f
섬

Gran Bretaña es una isla.
영국은 섬이에요.

참 (el) islote 작은 섬

---

lago
명 m
호수

Veo una persona sobre el lago congelado.
얼어붙은 호수 위에 한 사람이 보여요.

---

luna
명 f
달, 위성

La luna tarda 28 días en dar la vuelta a la Tierra.
달이 지구를 한 바퀴 도는데 28일이 걸려요.

참 (el) lunar 점
관 (la) media luna 반달, (la) luna llena 보름달
   (la) luna nueva 초승달
   estar en la luna 헛된 생각을 하다, 공상하다

---

mar
명 m f
바다

El mar Mediterráneo baña el sur de Europa.
지중해가 유럽 남부를 적시고 있어요.

---

montaña
명 f
산

Se fue a vivir a la montaña huyendo de la contaminación de la ciudad.
그는 도시의 공해를 피해 산에서 살려고 떠났어요.

참 (el) montañismo 등산, 등반
   (el/la) montañero/a 등산가, 산악 등반가
관 (la) montaña rusa 롤러코스터

VI. 자연 Naturaleza

1 우주, 지구, 지리 *universo, Tierra, geografía*

norte
명 *m*
북, 북쪽

La brújula marca el Norte.
나침반이 북쪽을 가리켜요.

océano
명 *m*
바다, 대양

Los cinco océanos de la Tierra son: el Atlántico, el Pacífico, el Índico, el Glacial Ártico y el Glacial Antártico.
지구의 5대양은 대서양, 태평양, 인도양, 북극해, 남극해예요.

유 (el) mar ➡ p. 173

oeste
명 *m*
서, 서쪽

Portugal está en el oeste de la Península Ibérica.
포르투갈은 이베리아 반도의 서쪽에 있어요.

ola
명 *f*
파도

La ola alcanzó los 20 metros de altura.
파도가 20미터 높이에 달했어요.

관 (la) ola de marea 조수
(la) ola de frío 한파

orilla
명 *f*
강변, 해변

Encontramos una botella en la orilla del río.
우리는 강가에서 병을 한 개 발견했어요.

país
명 *m*
나라, 국가

Costa Rica es un **país** muy bonito.
코스타리카는 아주 예쁜 나라예요.

- 유 (la) nación ➡ p. 320
- 관 (el) país natal 모국, 본국
  (el) país en (vías de) desarrollo 개발도상국

paisaje
명 *m*
풍경, 전경

Mirábamos el **paisaje** desde el balcón.
우리는 발코니에서 풍경을 바라보고는 했어요.

península
명 *f*
반도

En todo el sur de la **península** lloverá mañana.
내일은 반도 남부 전역에 비가 올 거예요.

planeta
명 *m*
별, 행성, 지구

Nuestro sistema solar consta de ocho **planetas**.
우리 태양계는 8개의 행성으로 이루어져 있어요.

🔍 지구를 가리킨다면 (el) mundo와 유사한 뜻이에요.

playa
명 *f*
해변

Quiero casarme en una **playa** de arenas blancas.
나는 백사장이 있는 해변에서 결혼하고 싶어요.

VI. 자연 Naturaleza

1 우주, 지구, 지리 universo, Tierra, geografía

polo norte
명 *m*
북극

Los esquimales habitan en el polo norte.
에스키모들은 북극에 거주해요.

반 (el) polo sur 남극

región
명 *f*
지역, 지방

Los polos son las regiones más frías del planeta.
극지방은 지구에서 가장 추운 지역이에요.

참 regional 지역의, 지방의

río
명 *m*
강

En Seúl hay un río muy grande que se llama 'Han'.
서울에는 '한'이라는 이름의 아주 큰 강이 있어요.

관 Cuando el río suena, agua lleva.
강물 소리가 나면 물이 있는 것이다. (아니 땐 굴뚝에 연기 나랴.)

satélite
명 *m*
위성

La Luna es un satélite de la Tierra.
달은 지구의 위성이에요.

관 (el) satélite artificial 인공위성
(la) ciudad satélite 위성도시

sol
명 *m*
태양

El sol brilla encima de nuestras cabezas.
태양은 우리 머리 위에서 빛나요.

참 soleado/a 해가 드는, 양지의 ➡ p. 151
관 de sol a sol 하루 종일
tomar el sol 일광욕하다

sur
명 m
남, 남쪽

Vivo al sur de la ciudad.
나는 도시 남쪽에 살아요.

tierra
명 f
지구, 땅

La Tierra es el planeta más cercano al Sol tras Mercurio y Venus.
지구는 수성과 금성 다음으로 태양에 가장 가까운 행성이에요.

- 유 (el) mundo 세계, 지구 ➡ p. 320
- 관 tomar tierra 착륙하다, 입항하다
- 🔍 '지구'를 의미할 때는 주로 대문자로 써요.

valle
명 m
계곡

Construyeron el pueblo en un valle entre montañas.
산 사이의 계곡에 마을을 지었어요.

volcán
명 m
화산

Hay un volcán inactivo en su pueblo.
그의 고향에는 휴화산이 하나 있어요.

- 유 volcánico/a 화산의

zona
명 f
지역

Esta zona está poco poblada.
이 지역은 사람이 거의 살지 않아요.

- 관 (la) zona rural 전원 지역, 농촌 지역
    (la) zona urbana 도회지, 도시 지역

VI. 자연 Naturaleza

연습 문제
Ejercicios

1 다음 그림에 해당하는 말을 쓰세요.

(1)
② ( )
① ( )
③ ( )

(2)
① ( )
② ( ) ③ ( )
sur

2 다음 설명에 해당하는 말을 연결하세요.

(1) lugar lleno de árboles • • ① valle
(2) planeta satélite de la Tierra • • ② costa
(3) Asia es el más grande • • ③ bosque
(4) superficie de tierra entre las montañas • • ④ Luna
(5) siempre está al lado del mar • • ⑤ continente

3 빈칸에 들어갈 말을 골라 문장을 완성하세요.

| océanos | desiertos | mar | isla | ríos | playa |

(1) Cuba es una _____ situada en el _____ Caribe.
(2) A los niños les gusta ir a la _____ a jugar con la arena.
(3) En los _____ casi nunca llueve.
(4) Hay cinco _____ en la superficie de la Tierra.
(5) Los _____ suelen no tener olas.

2 날씨, 자연현상
tiempo, fenómenos naturales

 MP3 **25**

amanecer
명 *m* 동틀 녘, 새벽
동 동이 트다, 해가 뜨다

Llovió un poco al amanecer.
새벽에 비가 조금 왔어요.

관 (la) madrugada 새벽

anochecer
명 *m* 해 질 녘, 석양
동 해가 지다

Me gusta contemplar los anocheceres desde la playa.
나는 해변에서 석양을 바라보는 것을 좋아해요.

arco iris
명 *m*
무지개

Después de la lluvia es posible ver el arco iris.
비가 온 후에는 무지개를 볼 수도 있어요.

관 (el) arco 아치

atmósfera
명 *f*
대기, 분위기

La atmósfera se refiere a la capa de aire que rodea la Tierra.
대기란 지구를 둘러싸고 있는 공기층을 가리켜요.

참 atmosférico/a 대기의

bajo cero
영하의

Hoy estamos a 8 grados bajo cero.
오늘은 영하 8도예요.

관 cero 제로, 0

2 날씨, 자연현상 tiempo, fenómenos naturales

calor
명 m
더위

Este verano no ha hecho mucho calor.
올여름에는 많이 덥지 않았어요.

- 반 (el) frío 추위 ➡ p. 135, p. 181
- 참 caluroso/a 더운, 뜨거운
- 관 hacer calor 날씨가 덥다
  entrar en calor 몸을 덥히다

cielo
명 m
하늘

Esta noche se ven más estrellas en el cielo.
오늘밤에는 하늘에 더 많은 별이 보여요.

- 참 celestial 하늘의, 천체의, 천국의
- 관 (el) cielo cubierto/despejado 흐린/화창한 하늘
  ¡Cielos! 세상에나!

clima
명 m
날씨

La zona tiene un clima frío y seco.
그 지역은 춥고 건조한 날씨를 가지고 있어요.

- 참 climático/a 날씨의, 기후의

desastre natural
명 m
자연재해

Los desastres naturales causan muchas muertes cada año.
자연재해는 매년 많은 사망자를 야기해요.

fresco/a
명 m 쌀쌀함
형 선선한, 쌀쌀한

En una noche fresca mi primo y yo salimos a pasear.
어느 쌀쌀한 밤에 사촌과 나는 산책을 나갔어요.

frío/a

- 명 m 추위, 냉기
- 형 차가운

Hoy no hace ni frío ni calor.
오늘은 춥지도 덥지도 않네요.

- 참 (el/la) friolero/a 추위를 잘 타는 사람
- 관 hacer frío 날씨가 춥다

grado

- 명 m
- 도, 온도

Ayer estuvimos a 10 grados.
어제는 10도였어요.

hacer sol

화창하다

El primer día hacía sol, hacía buen tiempo.
첫날은 화창했고 날씨가 좋았어요.

- 유 soleado/a 화창한, 볕이 잘 드는 ➡ p. 151

hielo

- 명 m
- 얼음

Necesito hielo para mi bebida.
나는 음료를 위한 얼음이 필요해요.

- 참 helar 얼다
- 관 romper el hielo 어색함을 없애다

húmedo/a

- 형
- 습한, 습기가 많은

El clima del Caribe es muy húmedo.
카리브 해의 날씨는 매우 습해요.

- 참 (la) humedad 습기

2 날씨, 자연현상 tiempo, fenómenos naturales

inundación
명 (f)
홍수

La lluvia produjo una gran **inundación**.
비가 큰 홍수를 일으켰어요.

참 inundar 범람시키다, 홍수가 나게 하다
inundarse 범람하다, 홍수가 나다

lluvia
명 (f)
비

La **lluvia** en primavera es buena para todos los que viven del campo.
봄에 내리는 비는 들판에서 사는 모든 것들에게 좋아요.

참 (la) llovizna 가랑비, 보슬비
llover 비오다

meteorología
명 (f)
기상학, 기상

La **meteorología** es una parte de la ciencia que estudia los fenómenos naturales de la atmósfera terrestre.
기상학은 지구 대기의 자연현상을 연구하는 과학의 일종이에요.

참 (el/la) meteorólogo/a 기상학자
(el) pronóstico meteorológico (del tiempo) 기상예보

niebla
명 (f)
안개

La **niebla** provocó el cierre de caminos.
안개가 도로의 폐쇄를 야기했어요.

nieve
명 (f)
눈

Durante toda la noche cayó mucha **nieve** en la zona.
밤새도록 그 지역에 많은 눈이 내렸어요.

참 (la) nevada 강설
nevar 눈 오다

nube
명 *(f)*
구름

Empezaron a llegar unas nubes enormes y negras.
거대하고 시커먼 구름이 몰려오기 시작했어요.

- 참 nublarse 구름 끼다, (날이) 흐리다
- 관 estar nublado/a (=estar nuboso/a) 구름 끼다, 흐리다

relámpago
명 *(m)*
번개

Después del relámpago va el trueno.
번개 뒤에 천둥이 와요.

- 유 (el) rayo

seco/a
형
마른, 건조한

El clima en Andalucía es muy seco.
안달루시아의 기후는 매우 건조해요.

- 참 (la) sequedad 건조함

sequía
명 *(f)*
가뭄

La sequía en muchas zonas del planeta es consecuencia del cambio climático.
지구 많은 지역의 가뭄은 기후 변화의 결과예요.

temperatura
명 *(f)*
기온, 온도

¿Qué temperatura hace hoy?
오늘은 몇 도예요?

- 관 bajar/subir la temperatura 기온이 내리다/오르다

VI. 자연 Naturaleza

2 날씨, 자연현상 tiempo, fenómenos naturales

terremoto
명 *m*
지진

El **terremoto** destruyó antiguos edificios de la ciudad.
지진은 도시의 오래된 건물들을 파괴했어요.

유 (el) seísmo

tiempo
명 *m*
날씨, 시간

Hoy hace buen **tiempo**, pero mañana va a llover.
오늘은 날씨가 좋지만 내일은 비가 올 거예요.

관 hacer buen/mal tiempo 날씨가 좋다/나쁘다

tormenta
명 *f*
소나기, 폭우

En Madrid hace muy mal tiempo de **tormentas** con relámpagos.
마드리드에는 번개를 동반한 폭우가 쏟아지는 악천후예요.

유 (el) temporal

trueno
명 *m*
천둥

He oído **truenos** de lejos.
멀리서 천둥소리를 들었어요.

참 tronar 천둥 치다

viento
명 *m*
바람

Ayer hizo mucho **viento** en el este del país.
어제는 그 나라의 동쪽에 많은 바람이 불었어요.

참 ventoso/a 바람 부는, 바람의
관 a los cuatro vientos 사방에, 다른 사람들이 알게끔

1 다음 그림에 해당하는 날씨를 쓰세요.

(1)   (2)   (3)   (4)

( )   ( )   ( )   ( )

2 다음 상황에 해당하는 날씨를 연결하세요.

- ① Hay tormenta.
- ② ¡Tengo que ponerme el abrigo!

(1) Hace buen tiempo. •
- ③ Está nevando.
- ④ ¡Qué bueno hace hoy!
- ⑤ Hoy hace mucho sol.

(2) Hace mal tiempo. •
- ⑥ Llueve muchísimo.
- ⑦ ¿Vamos a la playa?
- ⑧ Estamos a 5 grados bajo cero.

3 참(V)인지 거짓(F)인지 쓰세요.

(1) Durante las tormentas no hay nubes. ( )
(2) Si no hay nubes en el cielo, hace sol. ( )
(3) Si hace buen tiempo, la temperatura es baja. ( )
(4) Cuando nieva, no llueve. ( )
(5) Si sale el sol después de llover, aparece el arco iris. ( )

3 동물
animales

MP3 **26**

---

abeja
명 f
꿀벌

Las **abejas** obreras producen cera y miel.
일벌이 밀랍과 꿀을 만들어 내요.

관 (la) colmena 벌집

---

acuario
명 m
수족관, 어항

Tengo un **acuario** con muchos peces.
나는 물고기가 많이 든 어항을 가지고 있어요.

águila
명 f
매

El **águila** come ratones.
매는 쥐를 먹어요.

🔍 여성명사이지만 단수에는 남성 관사를 사용해요.

---

animal de compañía
명 m
반려 동물, 애완동물

Un **animal de compañía** es un miembro de la familia.
반려 동물은 가족의 구성원이에요.

유 (la) mascota 마스코트, 애완동물

---

araña
명 f
거미

Las **arañas** atrapan insectos en su red.
거미는 자신의 거미줄에서 벌레를 잡아요.

관 (la) tela de araña, (la) telaraña 거미줄

burro/a
명
당나귀

El **burro** es un animal de carga.
당나귀는 짐을 운반하는 동물이에요.

 (el) asno
'바보'를 뜻하기도 해요.

caballo
명 *m*
말, 숫말

El **caballo** es un animal veloz.
말은 빠른 동물이에요.

반 (la) yegua 암말
관 montar a caballo 말을 타다

cabra
명 *f*
염소

El ser humano aprovecha la leche, la carne y la piel de la **cabra**.
인간은 염소의 젖과 고기, 가죽을 이용해요.

관 **estar como una cabra** 미치다, 제정신이 아니다

cerdo/a
명
돼지

Los coreanos consumen hasta las orejas del **cerdo**.
한국인들은 돼지의 귀까지 먹어요.

conejo/a
명
토끼

Los **conejos** dan saltos en el campo.
토끼들이 들판에서 깡충깡충 뛰어요.

3 동물 animales

cucaracha
명 *(f)*
바퀴벌레

Me dan mucho miedo las cucarachas.
나는 바퀴벌레가 굉장히 무서워요.

elefante/a
명
코끼리

Un elefante africano es más grande que uno asiático.
아프리카 코끼리는 아시아 코끼리보다 훨씬 커요.

gallina
명 *(f)*
암탉

Mis gallinas ponen huevos cada mañana.
내 암탉들은 매일 아침 알을 낳아요.

참 (el) gallinero 닭장

gallo
명 *(m)*
수탉

Los gallos suelen cantar al amanecer.
수탉이 새벽녘에 울고는 해요.

ganado
명 *(m)*
가축

Mi ganado está formado por cabras, ovejas y cerdos.
내 가축들은 염소, 양, 돼지로 구성되어 있어요.

gato/a
명
고양이

Mi gato es muy cariñoso.
내 고양이는 아주 다정해요.

---

granja
명 *f*
농장

Los principales productos de esta granja provienen de la ganadería.
이 농장의 주요 상품은 가축에서 얻어져요.

참 (el/la) granjero/a 농부, 농장주

---

hembra
명 *f*
암컷

La yegua es la hembra del caballo.
예구아(yegua)는 암말이에요.

반 (el) macho 수컷 ➡ p. 191

---

hormiga
명 *f*
개미

Este lugar está lleno de pequeñas hormigas rojas.
이곳은 작고 빨간 개미들 천지예요.

참 (el) hormiguero 개미집

---

insecto
명 *m*
곤충

Las hormigas y las abejas son insectos sociales.
개미와 벌은 사회적인 곤충이에요.

참 (el) insecticida 살충(제)

VI. 자연 Naturaleza

3 동물 animales

jaula
명 (f)
우리, 새장

Compré una jaula nueva para pájaros.
나는 새들을 위해 새로운 새장을 하나 샀어요.

ladrar
동
짖다

Anoche un perro ladró mucho en la calle.
어젯밤 거리에서 개 한 마리가 매우 짖었어요.

참 (el) ladrido 개 짖는 소리

león(a)
명
사자

El león es el rey de la selva.
사자는 밀림의 왕이에요.

lobo/a
명
늑대

El lobo suele vivir formando grupos familiares.
늑대는 가족별 그룹을 이루어 살고는 해요.

loro/a
명
앵무새

El loro es un animal tropical.
앵무새는 열대 동물이에요.

🔍 '수다스러운 사람'을 뜻하기도 해요.

macho
명 ⓜ
수컷

Es una codorniz macho.
그것은 수컷 메추라기예요.

mamífero/a
명 포유류
형 포유류의

Las crías de los mamíferos se alimentan de la leche de sus madres.
포유류의 새끼는 어미의 젖을 먹어요.

mariposa
명 ⓕ
나비

En el jardín unas mariposas están volando sobre las flores.
정원에는 몇 마리의 나비들이 꽃 위를 날아다니고 있어요.

mono/a
명
원숭이

Los monos se parecen mucho a los humanos en muchos aspectos.
원숭이는 많은 측면에서 인간을 무척 닮았어요.

mosca
명 ⓕ
파리

Cierra la ventana para que no entren moscas.
파리가 들어오지 않도록 창문을 닫으세요.

관 (el) mosquito 모기

3 동물 animales

oso/a

곰

Los osos se alimentan principalmente de vegetales.
곰은 주로 식물을 먹어요.

---

oveja

양

Las ovejas siempre andan juntas.
양들은 항상 함께 다녀요.

- Cada oveja con su pareja. 유유상종
  la oveja negra 검은 양 (가족이나 무리 중 유독 못나거나 미움 받는 개체)

---

pájaro/a

새

El gorrión es un pájaro.
참새는 일종의 새예요.

- (el) ave
- Matar dos pájaros de un tiro. 일거양득, 일석이조

---

palomo/a

비둘기

Mi abuelo tenía unas palomas mensajeras en su juventud.
우리 할아버지는 젊으셨을 때 전서구를 가지고 계셨어요.

- paloma는 수컷과 암컷을 모두 가리키기도 해요.

---

pata

(짐승의) 다리, 발

Los cocodrilos tienen cuatro patas.
악어는 다리가 네 개예요.

pato/a
명
오리

Los patos viven en estado salvaje o bien domesticados.
오리는 야생이나 가축화된 상태에서 살아요.

---

pavo/a
명
칠면조

Me dejé el pavo en el horno.
칠면조를 오븐 안에 놔뒀어요.

관 (la) edad del pavo 사춘기
(el) pavo real 공작새

---

perro/a
명
개

El perro se parece mucho al lobo.
개는 늑대를 무척 닮았어요.

관 (el) perro de raza 순종 견, 혈통이 있는 개

---

pez
명 ⓜ
물고기

El tiburón es un tipo de pez.
상어는 물고기의 일종이에요.

관 como pez en el agua 물만난 물고기처럼, 능숙한

---

pluma
명 ⓕ
깃털

En la montaña encontré una pluma de pavo real.
나는 산에서 공작새의 깃털을 발견했어요.

🔍 '펜, 볼펜'을 뜻하기도 해요.

VI. 자연 Naturaleza 193

3 동물 animales

poner huevos
알을 낳다

Los peces y las aves **ponen huevos**.
물고기와 새는 알을 낳아요.

관 (las) huevas 어류 등의 알

---

ratón(a)
명
쥐

A los **ratones** les gusta mucho el queso y las cosas dulces.
쥐는 치즈와 달콤한 것을 무척 좋아해요.

🔍 컴퓨터의 주변기기인 '마우스'를 뜻하기도 해요.

---

salvaje
형
야생의

Allí están los caballos **salvajes** que protegemos en esta zona.
우리가 이 지역에서 보호하고 있는 야생마들이 저기 있어요.

반 doméstico/a 가축화된, 길들여진

---

serpiente
명 (f)
뱀

La **serpiente** suele identificarse con el diablo en Occidente.
뱀은 서양에서 악마와 동일시되고는 해요.

참 serpentino/a 뱀의, 뱀 같은, 교활한

---

tigre
명
호랑이

En el circo tienen **tigres** de la India amaestrados.
서커스에는 조련된 인도호랑이들이 있어요.

🔍 남성형과 여성형이 동일하므로 관사 등으로 성을 구분해요.

toro
명 *m*
숫소

Mañana iremos a una corrida de toros.
내일 우리는 투우 경기에 갈 거예요.

반 (la) vaca 암소 ➡ p. 195
관 (el) buey 거세된 숫소

tortuga
명 *f*
거북이

En el cuento la tortuga ganó a la liebre en la carrera.
우화에서 거북이가 토끼를 경주에서 이겼어요.

vaca
명 *f*
암소

Me gusta mucho la carne de vaca.
나는 암소 고기를 굉장히 좋아해요.

반 (el) toro 숫소 ➡ p. 195

volar
동
날다

Los pájaros están volando muy bajo.
새들이 무척 낮게 날고 있어요.

 (el) vuelo 비행

zorro/a
명
여우

El zorro tiene fama de ser un animal muy astuto.
여우는 매우 교활한 동물이라는 명성이 있어요.

Ⅵ. 자연 Naturaleza

연습 문제
Ejercicios

1 다음 문장에 알맞은 그림을 고르세요.

(1) El   tiene cuatro patas.

(2) Las   dan leche.

(3) Los   vuelan.

(4) El   nada.

2 다음 설명에 해당하는 동물을 알맞게 연결하세요.

(1) Produce miel. •   • ① el pato
(2) Es el rey de los animales. •   • ② la tortuga
(3) Es muy lenta y transporta su casa. •   • ③ la abeja
(4) Uno de ellos se llama Donald. •   • ④ el león

3 다음 단어들을 영역별로 분류하세요.

oveja	paloma	gallina	hormiga	ratón
mosca	águila	burro	araña	conejo
cucaracha	mariposa	tigre	lobo	

Insecto	Pájaro	Mamífero

4 식물
plantas

 MP3 **27**

árbol
명 *m*
나무

Plantaron **árboles** junto a la avenida.
대로 옆에 나무를 심었어요.

 (el) árbol de Navidad 크리스마스트리

caña de azúcar
명 *f*
사탕수수

Se extrae el jugo de la **caña de azúcar** con una máquina.
기계로 사탕수수에서 엑기스를 짜내요.

césped
명 *m*
잔디

Ayer corté el **césped** del jardín.
어제 나는 정원의 잔디를 깎았어요.

clavel
명 *m*
카네이션

El señor llevaba un **clavel** blanco en la solapa de su chaqueta.
남자는 재킷의 깃에 흰색 카네이션을 달고 있었어요.

cultivar
동
경작하다, 재배하다

Los agricultores **cultivaron** la tierra.
농부들이 땅을 경작했어요.

 (el) cultivo 경작, 재배

VI. 자연 Naturaleza 197

4 식물 plantas

flor
명 (f)
꽃

En la primavera los campos están en flor.
봄에는 들판에 꽃이 가득해요.

- 참 (la) floricultura 원예업
  florecer 꽃이 피다
  florido/a 꽃이 핀, 꽃으로 가득한
- 관 ir de flor en flor 이익만을 쫓아다니다

frutal
명 (m)
과일나무, 과실수

El Sr. García plantó varios frutales en el huerto.
가르시아 씨는 텃밭에 여러 과일나무를 심었어요.

girasol
명 (m)
해바라기

De las semillas del girasol se obtiene aceite.
해바라기씨에서 기름을 얻어요.

- 참 girar 돌다, 회전하다 ➡ p. 225

hierba
명 (f)
풀

Estos animales se alimentan de la hierba del campo.
이 동물들은 들판의 풀을 먹어요.

- 참 herbívoro/a 채식의

hoja
명 (f)
잎, 이파리

La hoja del pino tiene forma de aguja.
소나무의 잎은 바늘 모양이에요.

🔍 '종이, 면도날'을 뜻하기도 해요.

hongo
명 *m*
버섯류

El champiñón es un **hongo**.
양송이는 일종의 버섯이에요.

huerta
명 *f*
밭, 경작지

Todas estas verduras provienen de una **huerta** orgánica.
이 모든 채소가 유기농 밭에서 나와요.

참 (el) huerto 텃밭

invernadero
명 *m*
온실

Nuestra familia cultiva tomates en el **invernadero**.
우리 가족은 온실에서 토마토를 길러요.

참 invernar 월동하다, 동면하다

laurel
명 *m*
월계수

Las hojas de **laurel** se usan para dar sabor a la comida.
월계수 잎은 음식에 풍미를 주기 위해 쓰여요.

pino
명 *m*
소나무

En el parque hay **pinos** que tienen más de cincuenta años.
공원에는 50년 이상된 소나무들이 있어요.

4 식물 plantas

plantar
동
심다

Plantamos diez manzanos en la granja.
우리는 농장에 열 그루의 사과나무를 심었어요.

참 (la) planta 식물, 식수

---

raíz
명
뿌리

Este árbol crecerá bien porque tiene **raíces** fuertes.
이 나무는 강한 뿌리를 가지고 있기 때문에 살 거예요.

관 echar raíces 뿌리를 내리다

---

rama
명
가지

Colgaron sus chaquetas de las **ramas** de un viejo árbol.
그들은 늙은 나뭇가지에 재킷을 걸었어요.

관 andarse por las ramas 에둘러 말하다, 돌려 말하다

---

regar
동
물을 주다

Cuando yo no esté en casa, tú tienes que **regar** las plantas.
내가 집에 없을 때 당신이 식물들에게 물을 줘야 해요.

---

rosa
명
장미

¡Qué bien huelen las **rosas**!
장미가 너무 향기로워요!

참 (el) rosal 장미 나무
(el) rosario 묵주
rosado/a 분홍색

rural
형
시골의, 전원의

En su pueblo podemos hacer turismo rural.
그의 고향에서 우리는 전원 관광을 할 수 있어요.

 (la) casa rural 전원주택, 시골집, 시골 민박집

🔍 turismo rural은 농촌 체험과 비슷하게 시골 생활을 경험해 보는 체험 위주의 관광 형태를 가리켜요.

sembrar
동
씨를 뿌리다

Sembró sésamo en sus campos.
그는 들에 참깨씨를 뿌렸어요.

semilla
명 *f*
씨

Escupí las semillas de la manzana.
나는 사과씨를 뱉었어요.

tronco
명 *m*
몸통, 줄기

El tronco de este pino tiene un metro de diámetro.
이 소나무의 몸통은 직경이 1m이다.

🔍 인간과 동물의 '몸'을 뜻하기도 해요.

vid
명 *f*
포도나무

Hay vides silvestres en mi huerto.
내 텃밭에는 야생 포도나무가 있어요.

VI. 자연 Naturaleza

연습 문제
Ejercicios

1 다음 그림을 보고 알맞은 말을 쓰세요.

(1) (   )

(2) (   )

(3) (   )

(4) (   )

2 어울리는 말끼리 연결하세요.

(1) plantar   •   • ① peras

(2) regar   •   • ② raíces

(3) recoger   •   • ③ el jardín

(4) echar   •   • ④ las semillas

3 다음 중 나머지와 관련 <u>없는</u> 것을 고르세요.

(1) árbol   frutal   rosa   tronco

(2) invernadero   semilla   rama   hoja

(3) flor   árbol   planta   mosca

(4) plantar   coser   sembrar   cultivar

5 환경
medio ambiente

basura
명 f
쓰레기

Prohibido tirar basura.
쓰레기 투척 금지

참 (el) basurero 쓰레기통

calentamiento global
지구온난화

El calentamiento global se refiere al fenómeno del aumento de la temperatura media global.
지구온난화란 지구 평균온도의 상승 현상을 가리켜요.

참 calentar 데우다, 덥히다

cambio climático
기후 변화

El cambio climático se debe al calentamiento global.
기후변화는 지구온난화 때문이에요.

참 (el) clima 기후 ➡ p.180

capa de ozono
오존층

La contaminación atmosférica está destruyendo la capa de ozono.
대기오염이 오존층을 파괴하고 있어요.

관 (la) capa 층, 덮개

contaminación
명 f
오염, 공해

La contaminación del aire en las grandes ciudades está disminuyendo poco a poco.
대도시의 공기 오염이 조금씩 줄어들고 있어요.

유 (la) polución
참 contaminar 오염시키다
　　contaminante 오염시키는

VI. 자연 Naturaleza　203

5 환경 medio ambiente

ecología
명 *f*
생태학

Un biólogo especializado en **ecología** va a venir a dar una conferencia.
생태학 전공의 한 생물학자가 강연을 하러 올 거예요.

참 (el/la) ecologista 환경론자
(el/la) ecólogo/a 생태학자
ecológico/a 친환경적인

ecosistema
명 *m*
생태계

Cada especie desempeña un papel concreto en el **ecosistema**.
각 종이 생태계에서 특정한 역할을 수행해요.

efecto invernadero
명 *m*
온실효과

El deshielo de los polos se debe al **efecto invernadero**.
극지방의 해빙은 온실효과에서 비롯해요.

energía
명 *f*
에너지

Estas máquinas transforman la energía solar en **energía** eléctrica.
이 기계들은 태양 에너지를 전기 에너지로 바꿔 줘요.

관 (la) energía nuclear/atómica 핵에너지

humo
명 *m*
연기

Antes las fábricas echaban **humo** negro.
전에는 공장들이 검은 연기를 뿜어냈어요.

medio ambiente
명 *m*
환경

Proteger el medio ambiente es importante para nosotros mismos.
환경을 보호하는 것은 우리 자신을 위해 중요해요.

참 medioambiental 환경의

---

plástico
명 *m*
플라스틱

Desde ahora tenemos que pagar en el supermercado por la bolsa de plástico.
지금부터 우리는 슈퍼마켓에서 플라스틱 봉투값을 내야 해요.

---

reciclar
동
재활용하다

Si reciclamos el papel, no habrá que talar tantos árboles.
종이를 재활용하면 그렇게 많은 나무를 자르지 않아도 될 거예요.

참 (el) reciclaje 재활용
reciclado/a 재활용한

---

reducir
동
감축하다, 줄이다

Debemos reducir el consumo de la gasolina, si no, acabaremos pronto con el petróleo.
우리는 휘발유 소비를 줄여야 해요. 그렇지 않으면 금방 석유를 고갈시키고 말 거예요.

참 (la) reducción 감소

---

vidrio
명 *m*
유리

Ese es el contenedor en el que debes tirar el vidrio.
그것이 유리를 버리는 컨테이너예요.

VI. 자연 Naturaleza

1 다음 질문에 알맞은 재활용 컨테이너를 골라 쓰세요.

A — Plástico
B — Papel
C — Vidrio

(1) ¿Dónde pongo las botellas de cerveza? (   )
(2) ¿Dónde pongo periódicos? (   )
(3) ¿Dónde pongo las bolsas de supermercado? (   )
(4) ¿Dónde pongo revistas? (   )
(5) ¿Dónde pongo vasos rotos? (   )
(6) ¿Dónde pongo el champú vacío? (   )

2 빈칸에 들어갈 알맞은 말을 골라 문장을 완성하세요.

> contaminación   calentamiento   ecologista
> medio ambiente   reciclar

(1) El Ayuntamiento recoge papeles para _____ los.
(2) El humo de los coches produce mucha _____.
(3) Te preocupas mucho por el _____. Eres un _____.
(4) La contaminación provoca el _____ en el planeta.

VII 도시
Ciudad

1. 건물, 길 edificio, calle
2. 교통 transporte
3. 위치 localización

1 건물, 길
edificio, calle

 MP3 **29**

---

acera
명 (f)
인도, 사람이 다니는 길

Los niños juegan en la **acera** frente a su casa.
아이들은 집 앞 인도에서 놀아요.

🔍 라틴아메리카 일부 지역에서는 (la) vereda라고도 해요.

---

aparcamiento
명 (m)
주차장

Dejó su coche en un gran **aparcamiento** del centro.
그는 자신의 차를 도심의 큰 주차장에 두었어요.

유 (el) parking
참 aparcar 주차하다 ➡ p. 218

---

avenida
명 (f)
대로, 큰 길

Paseamos por la **Avenida** de Mayo.
우리는 아베니다 데 마요(5월 대로)를 산책했어요.

---

ayuntamiento
명 (m)
시청, 도청

El **ayuntamiento** de Madrid está en la Plaza de Cibeles.
마드리드 시청은 시벨레스 광장에 있어요.

---

banco
명 (m)
은행, 긴 의자, 벤치

Tenemos que hacer este ingreso en el **banco**.
우리는 은행에 입금을 해야 해요.

참 (el/la) banquero/a 은행가
    bancario/a 은행의

---

208 내게는 특별한 **스페인어 어휘**를 부탁해

barrio
명 *m*
구역, 지역, 동네

En mi barrio no hay ni una librería.
우리 동네에는 단 한 개의 서점도 없어요.

boca de metro
명 *f*
지하철 입구

Te espero en la boca de metro número 3.
지하철 3번 입구에서 당신을 기다릴게요.

cajero automático
명 *m*
현금자동지급기, 자동화기기

Voy a sacar dinero en el cajero automático.
나는 현금자동지급기에서 돈을 찾을 거예요.

관 (el/la) cajero/a 계산원 ➡ p. 84

calle
명 *f*
거리, 길

Cruza la calle por el paso de cebra.
횡단보도로 길을 건너세요.

참 (el) callejón 좁은 골목길

cementerio
명 *m*
묘지

El autor de la obra está enterrado en el cementerio de la catedral.
그 작품의 저자는 대성당의 묘지에 안장되어 있어요.

유 (el) campo santo

1 건물, 길 *edificio, calle*

centro comercial
명 *m*
쇼핑센터, 쇼핑몰

En mi barrio hay un centro comercial con muchas tiendas de todas clases.
우리 동네에는 온갖 종류의 상점이 많은 쇼핑센터가 하나 있어요.

ciudad
명 *f*
도시

Muchas ciudades europeas conservan sus centros históricos.
유럽의 도시들은 역사적 도심지(구시가지)를 보존하고 있어요.

참 (el/la) ciudadano/a 시민, 주민 ➡ p. 316

comisaría
명 *f*
경찰서

Voy a la comisaría para denunciar un robo.
나는 절도 사건을 신고하기 위해 경찰서에 가요.

참 (el/la) comisario/a 총경, 경찰 서장

cruce
명 *m*
십자교차로, 사거리, 횡단보도

Nos encontramos en un cruce de la calle Pino.
우리는 피노 거리의 사거리에서 만났어요.

참 cruzar 건너다, 횡단하다

edificio
명 *m*
건물

En los edificios del centro, cada vez hay menos viviendas y más oficinas y centros comerciales.
도심의 건물에는 점점 더 주택이 적어지고 사무실과 쇼핑센터가 많아져요.

esquina
명 *f*
길모퉁이, 코너

En aquella esquina puedes encontrar un banco.
저 모퉁이에서 은행을 하나 찾을 수 있을 거예요.

estación
명 *f*
역

Estamos en la estación de autobuses para ir a Toledo.
우리는 톨레도에 가기 위해 버스 역에 있어요.

관 (la) estación de metro/trenes 지하철역/기차역

 '계절'을 뜻하기도 해요.

estatua
명 *f*
동상

En la plaza hay una estatua de Felipe II.
광장에는 펠리페 2세의 동상이 있어요.

farmacia
명 *f*
약국

La farmacia de la esquina está de turno.
모퉁이 약국이 (휴일에 개점하는) 당번이에요.

farol
명 *m*
가로등, 등불

Ha puesto un farol en la terraza del chalé.
그는 별장의 테라스에 등을 하나 설치했어요.

VII. 도시 Ciudad

1 건물, 길 edificio, calle

ferrocarril
명 *m*
철도, 기차

La estación de ferrocarril está llena de gente.
기차역이 사람들로 꽉 찼어요.

---

fuente
명 *f*
분수, 샘

En la fuente de la ciudad las palomas se bañan a menudo.
도시의 분수에서 비둘기들이 자주 목욕을 해요.

---

gasolinera
명 *f*
주유소

Pararemos en la próxima gasolinera para estirar las piernas.
우리는 다리를 좀 펴기 위해 다음 주유소에서 쉴 거예요.

참 (la) gasolina 휘발유 ➡ p. 225

---

glorieta
명 *f*
로터리, 회전식 교차로

Cuando llegues a la glorieta, gira a la derecha.
로터리에 도착하면 오른쪽으로 돌아가세요.

---

gran almacén
명 *m*
백화점, 대규모 상점

Me compré este abrigo en unos grandes almacenes.
이 코트를 백화점에서 샀어요.

유 (el) centro comercial 쇼핑센터 ➡ p. 210
관 (el) almacén 저장고

habitante
명 (m)
주민

En mi pueblo solo quedan quince habitantes.
우리 마을에는 15명의 주민만 남았어요.

유 (el/la) vecino/a ➡ p. 77
참 habitar 거주하다

iglesia
명 (f)
교회, 성당

Hay muchas iglesias antiguas en España.
스페인에는 오래된 교회가 많아요.

관 (la) catedral 대성당

librería
명 (f)
서점

Cerca de aquí hay una librería especializada en filosofía.
여기에서 가까운 곳에 철학 전문 서점이 있어요.

참 (el) libro 책
(el/la) librero/a 서점 주인

lugar
명 (m)
장소

Están buscando un lugar para hacer su nueva casa.
그들은 새집을 짓기 위한 장소를 찾고 있어요.

참 (el/la) lugareño/a 현지인
관 dar lugar a algo ~을/를 야기하다, 발생시키다
tener lugar 열리다, 개최하다

manzana
명 (f)
블록

El taxi dio una vuelta a la manzana.
택시는 블록을 한 바퀴 돌았어요.

유 (el) bloque de pisos
🔍 과일의 일종인 '사과'를 뜻하기도 해요.

1 건물, 길 edificio, calle

museo
명 (m)
박물관, 미술관

Hay una exposición de Salvador Dalí en el **Museo** de Arte Moderno.
현대 미술관에서 살바도르 달리의 전시회가 있어요.

oficina de correos
명 (f)
우체국

Voy a ir a la **oficina de correos** para enviar este paquete a mi casa.
나는 집에 이 소포를 보내기 위해 우체국에 갈 거예요.

🔍 간단하게 줄여서 correos로 지칭하기도 해요.

palacio
명 (m)
왕궁

Los reyes de España viven en el **Palacio** de la Zarzuela.
스페인의 국왕 부처는 사르수엘라 궁에 살아요.

parada
명 (f)
정류소

Déjeme allí, cerca de la **parada** de taxi.
저기에서 내려 주세요, 택시 정류장 근처요.

[참] parar 멈추다, 서다
[관] (la) parada de autobús 버스 정류소

parque
명 (m)
공원

La ciudad necesita más **parques** para que la gente pueda descansar.
도시는 사람들이 쉴 수 있도록 더 많은 공원이 필요해요.

[관] (el) parque de bomberos 소방서
(el) parque de atracciones 놀이공원

paso de peatones
명 *m*
횡단보도

Por aquí no veo el paso de peatones.
이 근처에 횡단보도가 안 보여요.

유 (el) paso de cebra, (el) cruce ➡ p. 210
관 (el/la) peatón 행인

peluquería
명 *f*
미용실

Una vez al mes me corto el pelo en la peluquería.
한 달에 한 번 나는 미용실에서 머리를 잘라요.

참 (el/la) peluquero/a 미용사 ➡ p.89

plaza
명 *f*
광장

Hemos quedado en la Plaza Mayor.
우리는 마요르 광장에서 만나기로 했어요.

관 (la) plaza de toros 투우장
sacar plaza 자리를 예약하다

pueblo
명 *m*
마을, 주민, 민족, 민중

Mis padres son de un pueblo muy pequeño de la provincia de Ávila.
우리 부모님은 아빌라 주의 아주 작은 마을 출신이세요.

puente
명 *m*
다리

Cruzaremos el puente del río.
우리는 그 강의 다리를 건널 거예요.

🔍 '징검다리 공휴일'을 뜻하기도 해요.

1 건물, 길 edificio, calle

quiosco
명 *m*
신문 가판대

Acércate al **quiosco** y cómprame el periódico, por favor.
부탁인데, 신문 가판대에 가서 신문 좀 사다 주세요.

tienda
명 *f*
상점, 가게

Mi tío tiene una **tienda** de cosméticos.
삼촌은 화장품 가게를 가지고 계세요.

tintorería
명 *f*
세탁소

Ella ha llevado la alfombra a la **tintorería** para guardarla limpia.
그녀는 카펫을 깨끗하게 보관하기 위해 세탁소에 가지고 갔어요.

🔍 구어체에서는 (el) tinte를 쓰기도 해요.

torre
명 *f*
탑

Subimos a la **torre** de la iglesia.
우리는 교회의 탑에 올라갔어요.

zoo
명 *m*
동물원

A los niños les encanta ir al **zoo**.
아이들은 동물원에 가는 것을 무척 좋아해요.

연습 문제
Ejercicios

1 다음 말을 들을 수 있는 장소를 골라 쓰세요.

> en la iglesia   en la estación de tren
> en la tintorería   en una parada de autobús

(1) Yo, Lucas Sánchez tomo por esposa a Ana Molina.
(　　　　　　)

(2) ¿Este autobús pasa por la plaza de Cibeles?
(　　　　　　)

(3) ¡He perdido el tren!
(　　　　　　)

(4) Láveme en seco esta camisa de seda.
(　　　　　　)

2 다음을 연결하여 표현을 완성하세요.

(1) centro　　　•　　　•　① de autobús
(2) parada　　　•　　　•　② automático
(3) boca　　　　•　　　•　③ de metro
(4) cajero　　　•　　　•　④ comercial

3 다음 문장에 이어질 말을 고르세요.

(1) Mi calle es muy ruidosa.
　① Hay poco tráfico.　　② Hay mucho tráfico.

(2) Mi barrio está muy bien comunicado.
　① Tiene una estación de metro muy cerca.
　② Tiene varias tiendas.

(3) Siempre leo el periódico todos los domingos por la mañana.
　① Salgo a comprarlo al quiosco.
　② Salgo a comprarlo a la comisaría.

(4) El hotel donde nos vamos a alojar está al otro lado del río.
　① Tenemos que cruzar la avenida.
　② Tenemos que cruzar el puente.

2 교통
transporte

MP3 30

---

acelerar
동
가속하다

Acelera, que llegamos tarde.
속도를 올려요, 우리 늦었어요.

---

aeropuerto
명 *m*
공항

El **aeropuerto** de Madrid es el Barajas.
마드리드의 공항 이름은 바라하스예요.

---

andén
명 *m*
승강장

Esperé en el **andén** a que llegara el próximo tren.
나는 다음 기차가 올 때까지 승강장에서 기다렸어요.

---

aparcar
동
주차하다

Le costó mucho aprender a **aparcar** el coche.
그는 주차를 배우는 것이 무척 힘들었어요.

유 estacionar
참 (el) aparcamiento 주차장 ➡ p. 208

---

a pie
걸어서

Iremos **a pie** al restaurante porque está muy cerca de aquí.
레스토랑이 여기서 가깝기 때문에 우리는 걸어서 갈 거예요.

área de servicio
명 *f*
휴게소

Vamos a descansar en la primera área de servicio que encontremos.
우리는 첫 번째로 발견하는 휴게소에서 쉴 거예요.

 여성명사지만 단수에는 남성 관사를 써요.

arreglar
동
고치다, 수선하다, 정돈하다

El técnico arregló mi coche.
정비사가 내 차를 고쳤어요.

유 reparar
반 estropear 고장 나다
참 (el) arreglo 수리, 정돈

asiento
명 *m*
좌석

El asiento del conductor está delante.
운전사의 좌석은 앞에 있어요.

atasco
명 *m*
정체, 교통 정체, 막힘

En las horas punta se suele producir atascos.
러시아워에는 교통 정체가 발생하고는 해요.

참 atascar 막히다

aterrizar
동
착륙하다

El avión aterrizó sin problemas.
비행기는 문제없이 착륙했어요.

유 tomar tierra
반 despegar 이륙하다 ➡ p.223
참 (el) aterrizaje 착륙

VII. 도시 Ciudad 219

2 교통 transporte

atropellar
동
치다

El coche atropelló al perro.
자동차가 개를 치었어요.

참 (el) atropello (주로 자동차로) 치는 행위

autobús
명 ⓜ
버스

Cogimos el autobús que va a la Plaza de España.
우리는 스페인 광장으로 가는 버스를 탔어요.

유 (el) autocar, (el) bus

🔍 라틴아메리카에서는 다른 다양한 이름으로 불리기도 해요.

avión
명 ⓜ
비행기

Viajar en avión es caro, pero es más cómodo y rápido.
비행기로 여행하는 것은 비싸지만 훨씬 편안하고 빨라요.

유 (el) vuelo
참 (la) aviación 비행
    (la) avioneta 경비행기, 소형 비행기

azafato/a
명
승무원

Una azafata nos ayudó a meter las maletas en el maletero.
한 승무원이 우리가 짐칸에 트렁크를 넣는 것을 도와줬어요.

유 (el/la) auxiliar de vuelo

bajar
동
내리다

Bajamos del tren y nos dirigimos a la salida.
우리는 기차에서 내려서 출구로 향했어요.

반 subir 타다, 오르다

barco
명 *m*
배

A este lugar se puede llegar fácilmente por avión, carretera, ferrocarril o **barco**.
이곳은 비행기, 도로, 철도 또는 배로 쉽게 접근할 수 있어요.

bicicleta
명 *f*
자전거

De niña, iba a la escuela en **bicicleta**.
어렸을 때 나는 학교에 자전거로 가곤 했어요.

관 montar en bicicleta 자전거를 타다
🔍 줄임말로 bici라고도 해요.

billete
명 *m*
티켓, 표

Enseña el **billete** al revisor.
검표원에게 표를 보여주세요.

유 (el) ticket
관 (el) billete de ida y vuelta 왕복표
🔍 라틴아메리카 일부 지역에서는 (el) boleto라고도 해요.

camión
명 *m*
트럭

Necesito un **camión** de mudanzas este jueves.
이번 목요일에 이삿짐 트럭이 필요해요.

참 (el/la) camionero/a 트럭 운전수
🔍 라틴아메리카의 일부 지역에서는 '버스'를 뜻하기도 해요.

capitán(a)
명
선장, 대장, 대위, 주장

El **capitán** de este barco de pasajeros está en la proa.
이 여객선의 선장은 뱃머리에 있어요.

VII. 도시 Ciudad

2 교통 transporte

carné de conducir
명 *m*
운전면허증

El policía me pidió el **carné de conducir**.
경찰관이 나에게 운전면허증을 요구했어요.

관 (el) carné de identidad 신분증
🔍 carnet으로도 써요.

carretera
명 *f*
도로, 차도

En **carretera** el peatón debe circular por la izquierda.
도로에서 보행자는 왼쪽으로 다녀야 해요.

관 (la) autopista 고속도로
(la) autovía 국도

casco
명 *m*
헬멧

Tienes que ponerte el **casco** cuando vayas en moto.
오토바이를 탈 때는 헬멧을 써야만 해요.

chaleco salvavidas
명 *m*
구명조끼

Los supervivientes del naufragio tenían puestos los **chalecos salvavidas**.
조난의 생존자들은 구명조끼를 입고 있었어요.

참 salvar 구하다

chocar
동
부딪히다

Si giras así, vamos a **chocar** contra el farol.
그렇게 회전하면 우리가 가로등에 부딪힐 거예요.

참 (el) choque 충돌

cinturón de seguridad
명 *m*
안전벨트

Hay que abrocharse el cinturón de seguridad al sentarse.
앉을 때는 안전벨트를 착용해야만 해요.

관 (la) seguridad 안전

---

coche
명 *m*
자동차

Voy a comprar un coche de último modelo.
나는 최신 모델의 자동차를 살 거예요.

유 (el) vehículo ➡ p. 229, (el) automóvil
관 (el) coche cama 침대차
arrancar el coche (자동차의) 시동을 걸다
🔍 라틴아메리카 일부 지역에서는 (el) carro라고도 해요.

---

conducir
동
운전하다

Mi padre conduce el autobús.
아버지는 버스를 운전하세요.

참 (el/la) conductor(a) ➡ p. 85, (el) chófer 운전사
🔍 라틴아메리카 일부 지역에서는 manejar (el carro)라고도 해요.

---

cristal
명 *m*
유리

Tus cristales están sucios, no podrás ver bien.
(당신) 유리창이 더러워요. 잘 보이지 않을 텐데요.

---

despegar
동
이륙하다

Abróchense los cinturones. El avión va a despegar.
안전벨트를 매주십시오. 비행기가 이륙하겠습니다.

반 aterrizar 착륙하다 ➡ p. 219
참 (el) despegue 이륙

VII. 도시 Ciudad 223

2 교통 transporte

destino
명 (m)
목적지

El **destino** de este barco es Incheon.
이 배의 목적지는 인천이에요.

🔍 '운명'을 뜻하기도 해요.

---

embarque
명 (m)
승선, 탑승

Lleve en la mano su tarjeta de **embarque**.
손에 탑승권을 지참하세요.

참 embarcar 선적하다, 짐이나 승객을 싣다
관 (la) puerta de embarque 보딩 게이트, 탑승구

---

entrada
명 (f)
입장, 입구

Quedamos en la **entrada** del edificio.
우리는 건물 입구에서 만나기로 했어요.

반 (la) salida 출구 ➡ p. 228
참 entrar 들어가다

---

facturar el equipaje
동
짐을 부치다,
수하물을 접수하다

Date prisa, tenemos que **facturar el equipaje**.
서둘러요, 우리는 짐을 부쳐야 해요.

---

frenar
동
멈추다

El automóvil **frenó** delante del semáforo.
자동차는 신호등 앞에서 멈췄어요.

참 (el) freno 정지, 멈춤

gasolina
명 *f*
휘발유

Cada día sube el precio de la **gasolina**.
매일 휘발유 가격이 올라요.

관 (el) combustible 연료
(el) petróleo 석유

---

girar
동
돌다, 회전하다, 커브를 틀다

Gire la primera calle a la derecha.
첫 번째 거리에서 오른쪽으로 돌아가세요.

---

helicóptero
명 *m*
헬리콥터

Varios **helicópteros** rescataron a los náufragos.
여러 대의 헬리콥터가 조난자들을 구조했어요.

---

horario
명 *m*
시간표

Los pasajeros deben consultar el nuevo **horario** de autobuses.
승객들은 새로운 버스 시간표를 참고해야 해요.

---

llegada
명 *f*
도착

Esperamos la **llegada** del avión de París.
우리는 파리에서 오는 비행기의 도착을 기다리고 있어요.

반 (la) salida 출발 ➡ p. 228
참 llegar 도착하다

❷ 교통 transporte

maletero
명 m
짐칸, 트렁크

Este coche tiene un maletero muy amplio.
이 자동차는 매우 널찍한 짐칸을 가지고 있어요.
참 (la) maleta 트렁크, 짐 가방 ➡ p. 310

metro
명 m
지하철

Debes tomar el metro para llegar a tiempo.
당신이 제시간에 도착하려면 지하철을 타야만 해요.

motocicleta
명 f
오토바이

¿Cuál es la ropa adecuada para montar en motocicleta?
오토바이를 타기 위한 적당한 옷은 무엇인가요?
관 montar/ir en motocicleta 오토바이를 타다
🔍 줄임말로 moto라고도 해요.

pasajero/a
명
승객

¡Pasajeros al tren!
승객들은 기차에 오르세요!
유 (el/la) viajero/a

pasaporte
명 m
여권

La policía de aduanas revisa los pasaportes de los viajeros.
세관의 경찰은 승객들의 여권을 검사해요.

piloto

명
조종사

El **piloto** del avión se comunicó por radio con el aeropuerto.

그 비행기의 조종사는 무선으로 공항과 통신했어요.

참 (el) pilotaje 조종
pilotar 조종하다

🔍 남성형과 여성형이 동일하므로 관사 등으로 성을 구분해요.

puerto

명 *m*
항구

¿De qué **puerto** sale ese barco?

그 배는 어떤 항구에서 출발해요?

rápido/a

형
빠른

Con un movimiento **rápido** el coche se alejó de la carretera.

그 차는 재빠른 움직임으로 도로에서 멀어졌어요.

반 lento/a 느린

retraso

명 *m*
지연

El **retraso** de los vuelos se debió a las lluvias.

비행기들의 지연은 비 때문이었어요.

참 retrasar 지연되다, 늦어지다

rueda

명 *f*
바퀴

Le voy a cambiar la **rueda** al coche.

나는 차의 바퀴를 교체할 거예요.

유 (el) neumático, (la) llanta
관 (la) rueda pinchada 구멍 난 바퀴

VII. 도시 Ciudad **227**

2 교통 transporte

salida
명 (f)
출구, 출발

La salida de la autopista está a 200m.
고속도로의 출구는 200m 앞에 있어요.

- 참 salir 나가다, 출발하다 ➡ p. 81
- 관 (la) salida de emergencia 비상구

semáforo
명 (m)
신호등

El semáforo está en rojo.
신호등이 빨간불이에요.

tardar
동
(시간이) 걸리다

No te preocupes, no tardaré mucho en llegar.
걱정마세요. 도착까지 오래 걸리지 않을 거예요.

taxi
명 (m)
택시

Tomé un taxi en la plaza.
나는 광장에서 택시를 탔어요.

- 참 (el/la) taxista 택시 기사 ➡ p. 91

tráfico
명 (m)
교통

El puerto de Buenos Aires tiene mucho tráfico.
부에노스아이레스 항구는 교통량이 많아요.

- 관 (el) señal de tráfico 교통신호

tren
명 *m*
기차

Fuimos a visitar a sus padres en tren.
우리는 기차로 그의 부모님을 방문하러 갔어요.

참 (el) tren de alta velocidad 고속 열차

---

vehículo
명 *m*
차량, 탈 것, 운송 수단

El barco es un vehículo mucho más lento que el avión.
배는 비행기보다 훨씬 느린 운송 수단이에요.

---

velocidad
명 *f*
속도

El automóvil tomó la curva a toda velocidad.
자동차는 전속력으로 커브를 돌았어요.

참 veloz 빠른
관 reducir la velocidad 속도를 늦추다

---

ventanilla
명 *f*
창구, 매표소

Compré los billetes en la ventanilla.
우리는 창구에서 표를 샀어요.

유 (la) taquilla ➡ p. 282

---

volante
명 *m*
핸들

No debes soltar el volante del coche mientras conduces.
운전하는 동안 자동차의 핸들을 놓아서는 안 돼요.

연습 문제
Ejercicios

1 관계있는 말끼리 연결하세요.

(1) aparcar ・   ・① la acera
(2) cruzar la calle ・   ・② el andén
(3) caminar ・   ・③ el aparcamiento
(4) esperar el tren ・   ・④ el paso de peatones

2 다음 중 나머지와 관련 없는 것을 고르세요.

(1) motocicleta   metro   autobús   taxi
(2) barco   bicicleta   avión   tren
(3) taquilla   rueda   asiento   coche
(4) despegar   aterrizar   embarcar   conducir

3 빈칸에 들어갈 말을 골라 문장을 완성하세요.

> despegar   cinturón de seguridad
> azafato/a   atasco

(1) Si vas en coche, lleva siempre puesto el _____ para que no te haga daño.
(2) Normalmente, los domingos por la tarde hay un gran _____ para entrar en la ciudad.
(3) Cuando todos los pasajeros están dentro del avión, las _____ comprueban la seguridad y el avión _____ hacia su lugar de destino.

3 위치
localización

 MP3 **31**

abajo

아래로, 아래에

El vaso cayó hacia **abajo**.
컵이 아래로 떨어졌어요.

🔄 arriba 위로, 위에 ➡ p. 233

adentro

안으로

Vamos **adentro** del bosque.
우리는 숲 안쪽으로 들어가요.

🔄 afuera 밖에서, 밖으로 ➡ p. 231

afuera

밖에서, 밖으로

Mi tío viene de **afuera**, no vive aquí.
우리 삼촌은 외부에서 오세요. 이곳에 살지 않으세요.

🔄 adentro 안으로 ➡ p. 231

ahí

거기

Julia, ¿estás **ahí**?
훌리아, 거기 있어요?

a la derecha (de)
(~의) 오른쪽에

Mi casa queda **a la derecha**.
우리 집은 오른쪽이에요.

3 위치 localización

a la izquierda (de)
(~의) 왼쪽에

La calle Machado es la tercera **a la izquierda**.
마차도 거리는 왼쪽 세 번째 골목이에요.

al final (de)
(~의) 끝에

Mi padre me esperaba **al final** del camino.
아버지는 길 끝에서 나를 기다리곤 하셨어요.

al fondo (de)
(~의) 안쪽에

La salida de emergencia está **al fondo**.
비상구는 안쪽에 있어요.

 입구에서 가장 멀리 떨어진 안쪽을 가리켜요.

al lado (de)
(~의) 옆에

Su casa está **al lado** de la estación.
그녀의 집은 역 옆에 있어요.

allí
부
저기

Tu coche estará por **allí**, entre los autobuses.
당신 차는 저쪽(에) 버스들 사이에 있을 거예요.

 라틴아메리카에서는 **allá**라고도 해요.

aquí

여기

Aquí está mi gato durmiendo, ¿lo ves?
여기 우리 고양이가 자고 있군요. 보여요?

🔍 라틴아메리카에서는 acá라고도 해요.

---

arriba

위로, 위에

La casa tiene dos pisos y los cuartos están **arriba**.
집은 2층이고 방들은 위에 있어요.

[반] abajo 아래로, 아래에 ➡ p. 231

---

cerca (de)

(~에서) 가깝게

Ahora tengo el trabajo **cerca** de casa.
지금은 집 근처에 직장이 있어요.

[반] lejos (de) (~에서) 멀리에 ➡ p. 235

---

debajo (de)

(~의) 밑에

La carta está **debajo** de aquella revista.
편지는 저 잡지 아래 있어요.

[반] encima (de) (~의) 위에 ➡ p. 234

---

delante (de)

(~의) 앞에

Voy **delante**, junto al conductor.
내가 앞에서 갈게요. 운전사 옆에요.

[반] detrás (de) (~의) 뒤에 ➡ p. 234

3 위치 localización

dentro (de)
부
(~의) 안에

Nos tuvimos que quedar **dentro** porque llovía.
비가 왔기 때문에 우리는 안에 머물러야 했어요.

 fuera (de) (~의) 바깥에

detrás (de)
부
(~의) 뒤에

Detrás de esa estantería está lo que buscas.
그 책장 뒤에 당신이 찾는 것이 있어요.

 delante (de) (~의) 앞에 ➡ p. 233

encima (de)
부
(~의) 위에

Deja la taza **encima** de la mesa.
찻잔은 탁자 위에 놓으세요.

유 sobre ➡ p. 235
 debajo (de) (~의) 밑에 ➡ p. 233

en el centro (de)
(~의) 중심에

Vivo **en el centro** de Caracas.
나는 카라카스의 도심에 살아요.

enfrente (de)
부
(~의) 정면에, 앞에

El hotel está **enfrente** del ayuntamiento.
호텔은 시청 정면에 있어요.

 frente a ➡ p. 12

entre

(~의) 사이에

Ella encontró las fotos que buscaba entre las páginas de un libro.
그녀는 찾고 있던 사진을 책 사이에서 발견했어요.

junto (a)

(~의) 옆에

Te esperaré junto a tu casa.
당신 집 옆에서 기다릴게요.

- 유 al lado (de) ➡ p. 232
  cerca (de) ➡ p. 234

lejos (de)

(~에서) 멀리

Australia está muy lejos de España.
오스트레일리아는 스페인에서 무척 멀리 있어요.

- 반 cerca (de) (~의) 근처에 ➡ p. 234

recto

곧게, 곧장

Cuando llegues al semáforo, sigue recto y encontrarás un cruce.
신호등에 도착하면 직진하세요. 그러면 사거리를 만날 거예요.

- 유 derecho ➡ p. 254, p. 316

sobre

(~의) 위에

El libro está sobre el sillón.
책은 안락의자 위에 있어요.

- 유 encima de ➡ p.234
- 반 debajo (de) (~의) 아래에 ➡ p. 233

연습 문제
Ejercicios

1 다음 그림에 해당하는 말을 연결하세요.

(1) 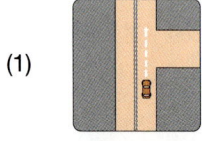 •   • ① a la izquierda

(2) 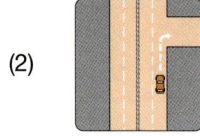 •   • ② a la derecha

(3) 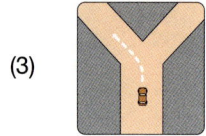 •   • ③ recto

2 다음 그림을 보고 문장을 완성하세요.

(1)    El libro está _____ la mesa.

(2)    El libro está _____ la mesa.

(3) 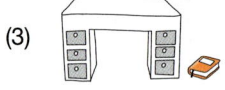   El libro está _____ la mesa.

(4)    El libro está _____ la mesa.

VIII 문화
Cultura

1. 교육 educación
2. 언어, 문학 lengua, literatura
3. 종교, 기타 학문 religión, otros estudios
4. 대중매체 medios de comunicación
5. 전화, 우편 teléfono, correos
6. 인터넷 Internet

 교육
educación

 MP3 32

academia
명 f
학원, 학술원

Cada viernes voy a la **academia** de baile.
금요일마다 나는 댄스 학원에 가요.

alumno/a
명
학생

Mis **alumnos** hablan mucho en la clase de conversación.
나의 학생들은 회화 수업에서 말을 많이 해요.

유 (el/la) estudiante

aprender
동
배우다, 암기하다

Has **aprendido** muy rápido a nadar.
당신은 수영을 무척 빨리 배웠어요.

관 aprender de memoria 암기하다

apuntes
명 m
필기, 수업 내용을 적은 것

Los alumnos tomaron **apuntes** en clase.
수업 시간에 학생들은 필기했어요.

유 (las) notas
참 apuntar 필기하다, 노트하다
 복수형으로 써요.

asignatura
명 f
과목

Aprobé todas las **asignaturas** el año pasado.
나는 작년에 모든 과목을 통과했어요.

관 (la) asignatura pendiente 낙제한 과목, 통과하지 못한 과목

asistir
동
출석하다, 참석하다

De niña asistía a clases todos los días.
어렸을 때 나는 매일 수업에 참석했어요.

유 estar presente, presentarse
참 faltar 결석하다, 빠지다

aula
명 *(f)*
교실

Daremos la clase en la primera aula.
우리는 첫 번째 교실에서 수업을 할 거예요.

유 (la) clase ➡ p. 240
 여성명사지만 단수에는 남성 관사를 써요.

beca
명 *(f)*
장학금

Me concedieron una beca para irme a Estados Unidos.
미국에 갈 수 있도록 내게 장학금을 수여했어요.

 solicitar una beca 장학금을 신청하다

biblioteca
명 *(f)*
도서관

En la biblioteca los libros están clasificados por secciones.
도서관에는 책들이 분야별로 분류되어 있어요.

관 (el/la) bibliotecario/a 사서, 도서관 직원

bolígrafo
명 *(m)*
볼펜

¿Me dejas un bolígrafo azul?
내게 파란색 볼펜을 빌려 줄래요?

 간단하게 줄여서 boli라고 쓰기도 해요.
라틴아메리카 일부 지역에서는 (la) pluma라고도 해요.

VIII. 문화 Cultura

1 교육 educación

carrera
명 (f)
(대학의) 전공, 직업 경력

Mi prima empezó la carrera de arquitectura a los 17 años.
내 사촌은 17세에 건축학 전공을 시작했어요.

🔍 '달리기, 경주'를 뜻하기도 해요.

clase
명 (f)
교실, 수업

En mi clase hay una chica que sabe hablar griego.
내 수업에는 그리스어를 말할 줄 아는 아가씨가 한 명 있어요.

[유] (el) aula ➡ p. 239

colegio
명 (m)
학교

Su hija va a ir a un colegio privado.
그의 딸은 사립학교에 갈 거예요.

[유] (la) escuela ➡ p. 234
   (el) instituto
[관] (el) colegio mayor 기숙사

🔍 스페인에서 colegio는 초등교육을 담당하는 학교를 가리켜요.

compañero/a
명
동료

Juego al fútbol con los compañeros de colegio.
나는 학교 동료들과 축구를 해요.

[참] (la) compañía 동행, 동반, 회사 ➡ p. 342

cuaderno
명 (m)
공책

Me he comprado un cuaderno para apuntar todo lo que dice la profesora.
나는 교수님께서 말씀하시는 모든 것을 받아 적기 위해 노트를 한 권 샀어요.

curso
명 *m*
학년, 강좌, 코스

El curso de español fue muy útil.
스페인어 강좌는 매우 유용했어요.

관 (el) curso escolar 학년

deberes
명 *m*
숙제

Puedes salir a jugar después de acabar los deberes.
당신은 숙제를 마친 후에 놀러 나갈 수 있어요.

유 (la) tarea

🔍 복수형으로 써요. 단수형 deber는 '의무'를 뜻해요.

diccionario
명 *m*
사전

Cuando no sepas el significado de una palabra, búscala en el diccionario.
단어의 뜻을 모를 때는 사전에서 찾아보세요.

doctorado
명 *m*
박사 학위, 박사과정

El doctorado dura cuatro años.
박사과정은 4년이 걸려요.

참 (el/la) doctor(a) 박사

educación
명 *f*
교육

Los padres se preocupan de dar una buena educación a sus hijos.
부모들은 자녀들에게 좋은 교육을 해 주는 것에 대해 고민해요.

참 educar 교육하다
관 (la) educación infantil 유아교육
　　(la) educación primaria 초등교육
　　(la) educación secundaria 중등교육

1 교육 educación

ejercicio
명 m
연습, 연습 문제

Hacer ejercicios de gramática es muy importante para aprender un idioma.
문법 연습을 하는 것은 외국어를 익히기 위해 매우 중요해요.

enseñar
동
가르치다

Mi padre me enseñó a montar en bicicleta.
아버지는 제게 자전거 타는 법을 가르쳐 주셨어요.

- 참 (la) enseñanza 교육, 가르침
- 'enseñar a + 동사 원형'의 어순으로 표현해요.

escuela
명 f
학교, 학원, 학파

Ella trabaja como profesora de inglés en una escuela.
그녀는 한 학교에서 영어 선생님으로 일해요.

- (el) colegio ➡ p. 240, (el) instituto, (la) academia
- 참 escolar 학교의
- 관 (la) escuela privada/pública 사립/공립학교

especialidad
명 f
전공

Alfonso escogió la especialidad de lingüística comparada.
알폰소는 비교언어학 전공을 선택했어요.

- 참 (el/la) especialista 전문가
  especial 특별한

examen
명 m
시험

Hoy tengo examen oral de inglés.
오늘 나는 영어 구술시험이 있어요.

- (la) prueba ➡ p. 245
- 관 (el) examen escrito 필기시험
  (el) examen parcial/final 중간/기말시험
  aprobar/suspender un examen 시험에 붙다/떨어지다

formación profesional
명 (f)
직업교육

Está terminando los estudios de **formación profesional** en peluquería.
그는 미용 분야의 직업교육 수업을 끝마치는 중이에요.

유 (el) curso de formación

goma de borrar
명 (f)
지우개

Déjame la **goma de borrar**, que me he equivocado.
지우개 좀 빌려 줘요, 실수를 했거든요.

간단하게 줄여서 goma라고도 해요.

graduarse
동
졸업하다

Se graduó en Filosofía en 2011.
그는 2011년에 철학과를 졸업했어요.

참 (la) graduación 졸업

guardería
명 (f)
유치원

Su hijo más pequeño va a una **guardería** desde este verano.
그의 막내아들은 이번 여름부터 유치원에 가요.

유 (el) jardín de infancia, (el) parvulario, (el) kindergarten

lápiz
명 (m)
연필

Ya no escribimos con **lápiz** tanto como antes.
이제 우리는 전처럼 연필로 많이 필기하지 않아요.

관 (el) portaminas 샤프펜슬

1 교육 educación

maestro/a
명
선생님

Es maestra y da clase de matemáticas.
그녀는 선생님이고 수학을 가르쳐요.

🔍 보통 초등교육 과정의 선생님을 가리켜요.

matrícula
명 (f)
등록, 수강 신청

En la secretaría del centro puede Ud. consultar la matrícula para este curso.
센터 사무실에서 이번 과정의 등록을 문의하실 수 있어요.

[참] matricularse 등록하다, 수강 신청하다

nota
명 (f)
성적, 메모

El alumno obtuvo la máxima calificación como nota final.
그 학생은 최종 성적으로 최고 점수를 받았어요.

[유] (la) calificación 평가
[관] sacar buena/mala nota 좋은/나쁜 성적을 받다

papel
명 (m)
종이

Desde ahora voy a usar bolsas de papel en vez de las de plástico.
지금부터 나는 플라스틱 봉투 대신 종이봉투를 사용할 거예요.

[참] (la) papelería 문방구
[관] (la) hoja (de papel) 종이 한 장
🔍 복수로 쓸 경우 '서류'를 뜻하기도 해요.

pizarra
명 (f)
칠판

La profesora llenó la pizarra de ejercicios.
선생님은 연습 문제로 칠판을 채웠어요.

profesor(a)
명
선생님, 교수님

Hoy no ha venido la profesora de piano.
오늘 피아노 선생님이 오지 않으셨어요.

🔍 간단하게 줄여서 profe, profa라고 쓰기도 해요.

prueba
명 *f*
테스트, 시험

Este fin de semana tengo una prueba de natación.
이번 주말에 나는 수영 테스트가 있어요.

título
명 *m*
학위

Cuando me gradúe, tendré un título universitario.
졸업하면 나는 학사 학위를 가지게 될 거예요.

유 (el) diploma

tiza
명 *f*
분필

En el instituto utilizamos unas tizas que no dejan polvo.
우리는 학교에서 가루를 남기지 않는 분필을 사용해요.

universidad
명 *f*
대학교

Las primeras universidades se crearon en el siglo XIII.
최초의 대학들은 13세기에 창립되었어요.

참 (el/la) universitario/a 대학생
관 (la) facultad 단과대학

1 빈칸에 들어갈 말을 골라 주어에 맞게 고쳐 쓰세요.

> asistir　　　matricular　　　explicar　　　aprender

(1) Ese profesor _____ tan bien que todos lo entendemos.
(2) Este año me _____ en tercero de económicas.
(3) Para aprobar es necesario _____ a clase todos los días.
(4) El jueves tengo un examen de español. Debo _____ los verbos irregulares.

2 비슷한 말끼리 연결하세요.

(1) profesor　　•　　　•　① prueba
(2) deberes　　•　　　•　② alumno
(3) apuntes　　•　　　•　③ notas
(4) estudiante　•　　　•　④ maestro
(5) examen　　•　　　•　⑤ tarea

3 다음은 일반적으로 누구의 역할인지 분류하세요.

> ① Toma apuntes　　② Califica los exámenes
> ③ Se examina　　　④ Contesta a las preguntas
> ⑤ Hace los ejercicios　⑥ Escribe en la pizarra
> ⑦ Hace los deberes　⑧ Tiene una asignatura pendiente

profesor(a)	alumno/a	profesor(a), alumno/a

2 언어, 문학
lengua, literatura

MP3 **33**

autor(a)
명
작가

Nunca se supo quién fue el **autor** de la obra.
그 작품의 작가가 누구인지 알려진 적이 없어요.

 (el/la) escritor(a) ➡ p. 86

biografía
명 *f*
전기

Ella escribió la mejor **biografía** de García Lorca.
그녀는 가르시아 로르카에 대한 가장 훌륭한 전기를 썼어요.

cómic
명 *m*
만화

Me gustan los **cómics** de superhéroes.
나는 슈퍼 히어로들의 만화가 좋아요.

 (el) tebeo

consonante
명 *f*
자음

En esta palabra falta una **consonante**.
이 단어에는 자음 하나가 빠졌어요.

conversación
명 *f*
대화, 회화

Me divierto mucho en la clase de **conversación**.
나는 회화 수업이 너무 재밌어요.

 (el) diálogo

VIII. 문화 Cultura **247**

2 언어, 문학 lengua, literatura

dialecto
명 m
방언, 사투리

El andaluz es un **dialecto** del castellano.
안달루시아어는 카스티야어의 방언이에요.

editorial
명 f
출판사

Este libro es de la **editorial** universitaria.
이 책은 대학 출판사의 것이에요.

🔍 남성명사로 사용할 경우 '(신문) 사설'을 뜻하기도 해요.

género
명 m
장르

No me gusta ese **género** de novelas.
나는 그 장르의 소설은 좋아하지 않아요.

🔍 '(문법적인) 성, 종류'를 뜻하기도 해요.

gramática
명 f
문법

¿Dónde está el libro de **gramática** alemana?
독일어 문법책은 어디 있어요?

lector(a)
명
독자

En las 'Cartas al director' se expresa la opinión de los **lectores** del diario.
'편집장에게 쓰는 편지'에서 신문 구독자들의 의견이 표출돼요.

참 (la) lectura 독서

lengua
명 ⓕ
언어

Mi amiga domina varias lenguas.
내 친구는 여러 외국어를 말할 줄 알아요.

- 유 (el) idioma, (el) habla
- 관 (la) lengua materna 모국어
  (la) segunda lengua 제2언어

letra
명 ⓕ
문자, 알파벳

La palabra 'mosca' tiene cinco letras.
'Mosca'라는 단어는 5개의 알파벳을 가지고 있어요.

- 유 (el) carácter ➡ p. 35

lingüística
명 ⓕ
언어학

Trabajo en el departamento de lingüística de la universidad.
나는 대학의 언어학과에서 근무해요.

novela
명 ⓕ
소설

'Don Quijote' es la novela de caballerías más famosa del mundo.
'돈키호테'는 세상에서 가장 유명한 기사 소설이에요.

- (el/la) novelista 소설가
- 관 (la) novela de aventuras 모험소설
  (la) novela de ciencia ficción 공상과학소설
  (la) novela policíaca 추리소설

obra
명 ⓕ
작품

A mi profesor le gustan las obras de Borges.
교수님은 보르헤스의 작품을 좋아하세요.

VIII. 문화 Cultura

2 언어, 문학 lengua, literatura

palabra

단어

Es difícil distinguir algunas palabras del inglés.
몇몇 영어 단어들은 구별하기 어려워요.

- (la) voz ➡ p. 18, (el) vocablo, (el) término
- palabra por palabra 문자 그대로
  en pocas palabras 요약하자면

personaje

등장인물

La Cenicienta y los tres cerditos son personajes de cuentos infantiles.
신데렐라와 아기 돼지 삼형제는 동화의 등장인물이에요.

poema

시

Antes mi marido me dedicaba poemas románticos.
예전에 남편은 나에게 로맨틱한 시를 바치고는 했어요.

- (la) poesía
- (el/la) poeta 시인

pronunciación

발음

Tengo buena pronunciación en francés.
나는 프랑스어 발음이 좋아요.

- pronunciar 발음하다

publicar

출간하다, 출판하다

Ese periódico fue el primero en publicar la noticia.
그 신문이 그 뉴스를 발표한 첫 신문이었어요.

- (la) publicación 출판, 출간

significado
명 *m*
의미

Desconozco el significado de esa sonrisa.
나는 그 미소의 의미를 모르겠어요.

유 (el) sentido

---

título
명 *m*
제목, 타이틀

En esta estantería los libros están ordenados por título.
이 책장에 책들이 제목에 따라 정리되어 있어요.

🔍 '학위'를 뜻하기도 해요.

---

traducción
명 *f*
번역

Él ganaba un poco de dinero haciendo trabajos de traducción.
그는 번역 일을 하며 약간의 돈을 벌곤 했어요.

참 (el/la) traductor(a) 번역가
traducir 번역하다

---

vocabulario
명 *m*
어휘, 어휘력

Su vocabulario es muy amplio.
그의 어휘는 매우 광범위해요.

참 (el) vocablo 단어, 어휘

---

vocal
명 *f*
모음

El español tiene cinco vocales.
스페인어는 다섯 개의 모음을 가지고 있어요.

연습 문제
Ejercicios

1 빈칸에 들어갈 말을 골라 문장을 완성하세요.

> personaje   autor(a)   publica   lector(a)

(1) Los _____ de hoy no leen mucha poesía.
(2) El _____ de 'Don Quijote' es Cervantes.
(3) Dulcinea es un _____ de 'Don Quijote'.
(4) 'Don Quijote' se _____ en 1605.

2 관련 있는 말끼리 연결하세요.

(1) b, q, r, s, z… · · ① gramática
(2) a, e, i, o, u · · ② consonantes
(3) Comunicación oral entre varias personas · · ③ traducción
(4) Expresar en una lengua algo escrito en otra · · ④ vocales
(5) Normas para hablar y escribir correctamente una lengua · · ⑤ conversación

3 관련 있는 말끼리 연결하세요.

(1) 'Cien años de soledad' ganó el premio Nobel en 1982. · · ① obra de teatro
(2) Pablo Neruda nació en Chile. · · ② biografía
(3) 'Romeo y Julieta' de Shakespeare · · ③ poeta
(4) La vida de Steve Jobs se publicó cuando murió. · · ④ novela

3. 종교, 기타 학문
religión, otros estudios

 MP3 **34**

arquitectura
명 f
건축

A Celia le fascinó la **arquitectura** árabe.
아랍식 건축이 셀리아를 매료시켰어요.

참 (el/la) arquitecto/a 건축가 ➡ p. 83

---

bellas artes
명 f
예술, 미술

Mi padre siempre ha tenido mucho interés en las **bellas artes**.
아버지는 항상 예술에 큰 관심이 있으셨어요.

참 (el/la) artista 예술가

🔍 복수형으로 써요.

Biblia
명 f
성경

Cada noche leo unas páginas de la **Biblia**.
매일 밤 나는 성경 몇 페이지를 읽어요.

---

biología
명 f
생물, 생물학

La **biología** es una ciencia que trata de los seres vivos.
생물학은 생물을 다루는 과학이에요.

참 (el/la) biólogo/a 생물학자

---

budismo
명 m
불교

El **budismo** surgió en la India en el siglo VI a. C. y se extendió por gran parte de Asia.
불교는 기원전 6세기에 인도에서 등장하였고 아시아에 널리 퍼져 있어요.

참 (el/la) budista 불교 신자

VIII. 문화 Cultura

3 종교, 기타 학문 religión, otros estudios

católico/a
명 가톨릭 신자
형 가톨릭의

Los **católicos**, los protestantes y los ortodoxos son cristianos.
가톨릭, 개신교, 정교회 신자들은 기독교인이에요.

참 (el) catolicismo 천주교, 가톨릭

---

ciencias de la educación
명 (f)
교육학

Ella es doctora en **ciencias de la educación**.
그녀는 교육학 박사예요.

🔍 ciencia가 특정 학문을 가리킬 때는 복수형으로 써요.

---

cristianismo
명 (m)
기독교

El **cristianismo** es la religión mayoritaria de Europa.
기독교는 유럽에서 다수의 종교예요.

참 (el/la) cristiano/a 기독교인

---

derecho
명 (m)
법학

Mi hermana está haciendo el doctorado en **derecho** internacional.
우리 언니는 국제법 박사과정을 하고 있어요.

---

dios
명 (m)
신

Alá es el nombre de **Dios** en árabe.
알라는 아랍어로 신의 이름이에요.

관 ¡Dios mío! 세상에! (경탄, 놀라움, 고통 등을 표현하는 감탄사)

economía
명 *(f)*
경제

La economía actual de España está en crisis.
현재 스페인의 경제는 위기에 처해 있어요.

참 (el/la) economista 경제학자
económico/a 경제의

---

filología
명 *(f)*
어문학

Mi especialidad es la filología española.
내 전공은 서어서문학이에요.

참 (el/la) filólogo/a 어문학자

---

filosofía
명 *(f)*
철학

La filosofía griega se considera la base del pensamiento occidental.
그리스 철학은 서양 사상의 기초로 간주돼요.

참 (el/la) filósofo/a 철학자

---

física
명 *(f)*
물리

El estudiante suspendió en junio la física.
그 학생은 6월에 물리를 낙제했어요.

참 (el/la) físico/a 물리학자 ➡ p.12

---

geografía
명 *(f)*
지리

La geografía es mi asignatura favorita.
지리학은 내가 좋아하는 과목이에요.

참 (el/la) geógrafo/a 지리학자

3 종교, 기타 학문 religión, otros estudios

infierno
명 m
지옥

Esta oficina se ha convertido en un **infierno** por los continuos rumores.
이 사무실은 끊임없는 소문 때문에 지옥으로 변했어요.

반 (el) cielo 천국 ➡ p. 180

ingeniería
명 f
공학

La clonación es posible gracias a la **ingeniería** genética.
복제는 생명공학 덕분에 가능해요.

참 (el/la) ingeniero/a 엔지니어

islamismo
명 m
이슬람

El Corán es el libro sagrado del **islamismo**.
코란은 이슬람의 성서예요.

유 (el) islam
관 (el/la) musulmán(a) 이슬람교도, 모슬렘

matemática
명 f
수학

Voy a clase de **matemáticas**.
나는 수학 수업에 가는 길이에요.

🔍 주로 복수형으로 써요.

medicina
명 f
의학, 약

La lucha contra el cáncer ha encontrado muy buenas respuestas en la **medicina** alternativa.
암과의 싸움에서 매우 훌륭한 해답을 대체 의학에서 찾았어요.

periodismo
명 *m*
언론, 신문방송학

Ella dejó la carrera de periodismo para dedicarse a la literatura.
그녀는 문학에 전념하기 위해 기자직을 그만두었어요.

참 (el) periódico 신문 ➡ p. 363
(el/la) periodista 기자 ➡ p. 90

política
명 *f*
정치

Mi tío se ha metido en política.
우리 삼촌은 정치에 뛰어들었어요.

참 (el/la) político/a 정치가 ➡ p. 320

psicología
명 *f*
심리학

La psicología tiene sus raíces en la filosofía.
심리학은 철학에 뿌리를 두고 있어요.

참 (el/la) psicólogo/a 심리학자

química
명 *f*
화학

Si quieres ser farmacéutica, deberás estudiar mucha química.
당신이 약사가 되고 싶다면, 화학 공부를 많이 해야 할 거예요.

참 (el/la) químico/a 화학자

religión
명 *f*
종교

La religión acompaña al hombre desde sus orígenes.
종교는 인간의 탄생에서부터 함께해 오고 있어요.

관 (la) creencia, (la) fe 믿음

3 종교, 기타 학문 religión, otros estudios

sacerdote
명 *m*
사제, 승려

Iba con un **sacerdote** budista en el autobús.
버스에서 한 스님과 함께 갔어요.

유 el/la monje/a 수도사, 수녀
🔍 여성형으로 (la) sacerdotisa를 쓰기도 해요.

sociología
명 *f*
사회학

En la **sociología** estudian el porqué del aumento de la xenofobia en todo el mundo.
사회학에서는 전 세계에서 인종 혐오가 증가하는 이유를 연구하고 있어요.

참 (el/la) sociólogo/a 사회학자

superstición
명 *f*
미신

Creer en brujas es pura **superstición**.
마녀를 믿는 것은 순전히 미신이에요.

참 supersticioso/a 미신적인

templo
명 *m*
신전, 사원

La Mezquita de Córdoba fue un **templo** musulmán.
코르도바의 메스키타는 이슬람 사원이었어요.

teología
명 *f*
신학

Estudió **teología** en los Estados Unidos.
그는 미국에서 신학을 공부했어요.

참 (el/la) teólogo/a 신학자

1 다음 분야의 전문가 명칭을 쓰세요.

(1) Sociología   (   )
(2) Química   (   )
(3) Psicología   (   )
(4) Economía   (   )
(5) Arquitectura   (   )

2 빈칸에 들어갈 말을 골라 문장을 완성하세요.

> sacerdote   periodismo   derecho   budismo

(1) La religión de la mayor parte de Asia es el _____.
(2) Cuando termino la carrera de _____, quiero trabajar en una cadena de TV.
(3) Estudio _____ para ser abogado.
(4) Los _____ son los que dedican su vida a Dios.

3 다음 설명에 해당하는 학문명을 쓰세요.

(1) Estudia las condiciones de desarrollo de las sociedades humanas.   (   )
(2) Diseña y construye edificios.   (   )
(3) Estudia la descripción física de un país: montañas, ríos, etc.
          (   )
(4) Examina la actividad mental y el comportamiento humano.
          (   )

4 대중매체
medios de comunicación

MP3 35

cadena
명 (f)
방송사, 방송국

Es una **cadena** local y, por tanto, no llega a toda España.
지역 방송사라서 스페인 전체에 나가지 않아요.

관 cambiar de cadena/canal 방송사/채널을 바꾸다

canal
명 (m)
채널

Mi televisor solo tiene cinco **canales**.
내 텔레비전은 단 5개의 채널만 가지고 있어요.

concurso
명 (m)
콩쿨, 경연 대회

El **concurso** de baile fue todo un éxito.
댄스 경연 대회는 큰 성공이었어요.

debate
명 (m)
토론

Antes de votar, quiero ver el **debate** de los candidatos en la TV.
투표하기 전에 나는 텔레비전에서 후보자들의 토론을 보고 싶어요.

documental
명 (m)
다큐멘터리

Pusieron un **documental** antes de la película.
영화 전에 다큐멘터리를 상영했어요.

emitir

방송하다

Algunas radios emiten durante todo el día.
몇몇 라디오는 하루 종일 방송해요.

참 (la) emisora 라디오 방송국
관 retransmitir 재방송하다

en directo
생방송으로

Luis Miguel va a cantar en directo en un programa de esta noche.
루이스 미겔은 오늘 밤 한 프로그램에서 생방송으로 노래를 부를 거예요.

entrevista

인터뷰

La cantante actuó con seguridad en la entrevista.
그 가수는 인터뷰에서 자신감 있게 행동했어요.

enviado/a especial

특파원

El programa conectó con el enviado especial.
그 프로그램은 특파원과 연결했어요.

episodio

에피소드, 장, 회

Ayer vi el quinto episodio de mi telenovela preferida.
어제 나는 내가 좋아하는 연속극의 5회를 보았어요.

유 (el) capítulo

VIII. 문화 Cultura   261

4 대중매체 medios de comunicación

grabación
명 f
녹음, 녹화

Cortaron la **grabación** para hacer un descanso.
휴식을 위해 녹화를 중단했어요.

참 grabar 녹음하다, 녹화하다

informativo
명 m
뉴스

Cada noche a las 9 vemos el **informativo**.
매일 밤 9시에 우리는 뉴스를 봐요.

유 (el) telediario, (las) telenoticias TV 뉴스

locutor(a)
명
앵커

Es **locutora** de los informativos de una emisora de radio.
그녀는 한 라디오 방송국의 뉴스 앵커예요.

medio de comunicación (de masas)
명 m
매스미디어, 대중매체

Los **medios de comunicación** nos ayudan a relacionarnos con el mundo.
대중매체는 우리가 세상과 관계를 맺도록 도와줘요.

micrófono
명 m
마이크

Acércame más el **micrófono**.
마이크를 가깝게 해 주세요.

noticias
명 *(f)*
뉴스, 소식

Mi abuelo siempre pone la radio para escuchar las **noticias**.
할아버지는 뉴스를 듣기 위해 항상 라디오를 틀어 놓으세요.

🔍 TV나 라디오 프로그램의 일종인 '뉴스'는 항상 복수형으로 써요.

periódico
명 *(m)*
신문

Todos los **periódicos** del país recogen la noticia del accidente.
국내 모든 신문들이 그 사고에 대한 뉴스를 실어요.

[유] (el) diario 신문
[참] (el/la) periodista 기자 ➡ p. 90

presentador(a)
명
사회자

La **presentadora** del concurso vestía de rojo.
그 경연 대회의 사회자는 빨간색 옷을 입었어요.

[참] presentar 소개하다

publicidad
명 *(f)*
광고

Los anuncios de televisión son medios muy utilizados por la **publicidad**.
텔레비전 선전은 광고에서 많이 사용되는 수단이에요.

[유] (el) anuncio

reportaje
명 *(m)*
르포, 르포르타주

Me encantan los **reportajes** sobre animales.
나는 동물에 대한 르포를 무척 좋아해요.

[참] (el/la) reportero/a 리포터

4 대중매체 medios de comunicación

revista
명 (f)
잡지

Estoy leyendo una revista de ciencias.
나는 (한) 과학 잡지를 읽고 있어요.

rueda de prensa
명 (f)
기자회견

El presidente del gobierno ofreció una rueda de prensa al término de su reunión con el líder de la oposición.
대통령은 야당 당수와의 회합을 마친 후 기자회견을 열었어요.

> (la) rueda 바퀴, 순서, 둘러앉음
> (la) prensa 신문, 잡지의 총칭

serie
명 (f)
시리즈, 연속물

Empezaron a emitir una serie policial que está dando que hablar.
화제 거리를 제공하는 경찰 시리즈물을 방송하기 시작했어요.

telenovela
명 (f)
TV 드라마

Mi madre no se perdía por nada del mundo la telenovela de la tarde.
어머니는 오후의 텔레비전 드라마를 그 어떤 일이 있어도 놓치지 않으셨어요.

> (el) culebrón 연속극

volumen
명 (m)
볼륨, 소리의 크기

Baja un poco el volumen de la radio.
라디오의 소리를 조금 줄이세요.

🔍 책의 일련번호인 '권'을 뜻하기도 해요.

1 비슷한 말끼리 연결하세요.

(1) telenovela •   • ① televisión
(2) episodio •   • ② culebrón
(3) caja tonta •   • ③ anuncio
(4) publicidad •   • ④ capítulo

2 다음 중 TV와 관련 <u>없는</u> 말을 고르세요.

| presentar | emitir | cadena | editorial |
| reportaje | locutor | lápiz | |

3 빈칸을 채워 문장을 완성하세요.

(1) El/La _____ es la persona que se dedica a presentar noticias en la radio o en la televisión.

(2) El _____ es cada una de las partes en que se divide una serie de televisión.

(3) El _____ es la discusión acerca de un tema en la que participan dos o más personas con diferentes opiniones.

(4) Un _____ es un programa informativo sobre hechos reales.

5 전화, 우편
teléfono, correos

MP3 36

apartado
명 *m*
사서함

Debes enviarme todas las cartas a mi **apartado** de correos.
당신은 모든 편지를 내 우체국 사서함으로 보내야 해요.

batería
명 *f*
배터리

Dejé encendido el teléfono toda la noche y se agotó la **batería**.
전화기를 밤새도록 켜 놔서 배터리가 닳아 버렸어요.

관 cargar la batería 배터리를 충전하다
🔍 악기의 일종인 '드럼'을 뜻하기도 해요.

buzón
명 *m*
우체통

Si sales, ¿me echas esta carta en el **buzón**?
외출하면 이 편지를 우체통에 넣어 줄래요?

관 (el) buzón de voz 음성 사서함
   echar algo al buzón 우체통에 ~을/를 넣다

cabina de teléfono
명 *f*
공중전화 부스

Antes era fácil encontrar una **cabina de teléfono** en la calle.
전에는 거리에서 공중전화 부스를 찾는 것이 쉬웠어요.

유 (la) cabina telefónica

carta
명 *f*
편지

No has recibido mi **carta** porque escribí mal tu dirección.
내가 당신의 주소를 잘못 적었기 때문에 당신은 내 편지를 받지 못했어요.

certificado/a
명 *(m)* 등기우편물
형 등기된

¿Cuánto cuesta mandar a España un paquete por correo **certificado**?
스페인에 등기로 소포를 보내는 것은 얼마인가요?

참 certificar 증명하다, 보증하다

---

código postal
명 *(m)*
우편번호

Mi **código postal** es 26134.
내 우편번호는 26134예요.

관 (el) código 신호, 코드, 암호

---

contestador automático
명 *(m)*
자동응답기

Como nunca está en casa, se ha comprado un **contestador automático** para saber si alguien lo ha llamado.
그는 집에 잘 없어서 누가 전화했는지 알기 위해 자동응답기를 샀어요.

참 contestar 대답하다

---

correo
명 *(m)*
우편

Antes de subir a casa coge el **correo** del buzón.
집으로 올라가기 전에 우체통에서 우편물을 챙기세요.

 복수로 쓸 경우 '우체국'을 뜻해요.

---

destinatario/a
명
수취인

La carta se la han devuelto porque los datos del **destinatario** estaban equivocados.
수취인의 정보가 잘못되어 있어서 편지가 되돌아갔어요.

반 (el/la) remitente 발송인

VIII. 문화 Cultura　267

5 전화, 우편 teléfono, correos

dirección
명 (f)
주소

Necesito enviarle un paquete pero no sé su dirección.
그에게 소포를 보내야 하는데 주소를 몰라요.

 '방향'을 뜻하기도 해요.

---

enviar
동
보내다

Envíales una postal a tus padres.
부모님께 엽서를 보내세요.

유 mandar

---

estar comunicando
통화 중이다

Llevo toda la tarde llamando pero no he podido hablar con ella todavía porque el teléfono lleva comunicando todo el día.
오후 내내 전화를 걸고 있지만 온종일 통화 중이라서 그녀와 이야기를 할 수 없었어요.

유 La línea está ocupada.

---

gastos de envío
명 (m)
우송료, 우편료

La empresa de transportes nos comunicó los gastos de envío.
운송 회사가 우리에게 우송료를 알려 왔어요.

 주로 복수형으로 써요.

---

guía telefónica
명 (f)
전화번호부

Encontré tu número en la guía telefónica.
당신 번호를 전화번호부에서 발견했어요.

관 (el/la) guía 가이드, 안내인

llamar (por teléfono)

전화하다

En cuanto llegue a casa te llamaré.
집에 도착하자마자 당신에게 전화할게요.

- 유 hacer (una) llamada 전화하다
  recibir (una) llamada 전화를 받다
- 참 (la) llamada 통화, 전화
- 🔍 '부르다'를 뜻하기도 해요.

número

번호

Ud. ha llamado a un número equivocado.
당신은 틀린 번호로 전화하셨어요.

- 관 (el) número equivocado 틀린 전화번호
  marcar el número 번호를 누르다

paquete

소포, 꾸러미

Recogí sus cosas, hice un paquete y se lo envié por correo.
나는 그의 물건들을 챙기고 포장을 해서 우편으로 그에게 보내 줬어요.

postal

엽서

Mi hijo envió unas postales desde Marruecos.
아들이 모로코에서 엽서를 보냈어요.

- 🔍 형용사로 쓸 경우 '우편의' 라는 뜻도 있어요.

prefijo

지역 번호, 국가 번호

El prefijo de Seúl es el 02.
서울의 지역 번호는 02예요.

VIII. 문화 Cultura 269

5 전화, 우편 teléfono, correos

recado
명 *m*
메모, 전하는 말

¿Puedes darle a Antonio un **recado** de mi parte?
안토니오에게 내 말 좀 전해 줄 수 있어요?

- 유 (el) mensaje ➡ p. 274
- 관 dejar un recado 메모를 남기다

sello
명 *m*
우표

Pon aquí los **sellos**.
여기에 우표를 붙이세요.

- 참 sellar 날인하다

sobre
명 *m*
봉투

En el **sobre** no está escrita la dirección del destinatario.
봉투에 수취인의 주소가 적혀 있지 않아요.

🔍 전치사로서 '~위에, ~에 대하여'의 뜻으로도 써요.

tarifa
명 *f*
요금

De noche se reduce la **tarifa** telefónica.
밤에는 전화 요금이 내려가요.

teléfono
명 *m*
전화기

Dejaste mal colgado el **teléfono**.
전화기를 잘못 놓았어요.

- 관 (el) teléfono móvil/celular 휴대전화
  (el) teléfono público 공중전화
  (el) teléfono fijo 집이나 사무실 등에서 사용하는 고정되어 있는 전화
  colgar/descolgar el teléfono 전화를 끊다/들다
  sonar el teléfono 전화벨이 울리다

연습 문제
Ejercicios

1 다음을 연결하여 의미가 통하는 말을 만드세요.

(1) llamar   ① carta
(2) enviar   ② sello
(3) dejar   ③ teléfono
(4) poner   ④ recado

2 다음을 연결하여 문장을 완성하세요.

(1) Si la persona a la que llamas no está   ① has marcado el número equivocado.
(2) Si la persona a la que llamas no vive allí   ② dejas un mensaje.
(3) Si la persona a la que llamas está comunicando ③ la línea está ocupada.

3 알맞은 말을 고르세요.

(1) Mi celular no tiene batería. Tengo que cargarla / ponerla.
(2) Para hacer una llamada internacional, es necesario marcar antes el presupuesto / el prefijo del país.
(3) Manuel debe de pagar mucho por el teléfono. Siempre está comunicando / siguiendo.
(4) Carmen, cuelga / llama ya, que tengo que llamar a mi madre.

6 인터넷
Internet

MP3 37

adjuntar
동
첨부하다

Adjunto mi currículum a la solicitud de beca.
나는 내 이력서를 장학금 신청서에 첨부해요.

archivo
명 (m)
파일

Borré varios **archivos** de texto del disco duro.
나는 하드디스크에서 문서 파일 여러 개를 지웠어요.

관 guardar (el) archivo 파일을 저장하다

arroba
명 (f)
@기호, 골뱅이

Mi dirección de correo electrónico es Mar **arroba** adelaide punto com.
내 이메일 주소는 Mar@adelaide.com이에요.

base de datos
명 (f)
데이터베이스

Mis amigos me están enseñando a manejar una **base de datos**.
내 친구들이 데이터베이스 다루는 법을 내게 가르쳐 주고 있어요.

참 (la) base 기초, 밑단

buscador
명 (m)
검색창

Escribe la palabra en el **buscador** de Internet.
인터넷 검색창에 단어를 쓰세요.

참 buscar 찾다 ➡ p. 47

272　내게는 특별한 **스페인어 어휘**를 부탁해

chatear
동
채팅하다

A ella le gusta chatear en Internet.
그녀는 인터넷에서 채팅하는 것을 좋아해요.

참 (el) chat 채팅

conectarse
동
접속하다, 연결하다

Mi ordenador no se puede conectar con tu impresora porque no son compatibles.
내 컴퓨터는 당신의 프린터와 호환이 안 되서 연결할 수 없어요.

contraseña
명
비밀번호, 암호

Olvidé mi contraseña de correo electrónico.
나는 내 이메일 비밀번호를 잊어버렸어요.

correo electrónico
명
이메일, 전자우편

No tengo tu dirección de correo electrónico.
나는 당신 메일 주소를 가지고 있지 않아요.

관 (la) cuenta de correo electrónico 인터넷 계정

descargar
동
다운로드하다

Voy a descargar un programa para ver este archivo.
나는 이 파일을 보기 위한 프로그램을 다운로드할 거예요.

유 bajar ➡ p. 220
반 cargar 업로드하다

VIII. 문화 Cultura

6 인터넷 Internet

disco duro
명 *m*
하드디스크

En el **disco duro** almacenamos programas y datos.
우리는 하드디스크에 프로그램과 데이터를 저장해요.

instalar (un programa)
동
(프로그램을) 설치하다

No sé cómo **instalar** este programa en mi ordenador.
내 컴퓨터에 이 프로그램을 어떻게 설치해야 하는지 몰라요.

참 (la) instalación 설치

mensaje
명 *m*
메시지

Te voy a enviar un **mensaje** por correo electrónico.
이메일로 메시지를 보낼게요.

SMS, 이메일 등을 포함한 메시지를 뜻해요.

navegar
동
인터넷을 돌아다니다, 웹 서핑하다

Encontró la información que buscaba **navegando** por la red.
그는 인터넷을 돌아다니다가 찾고 있던 정보를 발견했어요.

관 navegar por Internet 인터넷을 돌아다니다
원래는 '항해하다'를 뜻해요.

página web
명 *f*
웹 페이지, 홈페이지

Mira en la **página web** para tener más información.
더 많은 정보를 얻으려면 홈페이지를 보세요.

관 entrar en la página web 웹 페이지에 들어가다
acceder a la página web 웹 페이지에 접근하다

pantalla
명 *f*
모니터, 화면

¿Por qué no se enciende la pantalla?
왜 모니터가 켜지지 않아요?

유 (el) monitor

punto
명 *m*
마침표, 점

Después de punto siempre se escribe mayúscula inicial.
마침표 다음에는 항상 대문자를 써요.

ratón
명 *m*
마우스

Dale al ratón para mover el cursor por la pantalla.
모니터에서 커서를 움직이려면 마우스를 움직이세요.

🔍 '쥐'를 뜻하기도 해요.

red
명 *f*
인터넷, 통신망

Tienes que aprender a navegar por la red.
당신은 인터넷에서 웹 서핑하는 것을 배워야 해요.

유 (la) Internet
🔍 '그물, 네트워크'를 뜻하기도 해요.

teclado
명 *m*
키보드

El teclado del ordenador no me ha costado mucho.
컴퓨터 키보드가 많이 비싸지는 않았어요.

연습 문제
Ejercicios

1 알맞은 말을 고르세요.

(1) Enviar un correo / un ratón.
(2) Intercambiar contraseña / direcciones de correo electrónico.
(3) Consultar / descargarse una página web.
(4) Adjuntar / navegar un documento.

2 A의 단어와 B의 동사를 알맞게 연결하세요.

A	B
(1) Una foto, un documento	① descargarse, bajarse, instalar
(2) Una página web	② consultar, entrar en, acceder a
(3) Un programa	③ adjuntar
(4) Una cuenta de correo electrónico	④ abrir, tener

3 다음 설명에 알맞은 단어를 골라 쓰세요.

> red   virus   arroba   página web

(1) Programa informático que se usa para causar daño en los ordenadores ( )
(2) Otra forma de llamar a Internet ( )
(3) Documento situado en la red con información y enlaces a otros documentos ( )
(4) Símbolo que separa las dos partes de una dirección de correo electrónico ( )

IX 여가
Tiempo Libre

1. **영화, 연극** cine, obra de teatro
2. **미술, 음악, 춤**
   bellas artes, música, danza
3. **스포츠** deporte
4. **기타 취미** otras aficiones
5. **축제, 축하** fiesta, celebración
6. **여행** viaje

1 영화, 연극
cine, obra de teatro

 MP3 **38**

---

banda sonora
명 (f)
사운드트랙, 영화음악

La **banda sonora** de esta película es ya un clásico del cine.
이 영화의 사운드트랙은 이미 영화예술의 고전이에요.

---

cartelera
명 (f)
관람물 게시판

Miré la **cartelera** para ver si había alguna película interesante.
흥미로운 영화가 있는지 보려고 관람물 게시판을 살펴보았어요.

---

cine
명 (m)
극장, 영화, 영화계

Voy a comprar entradas para el **cine**.
나는 영화표를 살 거예요.

관 (la) sala de cine 영화관
de cine 훌륭한, 멋진

---

comedia
명 (f)
희극

Hay un teatro en el que solo representan **comedias**.
희극만 공연하는 극장이 하나 있어요.

---

dibujo animado
명 (m)
애니메이션, 만화영화

No solo a los niños les gustan los **dibujos animados**.
아이들만 만화영화를 좋아하는 것은 아니에요.

관 (el) dibujo 스케치, 소묘, 데생

director(a)

감독

Pedro Almodóvar es el director de cine español más famoso del mundo.
페드로 알모도바르는 세계에서 가장 유명한 스페인 영화감독이에요.

🔍 상황에 따라 '교장, 사장, 대표' 등을 뜻하기도 해요.

entrada
 (f)
입장권, 표

Las entradas para el cine están cada vez más caras.
영화표는 점점 더 비싸져요.

유 (el) billete ➡ p. 221, (el) ticket, (el) boleto
🔍 '입구, 입장' 등을 뜻하기도 해요.

escena
 (f)
무대, 장면

Prepararon la escena para la función.
공연을 위해 무대를 준비했어요.

유 (el) escenario

espectáculo
 (m)
관람물, 쇼

Está metido en el mundo del espectáculo.
그는 쇼 비즈니스에 몸담고 있어요.

espectador(a)

관객

Acudieron más de dos mil espectadores a su actuación.
그녀의 공연에 2천 명 이상의 관객이 몰렸어요.

IX. 여가 Tiempo Libre

1 영화, 연극 cine, obra de teatro

estreno
명 *m*
개봉, 초연

Hoy es el **estreno** de esa película tan esperada.
오늘 그토록 기다려 온 영화의 개봉이 있어요.

참 estrenar 개봉하다, 초연하다

fila
명 *f*
열, 줄

Nos sentamos en la tercera **fila** de butacas.
우리는 관람석의 세 번째 줄에 앉았어요.

función
명 *f*
공연, 상연

El actor realizó tres **funciones** a sala llena.
그 배우는 만석으로 세 차례의 공연을 했어요.

guión
명 *m*
극본, 대본

La actriz repasó el **guión** antes de empezar a rodar.
그 배우는 촬영을 시작하기 전에 대본을 다시 살펴봤어요.

참 (el/la) guionista 대본 작가, 스크립트 라이터
'하이픈, 붙임표'를 뜻하기도 해요.

película
명 *f*
영화

¿Qué **película** vamos a ver?
우리 무슨 영화 볼 거야?

유 (el) cine ➡ p. 278, (el) filme
관 (el) largometraje 장편영화
    (el) cortometraje 단편영화
    (la) película muda 무성영화, (la) película doblada 더빙 영화
    (la) película subtitulada 자막영화
    poner/echar película 영화를 상영하다

protagonista

주인공

El **protagonista** muere al principio y los demás personajes recuerdan su vida.
주인공이 초반에 죽고 다른 등장인물들이 그의 삶을 회상해요.

🔍 남성형과 여성형이 동일하므로 관사 등으로 성을 구분을 해요.

---

representación

공연

Fue una excelente **representación** de la obra de Shakespeare.
아주 훌륭한 셰익스피어 작품의 공연이었어요.

유 (la) interpretación, (la) actuación, (la) función ➡ p. 280

---

rodar

촬영하다

Rodaron la película en un estudio inmenso.
거대한 스튜디오에서 영화를 촬영했어요.

참 (el) rodaje 촬영

---

sesión

상연 회차

Compré entradas de cine para la **sesión** de mediodía.
정오에 상연하는 영화표를 구입했어요.

---

subtítulo

자막

Mi hermano lee tan despacio que se pierde la mitad de los **subtítulos**.
내 동생은 너무 더디게 읽어서 자막의 절반은 놓쳐요.

참 subtitular 자막을 쓰다

1 영화, 연극 cine, obra de teatro

taquilla
명 (f)
매표소, 창구

Él compró la entrada en la **taquilla** del cine.
그는 극장의 매표소에서 입장권을 구입했어요.

유 (la) ventanilla ➡ p. 229

🔍 '사물함'을 뜻하기도 해요.

teatro
명 (m)
연극, 극작품,
연극 전용 극장

Es muy distinto leer **teatro** de leer novela.
극작품을 읽는 것은 소설을 읽는 것과 많이 달라요.

관 (la) obra de teatro 연극 작품

tragedia
명 (f)
비극

'Romeo y Julieta' es una **tragedia**.
'로미오와 줄리엣'은 비극이에요.

반 (la) comedia 희극 ➡ p. 278

versión original
명 (f)
원어판, 원래의 언어 버전

Me gusta ver películas en **versión original**.
나는 영화를 원어로 보는 것을 좋아해요.

vídeo
명 (m)
비디오

¿Te apetece ver el **vídeo** de nuestro viaje?
우리 여행 비디오를 볼래요?

연습 문제
Ejercicios

1 다음 설명에 알맞은 말을 골라 쓰세요.

> taquilla　　　rodar　　　guión
> director(a)　　espectador(a)　　estreno

(1) Filmar una película. 　　　　　　　　　　(　　　　)
(2) Persona que asiste a un espectáculo público. (　　　　)
(3) Lugar donde se venden entradas. 　　　　(　　　　)
(4) Persona que dirige el rodaje de una película. (　　　　)
(5) Texto del contenido de la película. 　　　　(　　　　)

2 참(V)인지 거짓(F)인지 쓰세요.

(1) Las tragedias tienen normalmente un final feliz. (　　　　)
(2) Los dibujos animados son un programa infantil. (　　　　)
(3) La película que hace reír es una comedia. (　　　　)
(4) Si una película tiene subtítulos, se dice que está (　　　　)
　　doblada.

3 빈칸에 들어갈 말을 골라 문장을 완성하세요.

> poner　　　　estreno　　　　cartelera
> asiento　　　entrada　　　　subtítulo

(1) Voy a cambiarme de _____ porque no puedo leer los _____ desde tan lejos.
(2) Las _____ del teatro son caras.
(3) Quiero ir al _____ de la última película de Almodóvar.
(4) En el cine de mi barrio siempre _____ películas antiguas.
(5) Mira en la _____ a qué hora empieza la función.

2 미술, 음악, 춤
bellas artes, música, danza

abstracto/a
형
추상적인

No me gusta mucho la pintura abstracta.
나는 추상화를 썩 좋아하지 않아요.

---

arte
명 *m*
예술

Tu cuadro es una obra de arte.
당신의 그림은 예술 작품이에요.

참 (el/la) artista 예술가
 예술 전반을 가리켜요.

---

bailar
동
춤추다

Mis padres bailaron un tango estupendo.
우리 부모님은 멋진 탱고를 추셨어요.

참 (el) baile 춤
(el/la) bailarín(a) 댄서

---

canción
명 *f*
노래

¿A ti no te gustan las canciones de Trío Los Panchos?
당신은 로스 판초스 트리오의 노래를 좋아하지 않아요?

참 (el/la) cantante 가수 ➡ p. 84
cantar 노래 부르다

---

color
명 *m*
색깔

Me impresiona el color de estos cuadros.
나는 이 그림들의 색깔이 인상적이에요.

compositor(a)

작곡가

Verdi fue un **compositor** de óperas italiano.
베르디는 이탈리아 오페라 작곡가예요.

참 componer 작곡하다

concierto

콘서트

El **concierto** de rock terminó muy tarde.
록 콘서트가 아주 늦게 끝났어요.

coro

합창, 합창단

Me gustaría pertenecer a un **coro**.
나는 합창단에 들어갔으면 좋겠어요.

dibujar

그리다, 스케치하다

El libro **dibuja** perfectamente las costumbres del siglo pasado.
그 책은 지난 세기의 풍습을 완벽하게 그려 내고 있어요.

참 (el) dibujo 소묘, 스케치

discoteca

디스코텍

Fueron a la **discoteca** a divertirse.
그들은 디스코텍에 놀러 갔어요.

2 미술, 음악, 춤 bellas artes, música, danza

ensayar
동
연습하다

Los martes ensaya la compañía.
극단은 화요일마다 연습해요.

참 (el) ensayo 연습

---

escultura
명 (f)
조각, 조각품

En la sala había varias esculturas.
홀에는 여러 조각품이 있었어요.

참 (el/la) escultor(a) 조각가
esculpir 조각하다

---

estilo
명 (m)
스타일, 양식

El actor se viste con un estilo muy clásico.
그 배우는 매우 고전적인 스타일로 옷을 입어요.

관 (el) estilo surrealista 초현실주의 양식

---

exposición
명 (f)
전시회

La exposición de grabados fue un éxito.
그 판화 전시회는 성공이었어요.

유 (la) exhibición, (la) presentación
참 exponer 전시하다

---

flauta
명 (f)
플루트

Las flautas pueden ser de madera u otros materiales.
플루트는 나무나 다른 재료들로도 만들어질 수 있어요.

galería
명 *(f)*
갤러리, 화랑

Sus cuadros se exponen en la galería de arte.
그녀의 그림들은 화랑에 전시돼요.

---

guitarra
명 *(f)*
기타

Tu padre toca la guitarra de maravilla.
당신 아버지는 기타를 정말 잘 치세요.

참 (el/la) guitarrista 기타리스트

---

instrumento
명 *(m)*
악기

El piano es mi instrumento preferido.
피아노는 내가 좋아하는 악기예요.

관 (el) instrumento de cuerda 현악기
(el) instrumento de percusión 타악기
(el) instrumento de viento 관악기

🔍 '도구'를 뜻하기도 해요.

---

letra
명 *(f)*
가사

¿Puedes copiarme la letra de esta canción?
이 노래의 가사를 복사해 줄 수 있어요?

🔍 '철자, 문자'를 뜻하기도 해요.

---

madera
명 *(f)*
목재

Milagros compra madera de acacia para hacer una escultura de su padre.
밀라그로스는 아버지의 조각상을 만들기 위해 아카시아 목재를 구입해요.

2 미술, 음악, 춤 bellas artes, música, danza

mármol
명 *m*
대리석

El David se esculpió en una pieza gigantesca de **mármol**.
다비드상은 거대한 대리석에 조각되었어요.

---

música
명 *f*
음악

Me encanta componer **música**.
나는 음악을 작곡하는 것이 너무 좋아요.

참 (el/la) músico/a 음악가

---

musical
명 *m*
뮤지컬

Fuimos a ver un **musical** al teatro.
우리는 극장으로 뮤지컬을 보러 갔어요.

---

orquesta
명 *f*
오케스트라

Mi hermana toca el tambor en una **orquesta**.
우리 언니는 (한) 오케스트라에서 북을 연주해요.

관 (el/la) director(a) de orquesta 오케스트라 지휘자

---

piano
명 *m*
피아노

Tienen un **piano** en el salón.
그들은 거실에 피아노를 가지고 있어요.

참 (el/la) pianista 피아니스트

pintor(a)

화가

Picasso fue un pintor genial.
피카소는 천재적인 화가였어요.

[참] (la) pintura 그림
pintar 그리다

retrato

초상화

Goya dejó varios retratos de la familia real.
고야는 여러 점의 왕실 가족 초상화를 남겼어요.

sonido

소리, 음향

Desde la habitación se oía el sonido del piano.
방에서 피아노 소리가 들리고는 했어요.

tocar

연주하다

¡Qué bien tocas el violonchelo!
첼로를 정말 잘 켜시네요!

[참] (el) toque (악기의) 연주, 접촉

🔍 '만지다, ~차례이다'를 뜻하기도 해요.

violín
명 (m)
바이올린

Mi tía me enseñó a tocar el violín.
숙모는 내게 바이올린 켜는 법을 가르쳐 주셨어요.

[참] (el/la) violinista 바이올리니스트

연습 문제
Ejercicios

1 다음 동사와 함께 쓸 수 있는 표현을 연결하세요.

(1) escuchar •   • ① a exposiciones
(2) tocar •   • ② música
(3) ir •   • ③ en una galería
(4) exponer •   • ④ instrumentos musicales

2 빈칸에 들어갈 말을 골라 아래의 글을 완성하세요.

> compositor(a)   música   baile   cantante   bailarin(a)

> El tango es un (1)_____ típico de Argentina que se baila en parejas. Los (2)_____ bailan de forma muy sensual.
> La (3)_____ se basa en ritmos africanos y españoles.
> Carlos Gardel fue un gran (4)_____ y (5)_____ porque no solo escribía sus canciones sino que también las cantaba.

3 빈칸에 들어갈 말을 바르게 짝지은 것을 고르세요.

> La _____ es el arte de esculpir figuras en mármol, madera, etc.
> La _____ es el arte que utiliza el color para expresar contenidos.

① pintura - escultura
② escultura - pintura
③ escultura - arquitectura

3. 스포츠
deporte

MP3 **40**

aficionado/a
- 명 팬, ~광, ~에 열중하는 사람
- 형 취미인, 흥미 있는

Es **aficionado** a los deportes: nada, anda en bicicleta y juega al fútbol.
그는 스포츠광이에요. 수영하고 자전거 타고 축구를 해요.

유 (el/la) fan, (el/la) seguidor(a)

ajedrez
명 (m)
체스

Le han regalado un **ajedrez**.
그에게 체스를 선물했어요.

animar
동
응원하다, 북돋우다

El público **animó** a los futbolistas.
관중이 축구 선수들을 응원했어요.

관 ¡Ánimo! 힘내요! 파이팅!

árbitro/a
명
심판, 심판관

El **árbitro** hizo sonar el silbato cuando los jugadores se golpearon.
선수들이 서로 때리자 심판이 호루라기를 불었어요.

참 (el) arbitraje 심판, 심판을 보는 행위

atletismo
명 (m)
육상, 육상경기

Se denomina **atletismo** a un conjunto de pruebas deportivas divididas en carreras, saltos y lanzamientos.
달리기, 높이뛰기, 던지기로 나뉜 스포츠 시합 전체를 육상 경기라고 불러요.

참 (el/la) atleta 육상 선수

IX. 여가 Tiempo Libre

3 스포츠 deporte

balón
명 *m*
공

Molina mandó el balón fuera del campo.
몰리나는 공을 경기장 밖으로 보내 버렸어요.

유 (la) pelota

---

baloncesto
명 *m*
농구

Antes mi primo jugaba en un equipo de baloncesto.
전에 내 사촌은 한 농구 팀에서 뛰었어요.

참 (el/la) baloncestista
(el/la) jugador(a) de baloncesto 농구 선수

---

béisbol
명 *m*
야구

En España no practican mucho el béisbol.
스페인에서는 야구를 많이 하지 않아요.

참 (el/la) beisbolista,
(el/la) jugador(a) de béisbol 야구 선수

---

boxeo
명 *m*
권투, 복싱

El boxeo es un deporte olímpico.
권투는 올림픽 경기예요.

참 (el/la) boxeador(a) 권투 선수
boxear 권투하다

---

campeón(a)
명
챔피언

Son los campeones del mundial de fútbol.
그들은 월드컵 챔피언이에요.

참 (el) campeonato 챔피언전, 선수권 대회

292　내게는 특별한 **스페인어 어휘를** 부탁해

cancha
명 (f)
트랙, 경기장

Los jugadores de baloncesto salen a la cancha.
농구 선수들이 경기장으로 나가요.

유 (la) pista

carrera
명 (f)
경주

La semana pasada fuimos a ver las carreras de caballos.
지난주에 우리는 경마를 보러 갔어요.

🔍 대학에서의 '전공 과정'이나 직업적인 '경력'을 뜻하기도 해요.

ciclismo
명 (m)
사이클 경주

La práctica del ciclismo en carretera puede ser peligrosa.
도로에서 사이클을 타는 것은 위험할 수 있어요.

관 (el/la) ciclista 사이클 선수

corrida de toros
명 (f)
투우 경기

Las fiestas terminaron con una corrida de toros.
축제는 투우 경기와 함께 끝이 났어요.

참 (el/la) torero/a 투우사

deporte
명 (m)
운동, 스포츠

La natación es mi deporte favorito.
수영은 내가 가장 좋아하는 운동이에요.

참 (el/la) deportista 운동선수
hacer deporte 운동하다

3 스포츠 deporte

empatar

비기다, 동점이다

Cuando dos equipos empatan, ninguno de los dos gana.
두 팀이 비기면 둘 중 누구도 이기지 못하는 거예요.

- (el) empate 동점

entrenar

연습하다

Cualquier deportista se entrena muchas horas al día.
그 어떤 운동선수라도 매일 많은 시간을 연습해요.

- (el/la) entrenador(a) 코치
  (el) entrenamiento 연습
- 주로 몸이나 정신을 단련하는 것을 의미해요.

equipo

팀

Nuestro equipo se clasificó para la semifinal.
우리 팀이 준결승에 진출했어요.

- (el) equipo local 홈팀
  (el) equipo visitante 상대 팀

esquí

스키

Durante el invierno se dedica a practicar el esquí.
겨울 동안 그는 스키 연습에 전념해요.

- (el/la) esquiador(a) 스키 선수
  esquiar 스키 타다

estadio

스타디움

El estadio olímpico está lleno de gente.
올림픽 스타디움은 사람으로 가득해요.

estar en forma
(적당한) 몸매를 유지하다

Los médicos recomiendan practicar algún deporte para **estar en forma**.
의사들은 몸매를 유지하기 위해 운동할 것을 권유해요.

---

falta
명 (f)
반칙

El árbitro advirtió la **falta** del jugador.
심판은 그 선수의 반칙을 지적했어요.

- 관 sin falta 틀림없이
  hacer falta 필요하다

---

fútbol
명 (m)
축구

Juego al **fútbol** con mis compañeros de la oficina los fines de semana.
나는 주말마다 사무실 동료들하고 축구를 해요.

- 참 (el/la) futbolista 축구 선수
  (el) campo de fútbol 축구장

---

ganar
동
이기다

Ayer **ganamos** el partido.
어제 우리는 게임을 이겼어요.

- 유 triunfar, vencer
- 반 perder 지다
- 참 (el/la) ganador(a) 승자

---

gimnasio
명 (m)
체육관, 헬스클럽

Los sábados por la mañana voy al **gimnasio**.
토요일 오전마다 나는 체육관에 가요.

3 스포츠 deporte

jugar

경기하다, 놀다

Ayer jugamos al tenis y después a las cartas.
어제 우리는 테니스를 치고 그 다음에는 카드를 쳤어요.

참 (el) juego 게임
(el/la) jugador(a) 선수

motociclismo

모터사이클 경주

Acudo a todas las competiciones de motociclismo de España.
나는 스페인의 모든 모터사이클 경주에 참석해요.

참 (el/la) motociclista 모터사이클 선수

nadar

수영하다

Conseguí llegar a la costa nadando.
나는 수영을 해서 해안에 도착하는 데 성공했어요.

참 (la) natación 수영
(el/la) nadador(a) 수영 선수

partido

시합, 경기

Los dos equipos jugarán un partido amistoso el mes que viene.
두 팀은 다음 달에 친선경기를 가질 거예요.

유 (el) juego

patinaje

스케이팅, 롤러스케이팅

El patinaje sobre hielo es el deporte más hermoso.
빙상 스케이팅은 가장 아름다운 스포츠예요.

참 (los) patines 스케이트화
관 (el) patinaje sobre hielo (빙상) 스케이팅
(la) pista de patinaje 스케이트장

pesca
명 *(f)*
낚시

Antiguamente la pesca se realizaba cerca de la costa.
예전에 낚시는 해안 근처에서 했어요.

 (el/la) pescador(a) 낚시꾼 ➡ p. 90
pescar 낚시하다

---

piscina
명 *(f)*
수영장

Las duchas de la piscina están al fondo del pasillo.
수영장의 샤워실은 복도 안쪽에 있어요.

---

portero/a
명
골키퍼

Contrataron un nuevo portero.
새로운 골키퍼를 영입했어요.

 (la) portería 골대
 '수위'를 뜻하기도 해요.

---

tenis
명 *(m)*
테니스

El tenista Sánchez se despedirá del tenis profesional el año que viene.
테니스 선수인 산체스는 내년에 프로 테니스와 작별할 거예요.

 (el/la) tenista 테니스 선수
 (el) tenis de mesa 탁구

---

yate
명 *(m)*
요트

Recorrimos el Mediterráneo en yate.
우리는 요트로 지중해를 누볐어요.

연습 문제
Ejercicios

1 설명에 맞는 운동 종목을 고르세요.

| ① | ② | ③ |
| ④ | ⑤ | ⑥ |

(1) Se juega con una pelota.   (   )
(2) Se practica en el agua.   (   )
(3) Se practica en invierno.   (   )
(4) Es un deporte de combate.   (   )
(5) Es un deporte individual.   (   )
(6) Se practica con una bicicleta.   (   )

2 다음 종목에 해당하는 선수의 명칭을 쓰세요.

(1) tenis   (   )   (2) natación   (   )
(3) béisbol   (   )   (4) atletismo (   )
(5) fútbol   (   )   (6) ciclismo   (   )
(7) baloncesto (   )

3 다음 중 나머지와 관련 없는 것을 고르세요.

(1) piscina   balón   béisbol   baloncesto
(2) béisbol   campo   pelota   atleta
(3) nadador   natación   ajedrez   piscina
(4) ciclismo   yate   bicicleta   ciclista

4 기타 취미
otras aficiones

MP3 **41**

---

afición
명 (f)
취미

Su mayor afición es la lectura.
그의 가장 큰 취미는 독서예요.

[유] (el) hobby, (el) pasatiempo
[참] (el/la) aficionado/a 팬, ~광 ➡ p. 291

---

cámara
명 (f)
카메라

Desde que nació el bebé Luisa quiere comprar una buena cámara para sacarle fotos.
아기가 태어난 후부터 루이사는 사진을 찍어 주기 위해 좋은 카메라를 사고 싶어 해요.

---

circo
명 (m)
서커스

Las actuaciones de circo se realizan cada domingo.
서커스 공연은 일요일마다 열려요.

---

coleccionar
동
수집하다

He empezado a coleccionar los números extras de esta revista.
나는 이 잡지의 부록을 수집하기 시작했어요.

[참] (la) colección 수집

---

entretenerse
동
즐기다, 노닥거리다

Se entretuvieron en la tienda y llegaron tarde.
그들은 가게에서 노느라고 늦게 도착했어요.

[참] (el) entretenimiento 오락, 놀이

IX. 여가 Tiempo Libre **299**

4 기타 취미 otras aficiones

fotografía
명 (f)
사진

La **fotografía** es el arte de dibujar con luz.
사진은 빛으로 그리는 예술이에요.

- 참 fotografiar 사진 찍다
- 관 sacar/tomar fotos 사진 찍다
- 줄임말로 foto라고도 해요.

ir de compras
쇼핑 가다, 장 보러 가다

Todos los sábados por la mañana **voy de compras** al centro comercial.
매주 토요일 오전 나는 백화점으로 쇼핑 가요.

- 관 ir de marcha 밤에 놀러 다니다
  ir de picnic/excursión 소풍 가다

juguete
명 (m)
장난감

¡Recoge siempre los **juguetes** después de jugar!
놀고 난 다음에는 항상 장난감을 치워라!

- 참 jugar 놀다 ➡ p. 296

montaña rusa
명 (f)
롤러코스터

Nunca me he subido a una **montaña rusa**.
나는 한번도 롤러코스터를 타 본 적이 없어요.

pasarlo bien/mal
재미있는/재미없는 시간을 보내다

Lo he **pasado bien** en la fiesta.
나는 파티에서 즐거운 시간을 보냈어요.

paseo
명 (m)
산책

Puedes dar un paseo alrededor del barrio antiguo.
당신은 구시가지 주위를 산책할 수 있어요.

- 참 pasear 산책하다
- 관 ir de paseo 산책 가다

---

quedar (con alguien)
동
(~과/와) 만나기로 하다

Quedamos a las tres en tu casa.
당신 집에서 3시에 만나기로 해요.

---

tomar el sol
선탠하다, 일광욕하다

Rosa pasa todo el día tomando el sol.
로사는 하루를 일광욕하며 보내요.

---

tiempo libre
명 (m)
자유 시간, 여유 시간

¿Qué haces normalmente en tu tiempo libre?
당신은 여유 시간에 보통 무엇을 하세요?

---

voluntario/a
명 자원봉사자
형 자발적인

Un grupo de voluntarios vinieron para ayudar a los heridos del accidente.
한 무리의 자원봉사자들이 그 사고의 부상자들을 돕기 위해 왔어요.

- 참 (la) voluntad 자의, 의지, 뜻

1 다음 그림에 해당하는 장소를 쓰세요.

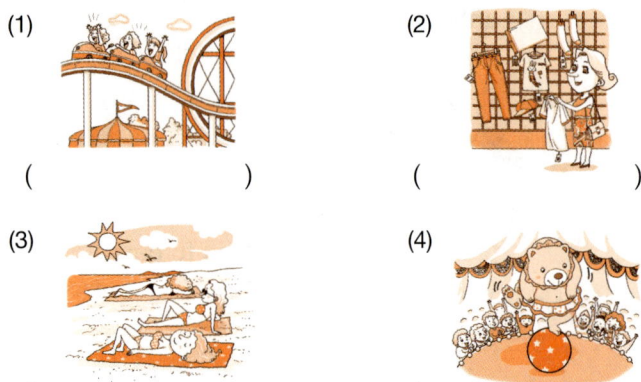

(1) (   ) (2) (   )

(3) (   ) (4) (   )

2 알맞은 말을 고르세요.

(1) Llevo todo el día en casa. Necesito salir a dar / ir un paseo.
(2) Anoche fuimos a un concierto y después nos fuimos de picnic / tapas.
(3) Cada verano paso mucho tiempo en la playa tomando el sol / haciendo circo.
(4) ¿Por qué no vamos / hacemos de marcha esta noche?

3 어린이와 어른이 함께할 수 없는 여가 활동을 고르세요.

① ir de copas
② sacar fotos
③ ir a un parque de atracciones
④ ir de excursión
⑤ trabajar como voluntario en un hospital
⑥ tomar el sol

5 축제, 축하
fiesta, celebración

MP3 42

aniversario
명 m
기념일

El quinto **aniversario** del colegio cae esta semana.
학교의 다섯 번째 개교기념일은 이번 주에 있어요.

banquete
명 m
연회

En su boda ofrecieron un **banquete** muy lujoso.
그의 결혼식에서 무척 화려한 연회를 베풀었어요.

boda
명 f
결혼식

Me compré un vestido para ir a la **boda** de mi prima Ana.
나는 사촌인 아나의 결혼식에 가기 위해 드레스를 샀어요.

brindis
명 m
축배

Hicieron un **brindis** en honor a los novios.
그들은 신혼부부를 위해 축배를 들었어요.

참 brindar 축배를 들다
🔍 항상 복수형으로 써요.

carnaval
명 m
카니발

El **carnaval** de Río de Janeiro es el más famoso del mundo.
리우 데 자네이로의 카니발은 세계에서 가장 유명한 카니발이에요.

IX. 여가 Tiempo Libre 303

5 축제, 축하 fiesta, celebración

celebración
명 *(f)*
개최

La **celebración** de los Juegos Olímpicos fue todo un éxito para el país organizador.
이 올림픽 게임의 개최는 개최국에게 있어 대성공이었어요.

> 참 celebrar 개최하다, 열다

ceremonia
명 *(f)*
식, 의례, 예식

Ayer tuvo lugar la **ceremonia** de apertura de los Juegos Olímpicos.
어제 올림픽 게임의 개막식이 있었어요.

cumpleaños
명 *(m)*
생일

Hoy han celebrado el **cumpleaños** de su hijo.
그들은 오늘 아들의 생일을 축하했어요.

> 참 cumplir 완수하다, 수행하다

Día de los Reyes Magos
명 *(m)*
동방박사의 날

El día 6 de enero de cada año se celebra el **Día de los Reyes Magos**.
매년 1월 6일 동방박사의 날 행사가 열려요.

🔍 Reyes Magos는 우리말로 '동방박사'를 뜻하며, 이들이 아기 예수를 경배한 것을 기리는 날이에요. 스페인의 어린이들은 크리스마스가 아닌 동방박사의 날에 선물을 받아요.

evento
명 *(m)*
행사, 이벤트

El **evento** dejó sin palabras a la gente.
그 행사는 사람들을 어안이 벙벙하게 만들었어요.

> 유 (el) acontecimiento

feria
명 *f*
페리아, 바자, 축제

En la feria de Sevilla conocí a mi mujer.
나는 세비야의 봄 축제에서 내 아내를 만났어요.

fiesta
명 *f*
파티, 축제

Montaremos una fiesta sorpresa para Javier.
우리는 하비에르를 위해 깜짝 파티를 열 거예요.

[관] (el) día de fiesta 공휴일, 축제일
estar de fiesta 놀다, 놀러 다니다

fuegos artificiales
명 *m*
불꽃놀이

Los fuegos artificiales se usan en fiestas como diversión.
불꽃놀이는 축제에서 재밋거리로 쓰여요.

🔍 복수형으로 써요.

invitación
명 *f*
초대

Aceptó encantado la invitación a la fiesta.
그는 파티 초대를 흔쾌히 받아들였어요.

[참] (el/la) invitado/a 손님
invitar 초대하다

luna de miel
명 *f*
신혼여행

Mi hermano va a Cuba de luna de miel.
내 동생은 쿠바로 신혼여행을 가요.

5 축제, 축하 fiesta, celebración

Navidad
명 *f*
크리스마스

Pasaremos la **Navidad** en casa de los abuelos.
우리는 크리스마스를 할아버지 댁에서 보낼 거예요.

🔍 대문자로 써요.

Nochebuena
명 *f*
12월 24일 밤, 크리스마스이브

Celebraremos la **Nochebuena** en casa.
우리는 크리스마스이브를 집에서 축하할 거예요.

🔍 대문자로 써요.

Nochevieja
명 *f*
12월 31일 밤

En **Nochevieja**, comemos doce uvas cuando suenan las campanadas de la medianoche.
12월 31일 밤, 자정의 종소리가 울릴 때 우리는 12알의 포도를 먹어요.

🔍 대문자로 써요. 포도를 먹는 것은 스페인의 풍습예요.

regalo
명 *m*
선물

Su **regalo** fue un viaje al extranjero.
그의 선물은 해외여행이었어요.

유 (el) obsequio
참 regalar 선물하다

Semana Santa
명 *f*
성주간, 부활절 주간

En España celebran la **Semana Santa** por todo lo alto.
스페인에서는 성주간을 아주 크게 기념해요.

🔍 '성주간'은 예수의 수난과 부활을 기념하는 부활절 전의 일주일을 뜻해요.

연습 문제 / Ejercicios

1 비슷한 말끼리 연결하세요.

(1) brindis
(2) banquete
(3) invitado
(4) regalo

① huésped
② obsequio
③ gran comida
④ choque de copas

2 빈칸에 들어갈 말을 골라 문장을 완성하세요.

| asistir | brindis | luna de miel | aniversario |

(1) Aún no sabemos dónde ir de _____ después de la boda.
(2) Hoy es el _____ de boda de mis padres.
(3) Los invitados hicieron un _____ por la felicidad de los novios.
(4) Muchos invitados van a _____ a la boda de mi hermano.

3 다음 동사와 함께 쓸 수 있는 단어를 고르세요.

(1) celebrar
(2) recibir
(3) organizar
(4) entregar

① cumpleaños
② banquete
③ regalo
④ invitación
⑤ fiesta

6 여행
viaje

MP3 43

aduana
명 f
세관

Al pasar por la **aduana** nos registraron los bolsos.
세관을 통과할 때 우리 핸드백을 검사했어요.

agencia de viajes
명 f
여행사

Pasamos por una **agencia de viajes** para informarnos del horario del tren.
우리는 기차 시간을 알아보기 위해 한 여행사에 들렀어요.

alojamiento
명 m
숙소

Buscamos **alojamiento** barato para las vacaciones.
우리는 휴가를 위해 싼 숙소를 찾고 있어요.

참 alojarse 숙박하다

botones
명 m
벨 보이

Llamé al **botones** del hotel para preguntar por mi maleta.
나는 트렁크에 대해 물어보기 위해 호텔의 벨 보이를 불렀어요.

복수형으로 써요.

casco viejo
명 m
구시가지

En el **casco viejo** de la ciudad puede haber restos romanos o edificios medievales.
그 도시의 구시가지에는 로마 유적이나 중세 건물들이 있을 수 있어요.

유 (el) casco antiguo
관 (el) casco 헬멧, 껍질, 주택가 ➡ p. 222

308 내게는 특별한 **스페인어 어휘**를 부탁해

crucero
명 m
크루즈

Este verano haremos un crucero por el Caribe.
이번 여름에 우리는 카리브로 크루즈 여행을 할 거예요.

equipaje
명 m
짐, 수하물

Todavía no he hecho el equipaje y salgo dentro de tres horas hacia París.
나는 아직 짐을 싸지 않았는데 3시간 후에 파리로 출발해요.

관 (el) equipaje de mano 휴대용 수하물
recoger (el) equipaje 수하물을 찾다

escala
명 f
경유, 경유지

Tomó un vuelo de España a Perú con una escala en Río de Janeiro.
그녀는 스페인에서 리우데자네이루를 경유해서 페루까지 가는 비행기를 탔어요.

extranjero/a
명 m 외국
명 외국인
형 외국의, 외국인의

Buenos Aires tiene muchos atractivos para los extranjeros.
부에노스아이레스는 외국인들에게 많은 매력을 가지고 있어요.

🔍 장소나 지역을 의미할 때는 항상 남성형을 써요.

gratis
형 무료의
부 무료로

La entrada al espectáculo es gratis.
그 쇼의 입장권은 무료예요.

유 gratuito/a

6 여행 viaje

guía
명
가이드

Los turistas extranjeros consiguieron una guía de turismo de la ciudad.
외국인 관광객들은 그 도시의 관광 가이드를 구했어요.

🔍 남성형과 여성형이 동일하므로 관사 등으로 성을 구분해요.

---

habitación
명 (f)
방

Quiero reservar una habitación doble para tres noches.
저는 3일간 더블 룸을 예약하고 싶어요.

관 (la) habitación individual 싱글 룸
　　(la) habitación libre 빈방
　　(el) servicio de habitaciones 룸서비스

---

hostal
명 (m)
오스탈

Buscaremos un hostal, es más barato que un hotel.
우리는 오스탈을 찾을 거예요. 호텔보다 더 싸거든요.

🔍 호텔보다 가격이 낮은 숙박업소를 뜻해요.

---

maleta
명 (f)
트렁크

No encuentro la maleta de viaje.
나는 여행용 트렁크를 못 찾겠어요.

---

media pensión
명 (f)
호텔 룸과 하루 2식을 제공

¿Qué incluye la media pensión de un hotel?
호텔의 'media pensión'은 무엇을 포함하고 있나요?

관 (la) pensión 여인숙, 연금
　　(la) pensión completa 호텔 룸과 하루 3식을 제공 (또는 그런 서비스를 제공하는 조건의 상품)

monumento
명 *m*
기념비, 유적지

Delante de la casa en la que nació el escritor hay una plaza con un **monumento** dedicado a él.
작가의 생가 앞에는 그에게 헌정된 기념비가 있는 광장이 있어요.

oficina de información
명 *f*
관광 안내소

Cuando llegues a la ciudad, visita primero la **oficina de información**.
그 도시에 도착하면 먼저 관광 안내소를 방문하세요.

paisaje
명 *m*
풍경

Pararon junto al camino para mirar el **paisaje**.
그들은 풍경을 보기 위해 길 옆에 멈췄어요.

유 (el) panorama, (la) vista

Patrimonio de la Humanidad
명 *m*
인류 문화유산

España es el segundo país con mayor número de bienes declarados **Patrimonio de la Humanidad** en el mundo, por detrás de Italia.
스페인은 이탈리아 다음으로 세계에서 두 번째로 인류 문화유산으로 선정된 자산이 많은 나라예요.

plano
명 *m*
지도

¿Dónde puedo conseguir un **plano** de la ciudad?
어디에서 이 도시의 지도를 구할 수 있나요?

유 (el) mapa

6 여행 viaje

recepción
명 (f)
리셉션, 접수처

En la **recepción** del gimnasio le darán la llave de la taquilla.
체육관의 접수처에서 사물함의 열쇠를 줄 거예요.

참 (el/la) recepcionista 리셉셔니스트, 접수 담당자

---

reserva
명 (f)
예약

Ya he hecho la **reserva** del hotel.
나는 이미 호텔 예약을 했어요.

관 hacer (la) reserva, reservar 예약하다
cancelar (la) reserva 예약을 취소하다

---

ruinas
명 (f)
유적지

Cerca del hotel se encontraban las **ruinas** de un templo griego.
호텔 근처에 그리스 신전 유적지가 있었어요.

🔍 복수형으로 써요.

---

seguro
명 (m)
보험

El automóvil tiene un **seguro** contra robos.
자동차는 도난에 대비한 보험이 있어요.

관 (el) seguro médico 의료보험

---

temporada alta
명 (f)
성수기

Conseguí un vuelo a Londres muy barato en **temporada alta**.
나는 성수기에 아주 싼 런던행 비행기 표를 구했어요.

관 (la) temporada 시기, 시즌, 철
반 (la) temporada baja 비성수기

tienda de campaña
명 *f*
텐트

Montamos la tienda de campaña para pasar la noche.
우리는 밤을 보내기 위해 텐트를 쳤어요.

---

turismo
명 *m*
관광

Recorrió el este de Europa haciendo turismo.
그는 관광을 하며 유럽 동부를 돌았어요.

관 (el/la) turista 관광객
hacer turismo 관광하다

---

vacación
명 *f*
방학, 휴가

Voy a tomar unas vacaciones de veinte días.
나는 약 20일의 휴가를 얻을 거예요.

관 ir de vacaciones 휴가를 가다
estar de vacaciones 휴가 중이다

---

viajar
동
여행하다

¿Ha viajado mucho por Asia?
당신은 아시아 여행을 많이 했어요?

유 ir de viaje 여행 가다
참 (el) viaje 여행
(el/la) viajero/a 여행자

---

visitar
동
방문하다

Me encanta visitar museos.
나는 박물관을 방문하는 것을 무척 좋아해요.

참 (la) visita 방문
(el/la) visitante 방문객

연습 문제
Ejercicios

1 비슷한 말이나 설명에 해당하는 것끼리 연결하세요.

(1) extranjero ・　　・① no cuesta dinero
(2) paisaje　 ・　　・② persona o lugar que no es de este país
(3) guía　　　・　　・③ panorama, vista
(4) seguro　 ・　　・④ alojamiento similar al hotel pero más barato
(5) gratis　　 ・　　・⑤ persona que enseña una ciudad a los turistas
(6) hostal　　 ・　　・⑥ garantía

2 알맞은 말을 고르세요.

(1) Si tiene cualquier problema, llame al recepcionista / ascensor.
(2) A ¿Cuánto vale la entrada?
　　B En los días festivos es en efectivo / gratis.
(3) En temporada alta / baja, los precios de los vuelos son más caros.
(4) Si quiere que le lleven sus maletas a la habitación, llame al botones / equipaje.

3 빈칸에 들어갈 말을 골라 성과 수에 알맞게 고쳐 쓰세요.

> equipaje　　escala　　maleta　　viajero/a　　crucero

> El capitán Molina les da la bienvenida a todos los (1)_____.
> Este barco efectuará un (2)_____ de cinco días con (3)_____ en Valencia, Barcelona y Mallorca.

국가
Estado

1 국가, 정치 estado, política
2 법, 경찰 ley, policía

1 국가, 정치
estado, política

MP3 **44**

campaña electoral
명 *f*
선거운동, 선거 캠페인

La campaña electoral empieza mañana.
선거운동이 내일 시작이에요.

관 (la) campaña 캠페인

---

candidato/a
명
후보

El periodista entrevista a los tres candidatos.
기자가 세 명의 후보를 인터뷰해요.

참 (la) candidatura 입후보

---

ciudadano/a
명
시민, 주민

Todos los ciudadanos tienen derecho a vivir en paz.
모든 시민이 평화롭게 살 권리가 있어요.

---

congreso
명 *m*
국회, 회의

Las Cortes Generales españolas están formadas por el Senado y el Congreso de Diputados.
스페인 의회는 상원과 하원으로 구성되어 있어요.

유 (el) parlamento

---

derecho
명 *m*
권리

Todos tenemos derecho a una enseñanza pública de calidad.
우리 모두는 양질의 공교육에 대한 권리가 있어요.

반 (el) deber 의무
관 (los) derechos humanos 인권

dictadura
명 (f)
독재, 독재 기간

Durante la **dictadura** se restringió gravemente la libertad de expresión.
독재 기간 동안 표현의 자유가 심각하게 제한되었어요.

참 (el/la) dictador(a) 독재자

---

diplomático/a
명
외교관

Para negociar las condiciones de paz, cada nación en guerra ha enviado a su **diplomático**.
평화 조건을 협상하기 위해 전쟁 중인 각국이 외교관을 파견했어요.

참 (la) diplomacia 외교
 형용사로 '사교적인'을 뜻하기도 해요.

---

diputado/a
명
국회의원, 하원 의원

Los **diputados** ejercen su labor en el Congreso.
국회의원들은 의회에서 업무를 봐요.

관 (el) Senado 상원

---

ejército
명 (m)
군대

Nuestro **ejército** derrotó al enemigo.
우리 군대가 적을 패배시켰어요.

---

elecciones
명 (f)
선거

Hoy se llevan a cabo las **elecciones** presidenciales.
오늘 대통령 선거가 치러져요.

관 (las) elecciones generales 국회의원 선거
　　(las) elecciones municipales 지방의원 선거
 보통 복수형으로 써요.

X. 국가 Estado　317

1 국가, 정치 estado, política

embajada
명 (f)
대사관

Los residentes en el extranjero tienen que comunicar su residencia a la embajada.
외국에 거주하는 사람들은 대사관에 거주지를 통보해야 해요.

참 (el/la) embajador(a) 대사

---

estado
명 (m)
국가

El Estado español está dividido en comunidades autónomas.
스페인은 자치주로 나뉘어 있어요.

유 (el) país ➡ p. 175
(la) nación ➡ p. 320

🔍 특정 국가를 가리킬 때는 보통 대문자로 써요.

---

exilio
명 (m)
망명

El exilio le resultó muy doloroso.
망명은 그에게 무척 고통스러웠어요.

---

frontera
명 (f)
국경

No hemos tenido ningún problema al cruzar la frontera.
우리는 국경을 넘을 때 아무런 문제가 없었어요.

---

gobierno
명 (m)
정부

El Gobierno está formado por el presidente y sus ministros.
정부는 대통령과 장관들로 구성되어 있어요.

참 gobernar 다스리다

🔍 한 국가의 '정부'는 보통 대문자로 써요.

golpe de Estado
명 m
쿠데타

Los militares intentaron dar un golpe de Estado.
군인들이 쿠데타를 일으키려고 시도했어요.

---

guerra
명 f
전쟁

Ambos países llevan años en guerra.
양국은 수년째 전쟁 중이에요.

- 유 (la) lucha, (la) pelea
- 관 (la) guerra civil 내전

---

militar
명 군인
형 군대의

Era hija de un militar.
그녀는 군인의 딸이었어요.

- 유 (el) soldado 병사
- 관 (el) servicio militar 병역
- 🔍 남성형과 여성형이 동일하므로 관사 등으로 성을 구분해요.

---

ministro/a
명
장관

El Ministro del Interior ha dado una rueda de prensa para informar del atentado terrorista.
내무부 장관은 테러 사건에 대해 보고하기 위해 기자회견을 열었어요.

- 관 (el/la) primer(a) ministro/a 수상

---

monarquía
명 f
왕실, 왕가

A la boda asistieron representantes de la monarquía española.
그 결혼식에는 스페인 왕실의 대표들이 참석했어요.

- 관 (la) monarquía constitucional 입헌군주제

1 국가, 정치 estado, política

mundo
명 *m*
세계

En el **mundo** todavía hay gente que se muere de hambre.
세계에는 아직도 기아로 죽는 사람들이 있어요.

참 mundial 세계적인

---

nación
명 *f*
국가, 국민

El presidente se dirigió a toda la **nación** en su discurso.
대통령은 담화에서 온 국민을 향해 말했어요.

유 (el) país ➡ p. 175, (el) pueblo ➡ p. 215, p. 321
참 (el/la) nacionalista 국수주의자

---

partido (político)
명 *m*
정당

En las elecciones de mayo ganó el **partido** republicano.
5월 선거에서 공화당이 이겼어요.

---

poder
명 *m*
정권, 권력

El presidente llegó al **poder** siendo muy joven.
대통령은 매우 젊었을 때 권좌에 올랐어요.

관 (el) poder ejecutivo 행정권
　 (el) poder legislativo 입법권
　 (el) poder judicial 사법권

---

política
명 *f*
정치

Queremos una **política** honesta.
우리는 정직한 정치를 원해요.

참 (el/la) político/a 정치인

portavoz

대변인

El **portavoz** del gobierno se enfrentó con el periodista.
정부 대변인은 그 신문기자와 맞섰어요.

🔍 남성형과 여성형이 동일하므로 관사 등으로 성을 구분해요.

presidente/a

대통령, 대표

El **presidente** anunció el término de la guerra.
대통령은 전쟁 종결을 발표했어요.

pueblo

민족, 민중, 대중

Voz del **pueblo**, voz de Dios.
민중의 목소리는 하느님의 목소리 (민심은 천심)

🔍 '마을, 시골'을 뜻하기도 해요.

rey/reina

왕/여왕, 왕비

Érase una vez un **rey** que tenía tres hijas.
옛날에 세 딸을 둔 왕이 있었어요.

[참] (el) reino 왕국
[관] (el) emperador 황제, 제후
　　 (la) emperatriz 황녀, 여제

votar

선거하다, 투표하다

Todos los coreanos mayores de dieciocho años tienen derecho a **votar**.
18세 이상의 모든 한국인은 선거권이 있어요.

[참] (el/la) votante 선거인
　　 (el) voto 투표, 투표권

연습 문제
Ejercicios

1 빈칸에 들어갈 말을 순서대로 연결한 것을 고르세요.

> En las _____ generales los ciudadanos _____ para elegir al mejor _____.

① embajadas – votan – diplomático
② guerras – votan – embajador
③ elecciones – votan – candidato
④ monarquías – votan – militar

2 관련 있는 말끼리 연결하세요.

(1) monarquía · · ① militar
(2) Estado · · ② diputado
(3) embajada · · ③ presidente
(4) congreso · · ④ reina
(5) ejército · · ⑤ embajador

3 짝지은 단어의 관계가 나머지와 <u>다른</u> 것을 고르세요.

① país – nación
② ciudadanos – pueblo
③ diputado – monarquía
④ votante – ciudadano

2 법, 경찰
ley, policía

MP3 **45**

acusado/a
명
피고

El juez declaró culpable al **acusado**.
판사는 피고를 유죄라고 선고했어요.

 acusar 고발하다, 고소하다
관 (el/la) demandante 원고

arma
명 *f*
무기

Las **armas** nucleares son un peligro para la humanidad y para el planeta.
핵무기는 인류와 지구에게 위험해요.

관 (el) arma blanca 도검류 무기
    (el) arma de fuego 총포류 무기
 여성명사지만 단수에는 남성 관사를 써요.

asesino/a
명
살인자

El **asesino** fue condenado a la máxima pena.
살인자는 최고형에 처해졌어요.

 (el) asesinato 살해, asesinar 살해하다

cárcel
명 *f*
감옥

En su pueblo hay una **cárcel** de mujeres.
그의 고향에는 여성 감옥이 있어요.

유 (la) prisión
관 (el/la) encarcelado/a, (el/la) prisionero/a 수감자

carné de identidad
명 *m*
신분증

Aquel día dejaste tu **carné de identidad** en mi casa.
그날 당신은 신분증을 우리 집에 두고 갔어요.

관 (el) carné de conducir 운전면허증
 간단하게 줄여서 carnet이라고 써요.

X. 국가 Estado

2 법, 경찰 ley, policía

coche bomba
명 m
자동차 폭탄

Un **coche bomba** estalló al pasar otro coche.
다른 차가 지나갈 때 자동차 폭탄이 폭발했어요.

관 (el) terrorismo 테러리즘

(coche) patrulla
명 f
경찰차, 순찰차

Me despertó la sirena de una **patrulla**.
경찰차의 사이렌 소리가 나를 깨웠어요.

---

comisaría
명 f
경찰서

Acompáñeme, por favor, a la **comisaría**.
경찰서까지 동행해 주십시오.

관 (el/la) policía 경찰관

---

constitución
명 f
헌법

La actual **Constitución** de España se aprobó en diciembre de 1978.
현 스페인 헌법은 1978년 겨울에 승인되었어요.

🔍 '헌법'은 대문자로 써요. 이외에도 '구성, 설립' 등을 뜻하기도 해요.

---

crimen
명 m
중죄, 범죄

Hacer trabajar a un niño de seis años es un **crimen** imperdonable.
6세 어린이에게 노동을 시키는 것은 용서할 수 없는 범죄예요.

유 (el) delito 범죄 ➡ p. 325
참 (el/la) criminal 범죄자, 범죄의

culpable
- 명 죄인
- 형 죄가 있는

Aquel es el **culpable** del asesinato.
저 사람이 살인 사건의 범인이에요.

- 참 (la) culpa 잘못
  culpar 나무라다, 탓하다
- 남성형과 여성형이 동일하므로 관사 등으로 성을 구분해요.

---

delincuente
- 명 범죄자

La droga lo convirtió en un **delincuente**.
마약이 그를 범죄자로 만들었어요.

- 유 (el/la) criminal
- 남성형과 여성형이 동일하므로 관사 등으로 성을 구분해요.

---

delito
- 명
- 위법행위, 범법 행위

Está en la cárcel por un **delito** de robo.
그는 절도죄로 감옥에 있어요.

- 관 cometer (un) delito 위법행위를 저지르다

---

denunciar
- 동 고소하다, 고발하다

Los chicos **denunciaron** el robo de los documentos.
청년들은 문서의 절도 사건을 고발했어요.

- 참 (la) denuncia 신고, 소송

---

detective
- 명 탐정, 형사

Sherlock Holmes es el **detective** más famoso de la literatura.
셜록 홈즈는 문학에서 가장 유명한 탐정이에요.

- 남성형과 여성형이 동일하므로 관사 등으로 성을 구분해요.

2 법, 경찰 ley, policía

detener

체포하다

La policía soltó al joven que acababa de **detener**.
경찰은 방금 체포한 청년을 풀어 줬어요.

- 유 atrapar 붙잡다
- 참 (la) detención 체포
  (el/la) detenido/a 체포된 사람

discriminación

차별

Aún es muy alto el grado de **discriminación** sexual en el mundo.
세계적으로 성차별의 정도가 아직 무척 높아요.

- 관 (la) discriminación racial 인종차별

disparar

발포하다

Disparó su última bala.
그는 마지막 총알을 발사했어요.

- 참 (el) disparo 발사

documentación

서류, 증빙서류

Si la policía te pide la **documentación** del coche, tendrás que enseñársela.
만일 경찰이 당신에게 자동차 관련 서류를 요구하면 (그것을) 제시해야만 해요.

fiscal

검사, 검찰

El **fiscal** pidió una condena de cinco años de cárcel para el acusado.
검사는 피고에게 5년 징역형을 요구했어요.

- 관 (el/la) abogado/a 변호사
- 🔍 남성형과 여성형이 동일하므로 관사 등으로 성을 구분해요.

guerra
명 (f)
전쟁

¿Por qué la religión provoca **guerras**?
왜 종교가 전쟁을 야기하는 걸까요?

참 (el/la) guerrero/a 전사

herir
동
상처 내다, 상처를 입히다

El hombre lo **hirió** gravemente con un cuchillo.
남자는 칼로 그를 심각하게 상처 입혔어요.

유 dañar
참 (el/la) herido/a 부상자

huella digital
명 (f)
지문

Mi pasaporte lleva impresa mi **huella digital**.
내 여권은 지문이 찍혀 있어요.

관 (la) huella 흔적
digital 손가락의, 디지털의

igualdad
명 (f)
평등

En esta empresa todos tienen **igualdad** de condiciones.
이 회사에서는 모두가 평등한 조건을 가지고 있어요.

ilegal
형
불법적인, 불법의

Es **ilegal** comprar y vender CDs piratas.
해적판 CD를 사거나 판매하는 것은 불법이에요.

 legal 합법적인

X. 국가 Estado

2 법, 경찰 ley, policía

inocente
- 명 결백한 사람
- 형 순진한, 무죄의

La jueza declara inocente al acusado.
판사는 피고를 무죄라고 선고해요.

🔍 남성형과 여성형이 동일하므로 관사 등으로 성을 구분해요.

insultar
- 동 욕하다

Los aficionados del Real Madrid insultaron al equipo visitante.
레알 마드리드의 팬들이 원정 팀에게 욕을 했어요.

[참] (el) insulto 욕
insultante 모욕적인

jurado
- 명 ⓜ 배심원단, 심사 위원단

Fui jurado en un concurso de poesía.
저는 시 경연 대회에서 심사 위원이었어요.

justicia
- 명 ⓕ 정의, 사법부

El delincuente cayó en manos de la justicia.
범죄자는 사법부의 수중에 들어왔어요.

juzgar
- 동 심판하다, 판단하다

Lo van a juzgar por un caso de racismo.
그를 인종차별 사안으로 심판할 거예요.

[참] (el/la) juez(a) 판사 ➡ p. 88
(el) juicio 재판, 판단
(el) juzgado 법원

[관] (el) tribunal 법원

ladrón(a)
명
도둑

Han detenido al **ladrón** que robó en la joyería.
보석상에서 절도를 한 도둑을 붙잡았어요.

ley
명 (f)
법, 법률

Todos los ciudadanos deben respetar la **ley**.
모든 시민이 법을 존중해야만 해요.

matar
동
죽이다, 살해하다

El cartero **mató** a su esposa.
그 우편배달부는 부인을 살해했어요.

유 asesinar 살해하다

multa
명 (f)
벌금

Me pusieron una **multa** por dejar el coche mal aparcado.
잘못 주차해 둔 차 때문에 내게 벌금을 부과했어요.

참 multar 벌금을 부과하다

pena de muerte
명 (f)
사형

Lo han condenado a la **pena de muerte**.
그에게 사형을 선고했어요.

X. 국가 Estado

2 법, 경찰 ley, policía

pistola
명 (f)
총

El chico apuntaba con su **pistola** al cajero del banco.
청년은 은행 직원에게 총을 겨누었어요.

관 (la) bala 총알

---

raza
명 (f)
인종, 혈통

Compraron un perro de **raza**.
그들은 혈통 있는 개를 한 마리 샀어요.

참 (el) racismo 인종차별주의
(el/la) racista 인종차별주의자

---

robar
동
훔치다, 절도하다

Ayer los ladrones **robaron** el banco.
어제 도둑이 은행을 털었어요.

참 (el) robo 절도

---

secuestro
명 (m)
납치

El **secuestro** del empresario ha terminado felizmente.
그 기업가의 납치 사건은 다행스럽게 끝났어요.

참 secuestrar 납치하다
(el/la) secuestrador(a) 납치범

---

sospechoso/a
명 용의자
형 의심스러운

Sus palabras tienen un aire **sospechoso**.
그의 말은 의심스러운 면이 있어요.

참 sospechar 의심하다

testigo

증인

Las huellas son testigo de tu presencia en la casa.
그 흔적은 당신이 그 집에 있었다는 증거예요.

- (el) testimonio 증언 ➡ p. 339
- 남성형과 여성형이 동일하므로 관사 등으로 성을 구분해요.

víctima

희생자

Todas las guerras causan muchas víctimas.
모든 전쟁은 많은 희생자를 야기해요.

- 남성형과 여성형이 동일하므로 관사 등으로 성을 구분해요.

vigilar

감시하다, 지키다

Doña María vigilaba a sus hijos mientras jugaban por la casa.
마리아 씨는 자신의 아이들이 집에서 노는 동안 그들을 지켜보고는 했어요.

- (la) vigilancia 감시
  (el/la) vigilante 감시원

violencia

폭력

No debes tratar a nadie con violencia.
당신은 그 누구도 폭력으로 대해서는 안 돼요.

- violento/a 폭력적인

visado

비자

Para entrar en ese país necesitas el visado de su embajada.
그 나라에 들어가기 위해서는 그곳 대사관의 비자가 필요해요.

1 빈칸에 알맞은 말을 쓰세요.

동사	명사
robar	
	acusado
insultar	
	vigilante
sospechar	
	denuncia
multar	

2 다음 인물과 관련 있는 장소를 연결하세요.

(1) policía •   • ① cárcel
(2) ladrón •   • ② banco
(3) vigilante •   • ③ comisaría
(4) juez •   • ④ juzgado

3 빈칸에 들어갈 말을 골라 문장을 완성하세요.

(1) Miguel está contento porque el juez lo declaró _____.
   ① sospechoso   ② inocente   ③ culpable

(2) Los _____ del centro comercial atraparon a los delincuentes.
   ① jueces   ② ladrones   ③ vigilantes

(3) El tribunal condenó al acusado a pagar una _____ de 2.000 euros.
   ① denuncia   ② cárcel   ③ multa

(4) Curiosamente, la hermana de la acusada _____ en su contra.
   ① habló   ② insultó   ③ golpeó

XI 경제

Economía

1. **경제** economía
2. **노동** trabajo
3. **쇼핑** ir de compras

1 경제
economía

acciones
명 *f*
주식

Mi padre invirtió todo su capital en la compra de **acciones**.
우리 아버지는 전 재산을 주식 구입에 투자했어요.

참 (el/la) accionista 주주
🔍 복수형으로 써요.

ahorro
명 *m*
저축, 절약

Ella usó sus **ahorros** de la cuenta bancaria.
그녀는 은행 계좌의 예금을 사용했어요.

참 ahorrar 저축하다, 모으다

billete
명 *m*
지폐

El **billete** de veinte euros es de color azul.
20유로 지폐는 푸른색이에요.

🔍 '티켓, 입장권' 등을 뜻하기도 해요.

bolsa
명 *f*
증시, 증권, 증권거래소

Teresa ha ganado mucho dinero invirtiendo en **bolsa**.
테레사는 증권에 투자해서 많은 돈을 벌었어요.

🔍 '봉투'를 뜻하기도 해요.

capital
명 *m*
자본

Esto es todo mi **capital**.
이것이 내 전 재산이에요.

🔍 여성형은 '수도'를 뜻해요.

cobrar
동
돈을 받다

Cada mes cobramos un sueldo por nuestro trabajo.
매달 우리는 노동에 대한 급여를 받아요.

반 pagar 지불하다
참 (el) cobro 수령

---

coste
명 ⓜ
비용

Nos costó decidirnos porque el coste era muy alto.
비용이 매우 높았기 때문에 우리는 결정하기 힘들었어요.

유 (el) costo

---

cuenta
명 ⓕ
은행 계좌, 계산, 영수증

Guardo mis ahorros en la cuenta del banco.
나는 모아둔 돈을 은행 계좌에 보관하고 있어요.

유 (la) cuenta corriente 입출금 계좌
　　(la) cuenta bancaria 은행 계좌
참 contar 세다, 계산하다

---

cuota
명 ⓕ
요금, 할부금, 회비

La cuota mensual del club es de 100 euros.
그 클럽의 한 달 회비는 100유로예요.

---

demanda
명 ⓕ
수요, 요구

Ese producto no tiene demanda.
그 상품은 수요가 없어요.

반 (el) suministro 공급
참 demandar 요구하다, 필요로 하다

1 경제 economía

desarrollarse
동
발전하다

Corea se desarrolló muchísimo en los años 80.
한국은 80년대에 매우 많이 발전했어요.

- 유 progresar, crecer ➡ p. 68
- 관 (el) país en (vías de) desarrollo 개발도상국

dinero
명 *m*
돈

El joven heredó mucho dinero.
그 젊은이는 많은 돈을 물려 받았어요.

- 관 (el) cheque 수표
  ganar dinero 돈을 벌다

economía
명 *f*
경제

Hay que mejorar la economía familiar.
가족경제를 개선해야만 해요.

- 참 (el/la) economista 경제학 전공자, 경제학자

exportación
명 *f*
수출

Esta empresa se dedica a la exportación de ropa.
이 회사는 의류 수출에 종사해요.

- 반 (la) importación 수입
- 참 exportar 수출하다

fábrica
명 *f*
공장, 제조사

Este producto viene mal de fábrica.
이 상품은 공장에서부터 잘못 나왔어요.

- 참 fabricar 만들다, 제조하다

firma
명 (f)
사인, 서명

Un cheque sin firma no tiene validez.
사인이 없는 수표는 효력이 없어요.

참 firmar 사인하다
🔍 '브랜드'의 뜻도 있어요.

gasto
명 (m)
지출

Tengo muchos gastos este mes.
나는 이번 달에 많은 지출을 했어요.

참 gastar 지출하다, 소비하다
🔍 주로 복수형으로 써요.

herencia
명 (f)
유산, 상속

Según su derecho de herencia le pertenece la mitad de los bienes.
그녀의 상속권에 의하면 재산 절반이 그녀에게 해당해요.

참 (el/la) heredero/a 상속자
　　 heredar 상속하다

hipoteca
명 (f)
주택 융자

El año pasado cancelamos la hipoteca del apartamento.
작년에 우리는 아파트 융자를 취소했어요.

관 pedir (una) hipoteca 주택 융자를 신청하다

impuesto
명 (m)
세금

El IVA es un impuesto.
IVA(부가가치세)는 세금의 일종이에요.

🔍 IVA: Impuesto sobre el Valor Añadido

1 경제 *economía*

industria
명 *(f)*
산업, 제조업, 공장

Esta ciudad es un importante núcleo de la **industria** textil.
이 도시는 섬유산업의 중심지예요.

---

interés
명 *(m)*
이자

Han subido los tipos de **interés**.
이율이 올랐어요.

🔖 bajar/subir el interés 이자가 내리다/오르다
🔍 '흥미, 관심'을 뜻하기도 해요.

---

inversión
명 *(f)*
투자

Las **inversiones** más seguras son las de las empresas públicas.
가장 안전한 투자는 공기업에 대한 것이에요.

🔖 invertir 투자하다

---

libreta de banco
명 *(f)*
통장

¿Dónde habré metido la **libreta del banco**?
내가 통장을 어디에 넣어 버렸을까요?

---

moneda
명 *(f)*
화폐, 동전

El euro es la **moneda** de la Unión Europea.
유로는 유럽연합의 화폐예요.

negociar

협상하다, 흥정하다, 사업하다

En la bolsa se **negocia** el precio de las acciones de las empresas.
증시에서는 기업의 주식 가격을 흥정해요.

참 (el) negocio 협상, 사업

pagar

지불하다, 돈을 갚다

Si no **pagas** la factura del teléfono, te cortarán la línea.
만일 전화 요금을 내지 않으면 전화회선을 끊을 거예요.

반 cobrar 돈을 받다 ➡ p. 335
참 (el) pago 지불

plazo

기한, 할부금

Pagaré el coche a **plazos**.
자동차를 할부로 계산하겠어요.

pobre
명 가난한 사람
형 가난한, 빈곤한, 불쌍한

Aumenta el número de **pobres** en el mundo.
세계에서 빈곤층의 수가 증가해요.

유 (el/la) necesitado/a, (el/la) indigente
참 (la) pobreza 빈곤
🔍 남성형과 여성형이 동일하므로 관사 등으로 성을 구분해요.

préstamo

대출

Pidió un **préstamo** al banco.
그는 은행에 대출을 신청했어요.

참 prestar 빌려 주다

1 경제 *economía*

presupuesto
명 *m*
예산

Los **presupuestos** del Estado aumentarán el año que viene.
내년에는 국가 예산이 증가할 거예요.

---

producto
명 *m*
상품

En el mercado venden frutas y otros **productos** del campo.
시장에서는 과일과 다른 밭작물을 팔아요.

- 유 (el) artículo
- 참 producir 생산하다

---

recursos
명 *m*
자원, 재력, 수단

La empresa no tiene **recursos** para contratar nuevos empleados.
그 회사는 새 직원을 고용할 재원이 없어요.

- 관 (los) recursos naturales 천연자원
  (los) recursos humanos 인적 자원
- 🔍 '자원, 재원'은 복수형으로 써요.

---

sucursal
명 *m*
지점

La empresa tiene **sucursales** en todo el país.
그 회사는 전국에 지점을 가지고 있어요.

---

tarjeta de crédito
명 *f*
신용카드

¿Pagó Ud. los pasajes de avión con su **tarjeta de crédito**?
당신은 비행기 표를 신용카드로 계산했어요?

- 관 (la) tarjeta 카드, 명함
  en metálico, al contado 현금으로

연습 문제
Ejercicios

1 다음 그림에 해당하는 표현을 골라 쓰세요.

> billete   moneda   tarjeta de crédito
> firma   libreta de banco

(1)   (2)   (3)   (4)   (5)

(   ) (   ) (   ) (   ) (   )

2 밑줄 친 낱말의 반대말을 고르세요.

(1) ¿Puedo <u>pagar</u> en efectivo?
    ① invertir   ② ahorrar   ③ cobrar

(2) Mi jefe viene de familia <u>rica</u>.
    ① pobre   ② buena   ③ alta

(3) No <u>gastes</u> tanto en ropa.
    ① negocies   ② ahorres   ③ heredes

3 빈칸에 들어갈 철자를 쓰세요.

(1) ☐ a ☐ i ☐ a ☐ : conjunto de dinero que uno tiene

(2) ☐ o ☐ ☐ a : lugar donde se reúnen los que compran y venden acciones

(3) ☐ e ☐ e ☐ ☐ i a : bienes que se reciben cuando una persona muere

(4) ☐ ☐ é ☐ ☐ a ☐ o : dinero que se pide a un banco y que se devuelve con un interés

XI. 경제 **Economía**

2 노동
trabajo

MP3 47

a tiempo parcial
시간제로

Trabajo **a tiempo parcial** en la empresa.
나는 회사에서 시간제로 근무해요.

[반] a tiempo completo 전일제로

carta de presentación
명 (f)
추천장

Se necesita una **carta de presentación** para solicitar el puesto.
그 자리를 신청하려면 추천장이 한 장 필요해요.

[참] presentar 소개하다

comercial
형
상업적인

Es una película muy **comercial**.
그것은 매우 상업적인 영화예요.

[참] (el) comercio 상업, 상점

compañía
명 (f)
주식회사, 상사, 회사

Mi madre trabaja en una **compañía** de seguros.
어머니는 (한) 보험회사에서 근무하세요.

[유] (la) empresa ➡ p. 344

contrato
명 (m)
계약

Hicimos un **contrato** con dos fontaneros para terminar la obra.
우리는 공사를 마치기 위해 두 명의 배관공과 계약했어요.

[참] contratar 고용하다
[관] tener (el) contrato fijo/temporal 고정직/임시직 계약서가 있다
    firmar (un) contrato 계약을 맺다

currículum
명 *m*
이력서, 커리큘럼

La empresa pide el currículum para una primera selección.
회사는 1차 심사를 위해 이력서를 요구해요.

---

dedicarse a algo
동
~에 종사하다

Ella se dedica a la restauración de muebles antiguos.
그녀는 고가구 보수에 종사해요.

---

departamento
명 *m*
부서, 과

El departamento de relaciones públicas está en la séptima planta.
홍보부는 7층에 있어요.

관 (el) departamento de administración 총무부
(el) departamento de personal 인사부

---

despedir
동
해고하다

El jefe me despidió del trabajo.
사장은 직장에서 나를 해고했어요.

유 echar a alguien ~을/를 쫓아내다
참 (el) despido 해고

---

empleo
명 *m*
직업, 일자리, 고용

Mi hija tiene un buen empleo.
내 딸은 좋은 일자리를 가지고 있어요.

반 (el) desempleo 실업
참 (el/la) empleado/a 직원, 고용인 ➡ p. 86, emplear 고용하다
관 (la) demanda de empleo 구직

XI. 경제 Economía 343

2 노동 trabajo

---

empresa
명 *f*
회사

La **empresa** constructora necesita diez obreros con experiencia.
그 건설 회사는 열 명의 경력 있는 노동자를 필요로 해요.

- (la) compañía ➡ p. 342
- (el/la) empresario/a 기업가

---

entrevista
명 *f*
인터뷰, 면접

Tengo una **entrevista** de trabajo pasado mañana.
내일모레 나는 직장 면접이 있어요.

- (el/la) entrevistador(a) 면접관
  entrevistar 면접하다

---

huelga
명 *f*
파업

Llevan ya veinte días haciendo **huelga**.
그들은 벌써 20일째 파업하고 있어요.

---

jornada
명 *f*
1일 업무

Sonia termina su **jornada** a las ocho.
소냐의 업무는 8시에 끝나요.

- (el) jornal 일급
  (el/la) jornalero/a 일용직 근무자
- 하루 동안의 노동 시간을 뜻해요.

---

jubilación
명 *f*
은퇴, 퇴직

Mi abuelo obtuvo la **jubilación** a los 65 años.
우리 할아버지는 65세에 은퇴하셨어요.

- (el/la) jubilado/a 퇴직자
  jubilarse 퇴직하다

mano de obra
명 (f)
노동력

Es difícil encontrar mano de obra especializada en este campo.
이 분야에 전문적인 노동력을 구하는 것이 어려워요.

---

obrero/a
명
노동자

Un obrero de la construcción se cayó de la tercera planta.
한 건설 노동자가 3층에서 떨어졌어요.

참 (la) obra 작업, 공사, 작품 ➡ p. 249

---

paro
명 (m)
실업, 실직

Irene está en paro desde hace dos meses.
이레네는 2개월 전부터 실직 상태예요.

유 (el) desempleo
참 (el/la) parado/a, (el/la) desempleado/a 실직자

---

patrón(a)
명
고용주, 주인, 후원자

El patrón pide a los obreros que tengan más cuidado.
고용주는 노동자들에게 좀 더 조심하라고 부탁해요.

유 (el/la) patrono/a

---

pensión
명 (f)
연금

Los jubilados cobran una pensión del Estado.
퇴직자들은 국가에서 연금을 받아요.

참 (el/la) pensionista 연금 수령자
🔍 '여관, 여인숙'을 뜻하기도 해요.

2 노동 trabajo

personal
명 *m* 인원, 인력
형 개인적인

El **personal** de la oficina está comiendo en el comedor.
사무실 인원들은 식당에서 식사 중이에요.

---

promoción
명 *f*
선전, 승진, 동기

En su empleo no tiene posibilidades de **promoción**.
그의 일에는 승진 가능성이 없어요.

참 promocionar 승진하다, 선전하다

---

sindicato
명 *m*
노동조합

El **sindicato** lucha por mantener los puestos de trabajo.
노동조합은 일자리 유지를 위해 투쟁해요.

---

sueldo
명 *m*
급여, 월급

Me aumentaron el **sueldo**.
내 월급을 올려 줬어요.

유 (el) salario

---

trabajo
명 *m*
직업, 일, 직장

No llegues tarde al **trabajo**.
직장에 지각하지 마세요.

참 trabajar 일하다
관 (el) anuncio de trabajo 구인/구직 광고
　 (la) demanda/oferta de trabajo 구직/구인
　 (el) puesto de trabajo 일자리

연습 문제
Ejercicios

1 빈칸에 들어갈 말을 골라 대화를 완성하세요.

> promocionaron contrato jubilado
> pensión despidiendo

Miguel	Hola, ¿qué tal estás?
Lucas	Bien, estoy (1)_____ y ahora puedo dedicarme a disfrutar del tiempo.
Miguel	¡Qué suerte! Tienes una buena (2)_____, ¿verdad?
Lucas	Bueno, sí. Y tú, ¿cómo te va?
Miguel	Me hicieron por fin un (3)_____ fijo.
Lucas	¡Qué buena noticia! Pero me dijiste que estaban (4)_____ gente.
Miguel	Sí, despidieron a algunos compañeros, pero también (5)_____ a otros.
Lucas	Me alegro por ti.

2 다음 단어와 의미를 알맞게 연결하세요.

(1) sindicato • • ① dinero mensual que recibe una persona cuando deja de trabajar

(2) despedir • • ② demanda de empleo

(3) petición de un trabajo • • ③ asociación de trabajadores para defender sus intereses

(4) pensión • • ④ echar a alguien de su trabajo

XI. 경제 **Economía**

3 쇼핑
ir de compras

MP3 **48**

barato/a
형
값싼

El piso me ha salido barato.
나한테는 아파트가 쌌어요.

반 caro/a 값비싼 ➡ p. 348

bolsa
명 f
봉투

Deme una bolsa para meter lo que he comprado.
구입한 것을 담기 위한 봉투를 하나 주세요.

참 (el) bolso 핸드백, 가방 ➡ p. 101

caja
명 f
카운터, 계산대, 계산소

Pasen por caja para abonar sus compras.
구입 대금을 내려면 카운터로 가세요.

참 (el/la) cajero/a 계산원 ➡ p. 84

'상자'를 뜻하기도 해요.

cambiar
동
바꾸다, 교환하다

He cambiado la mesa por un sofá.
나는 탁자를 소파로 바꿨어요.

참 (el) cambio 교환

caro/a
형
값비싼

Carmen vive en un piso caro.
카르멘은 비싼 아파트에 살아요.

반 barato/a 값싼 ➡ p. 348

cliente/a
명
손님, 고객

El **cliente** siempre tiene la razón.
고객의 말이 항상 옳아요.

---

comprar
동
구입하다, 사다

La amistad no se puede **comprar**.
우정은 살 수 없어요.

 vender 팔다 ➡ p. 351
참 (la) compra 구입, 구매
관 comprar a plazos 할부로 구입하다
　　comprar por Internet 인터넷으로 구입하다

---

dependiente/a
명
종업원

La **dependienta** nos enseñó las camisas muy amablemente.
종업원이 우리에게 셔츠를 아주 친절하게 보여 줬어요.

 depender de algo/alguien ~에 종속되다, ~에 좌우되다

---

descuento
명 ⓜ
할인

He conseguido un buen **descuento** en la compra del televisor.
나는 텔레비전을 살 때 많은 할인을 받을 수 있었어요.

 (la) rebaja ➡ p. 351

---

devolver
동
돌려주다, 환불해 주다

Si no queda satisfecho con la compra, le **devolvemos** su dinero.
구입한 것에 만족하지 못하시면 돈을 환불해 드려요.

 (la) devolución 환불

3 쇼핑 ir de compras

en efectivo
명 (f)
현금으로

¿Puedo pagar **en efectivo**?
현금으로 지불해도 되나요?

유 al contado, en metálico
관 pagar con tarjeta 카드로 계산하다

envolver
동
포장하다

Mi hermana **envuelve** el regalo con un papel de colores.
내 동생은 선물을 색종이로 포장해요.

garantía
명 (f)
보증, 보증서

El coche tiene una **garantía** de dos años.
그 차는 2년의 보증서가 있어요.

oferta
명 (f)
제공, 공급

Esta camisa está en **oferta** y por eso sale tan barata.
이 셔츠는 할인 중이라서 그렇게 싼 거예요.

유 (la) rebaja ➡ p. 351
관 estar en/de oferta 특별가이다, 할인 중이다

precio
명 (m)
가격

Pagaste un **precio** exagerado por esos zapatos.
당신은 그 신발에 지나친 가격을 지불했어요.

유 (el) valor, (el) coste ➡ p. 327
관 bajar/subir el precio 가격을 내리다/올리다

rebaja
명 (f)
할인, 세일

Me voy a comprar esta blusa bonita que está de rebaja.
나는 할인 중인 이 예쁜 블라우스를 살 거예요.

관 rebajar, estar rebajado/a, estar de rebaja
할인하다, 세일하다

recibo
명 (m)
영수증

Para el cambio es necesario presentar el recibo de compra.
교환하려면 구입 영수증을 제시해야 해요.

유 (la) factura

tener suelto
잔돈을 가지고 있다

No tengo suelto para el periódico.
신문에 쓸 잔돈이 없어요.

유 tener cambio

tienda
명 (f)
상점, 가게

Han cerrado la tienda de la esquina porque no vendía casi nada.
모퉁이의 상점은 거의 아무것도 팔지 못해서 폐업했어요.

유 (el) comercio

vender
동
팔다

Michel se dedica a vender coches importados.
미첼은 수입 자동차 판매업에 종사해요.

반 (la) compra 구입
참 (la) venta 판매

연습 문제
Ejercicios

1 밑줄 친 부분과 바꿔 쓸 수 있는 표현을 골라 쓰세요.

> subir el precio   en oferta
> hacer un descuento   en efectivo

(1) El dependiente le ofrece a Isabel algunos productos <u>más baratos</u>. ( )

(2) Isabel siempre paga <u>con dinero</u>. ( )

(3) El dependiente dice que <u>aumentarán el coste</u> del televisor. ( )

(4) A Isabel le gusta que le <u>rebajen el precio</u> de lo que compra. ( )

2 다음 표현과 함께 쓸 수 있는 동사를 쓰세요.

(1) el precio de la gasolina ( )
(2) una devolución / un cambio ( )
(3) un descuento ( )
(4) garantía ( )

3 설명에 해당하는 단어를 골라 쓰세요.

> plazos   garantía   devolución   precio

(1) La fábrica de esta lavadora reparará las averías durante dos años. ( )

(2) Esta es la cantidad de dinero que hay que pagar por esta cosa. ( )

(3) Son partes de una cantidad de dinero que hay que pagar por un objeto comprado. ( )

(4) Hacer el cambio de algo que no funciona. ( )

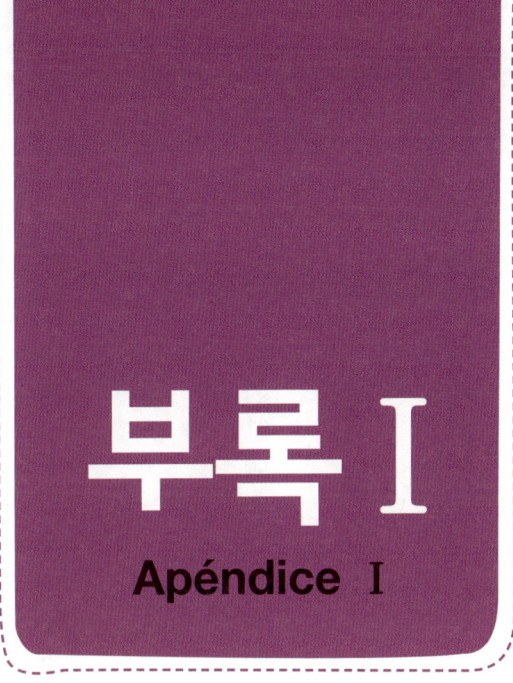

부록 I
Apéndice I

- **추가 어휘**
  Más vocabulario

- **규칙·불규칙 동사표**
  Verbos regulares e irregulares

추가 어휘 Más vocabulario

1 수 número

1	uno	29	veintinueve
2	dos	30	treinta
3	tres	31	treinta y uno
4	cuatro	40	cuarenta
5	cinco	50	cincuenta
6	seis	60	sesenta
7	siete	70	setenta
8	ocho	80	ochenta
9	nueve	90	noventa
10	diez	100	cien(to)
11	once	200	doscientos
12	doce	300	trescientos
13	trece	400	cuatrocientos
14	catorce	500	quinientos
15	quince	600	seiscientos
16	dieciséis	700	setecientos
17	diecisiete	800	ochocientos
18	dieciocho	900	novecientos
19	diecinueve	1.000	mil
20	veinte	10.000	diez mil
21	veintiuno	100.000	cien mil
22	veintidós	1.000.000	un millón
23	veintitrés	2.000.000	dos millones
24	veinticuatro	100.000.000	cien millones
25	veinticinco	1.000.000.000	mil millones
26	veintiséis	10.000.000.000	diez mil millones
27	veintisiete	100.000.000.000	cien mil millones
28	veintiocho	1.000.000.000.000	un billón

❷ 계산 cálculo

añadir 동 더하다
dividir 동 나누다
doble 명 m 두 배 형 두 배의
la mitad 명 1/2
un medio 명 1/2

multiplicar 동 곱하다
por ciento 퍼센트, %
restar 동 빼다
triple 명 m 세 배 형 세 배의
un cuarto 1/4
un tercio 1/3

❸ 형태 forma, 도량형 medida

agudo/a 형 뾰족한
capacidad 명 f 용적, 용량
cara 명 f 면, 쪽
centímetro 명 m 센티미터, cm
centímetro cuadrado
  명 m 제곱센티미터, cm^2
circular 형 둥근, 원형의
(el) círculo 명 m 원
cuadrado 명 m 사각형 형 사각형의
cubo 명 m 입방체
cúbico/a 형 입방의, 세제곱의
diagonal 형 대각선의
distancia 명 f 거리
fondo 명 m 밑바닥
gramo 명 m 그램, g
kilogramo 명 m 킬로그램, kg
kilómetro 명 m 킬로미터, km
kilómetro cuadrado
  명 m 제곱킬로미터, km^2

lado 명 m 옆, 쪽
largo 명 m 길이 형 긴
litro 명 m 리터, ℓ
metro 명 m 미터, m
metro cuadrado 명 m 제곱미터, m^2
metro cúbico 명 m 입방미터, m^3
miligramo 명 m 밀리그램, mg
milímetro 명 m 밀리미터, mm
par 명 m 한 쌍, 한 벌, 한 짝
peso 명 m 무게
rectangular 형 직사각형의
(el) rectángulo 명 m 직사각형
redondo/a 형 둥근
superficie 명 f 표면
triangular 형 삼각형의
(el) triángulo 명 m 삼각형

4 시간 관련 표현 tiempo

ahora 부 지금
anoche 부 어젯밤
anteayer 부 그저께
ayer 부 어제
calendario 명 (m) 달력, 캘린더
día 명 (m) 날
todo el día 하루 종일
todos los días 매일
de día 낮에
fecha 명 (f) 날짜
fin de semana 명 (m) 주말
hora 명 (f) 시간, 시
hoy 부 오늘
mañana 명 (f) 아침 부 내일
pasado mañana 모레
por la mañana/tarde/noche 오전/오후/밤에
medianoche 명 (f) 자정
mediodía 명 (m) 정오
mes 명 (m) 달, 개월
minuto 명 (m) 분
noche 명 (f) 밤
de noche 밤에
segundo 명 (m) 초 형 두 번째
semana 명 (f) 주
(la) semana pasada 지난주
siempre 부 항상
tarde 명 (f) 오후 부 늦게

5 요일 días de la semana

lunes 명 (m) 월요일
martes 명 (m) 화요일
miércoles 명 (m) 수요일
jueves 명 (m) 목요일
viernes 명 (m) 금요일
sábado 명 (m) 토요일
domingo 명 (m) 일요일

6 월 mes

enero 명 (m) 1월
febrero 명 (m) 2월
marzo 명 (m) 3월
abril 명 (m) 4월
mayo 명 (m) 5월
junio 명 (m) 6월
julio 명 (m) 7월
agosto 명 (m) 8월
septiembre 명 (m) 9월
octubre 명 (m) 10월
noviembre 명 (m) 11월
diciembre 명 (m) 12월

7 계절 estación

primavera 명 ⓕ 봄
verano 명 ⓜ 여름

otoño 명 ⓜ 가을
invierno 명 ⓜ 겨울

8 색깔 color

amarillo/a 명 노란색 형 노란색의

anaranjado/a 명 주황색
　　　　　　 형 주황색의
　　　　　　 유 naranja

azul 명 파란색 형 파란색의

beige 명 베이지 형 베이지의

blanco/a 명 흰색 형 흰색의

colorido/a 명 다채색
　　　　　 형 다채색의, 여러 색의
　　　　　 유 multicolor

dorado/a 명 금색
　　　　　형 금색, 금도금의

gris 명 회색 형 회색의

marrón 명 밤색 형 밤색의

negro/a 명 검은색 형 검은색의

plateado/a 명 은색
　　　　　　형 은색의, 은도금의

rojo/a 명 빨간색 형 빨간색의

rosado/a 명 분홍색 형 분홍색의

verde 명 녹색 형 녹색의

violeta 명 보라색 형 보라색의
　　　　유 morado/a

9 스페인어권 국가들 países hispanohablantes

아르헨티나 Argentina
볼리비아 Bolivia
콜롬비아 Colombia
코스타리카 Costa Rica
쿠바 Cuba
칠레 Chile
에콰도르 Ecuador
스페인 España
과테말라 Guatemala
온두라스 Honduras

멕시코 México
니카라과 Nicaragua
파나마 Panamá
파라과이 Paraguay
페루 Perú
푸에르토리코 Puerto Rico
도미니카공화국 República Dominicana
엘살바도르 El Salvador
우루과이 Uruguay
베네수엘라 Venezuela

10 국명과 국적 형용사 países y nacionalidades

Afganistán	아프가니스탄	afgano/a	아프가니스탄인
África	아프리카	africano/a	아프리카인
Alemania	독일	alemán(a)	독일인
Arabia Saudí	사우디아라비아	saudí o saudita (Arabia Saudita)	사우디아라비아인
Argelia	알제리	argelino/a	알제리인
Asia	아시아	asiático/a	아시아인
Australia	오스트레일리아	australiano/a	오스트레일리아인
Austria	오스트리아	austriaco/a	오스트리아인
Bélgica	벨기에	belga	벨기에인
Bolivia	볼리비아	boliviano/a	볼리비아인
Brasil	브라질	brasileño/a	브라질인
Bulgaria	불가리아	búlgaro/a	불가리아인
Canadá	캐나다	canadiense	캐나다인
Chile	칠레	chileno/a	칠레인
China	중국	chino/a	중국인
Corea del Norte	북한	norcoreano/a	북한인
Corea del Sur	남한	surcoreano/a	남한인
Colombia	콜롬비아	colombiano/a	콜롬비아인
Costa Rica	코스타리카	costarricense	코스타리카인
Croacia	크로아티아	croata	크로아티아인
Cuba	쿠바	cubano/a	쿠바인
Dinamarca	덴마크	danés(a)	덴마크인
Ecuador	에콰도르	ecuatoriano/a	에콰도르인
Egipto	이집트	egipcio/a	이집트인
El Salvador	엘살바도르	salvadoreño/a	엘살바도르인
España	스페인	español(a)	스페인인
Estados Unidos	미국	estadounidense	미국인
Europa	유럽	europeo/a	유럽인
Filipinas	필리핀	filipino/a	필리핀인
Francia	프랑스	francés(a)	프랑스인
Grecia	그리스	griego/a	그리스인

추가 어휘

Guatemala	과테말라	guatemalteco/a	과테말라인
Holanda	네덜란드	holandés(a)	네덜란드인
Honduras	온두라스	hondureño/a	온두라스인
Inglaterra, Gran Bretaña	영국	inglés(a), (británico/a)	영국인
India	인도	indio/a	인도인
Irán	이란	iraní	이란인
Iraq	이라크	iraquí	이라크인
Irlanda	아일랜드	irlandés(a)	아일랜드인
Israel	이스라엘	israelí	이스라엘인
Italia	이탈리아	italiano/a	이탈리아인
Japón	일본	japonés(a)	일본인
México	멕시코	mexicano/a	멕시코인
Mónaco	모나코	monegasco/a	모나코인
Nicaragua	니카라과	nicaragüense	니카라과인
Noruega	노르웨이	noruego/a	노르웨이인
Nueva Zelanda	뉴질랜드	neozelandés(a)	뉴질랜드인
Pakistán	파키스탄	pakistaní	파키스탄인
Panamá	파나마	panameño/a	파나마인
Paraguay	파라과이	paraguayo/a	파라과이인
Perú	페루	peruano/a	페루인
Polonia	폴란드	polaco/a	폴란드인
Portugal	포르투갈	portugués(a)	포르투갈인
Puerto Rico	푸에르토리코	puertorriqueño/a	푸에르토리코인
República Dominicana	도미니카 공화국	dominicano/a	도미니카 공화국인
Rumania	루마니아	rumano/a	루마니아인
Rusia	러시아	ruso/a	러시아인
Suecia	스웨덴	sueco/a	스웨덴인
Suiza	스위스	suizo/a	스위스인
Tailandia	태국	tailandés(a)	태국인
Turquía	터키	turco/a	터키인
Ucrania	우크라이나	ucraniano/a	우크라이나인
Venezuela	베네수엘라	venezolano/a	베네수엘라인
Vietnam	베트남	vietnamita	베트남인

11 주요 표지 principales signos y señales

 Abierto
개점

 Libre
빈 차, 빈 칸, 빈 좌석

 ¡Alto!
정지!

 Mujer /Señora/Dama
여성(용)

 Cerrado
휴점, 폐점

 Ocupado
사용 중

 Dirección única
일방통행

 ¡Peligro!
위험!

 En venta
판매 중

 Prohibido el paso
통행금지, 출입금지

 Hombre /Señor/Caballero
남성(용)

 Prohibido fumar
금연

 Aviso
공지, 경고

 Prohibido sacar fotos
촬영금지

 Oficina de información
관광 안내소

 prohibida la entrada a perros
개 동반 금지

12 자주 쓰는 두문자어 siglas

ADN	ácido desoxirribonucleico	DNA
AVE	Alta Velocidad Española	스페인 고속철도
BUP	Bachillerato Unificado Polivalente	고등학교, 교육과정
CC.OO.	Comisiones Obreras	노동자 연맹 (스페인의 최대 노동조합)
CE	Comunidad Europea	EU (유럽연합)
CEE	Comunidad Económica Europea	유럽경제공동체
COI	Comité Olímpico Internacional	IOC (국제올림픽위원회)
COU	Curso de Orientación Universitaria	대입 준비 과정
DGT	Dirección General de Tráfico	스페인 교통국
DNI	Documento Nacional de Identidad	신분증
EE.UU.	Estados Unidos	미국
EGB	Educación General Básica	초등교육과정
ESO	Educación Secundaria Obligatoria	의무 중등교육
FIFA	Federación Internacional de Fútbol Asociación	국제축구연맹
FMI	Federación Monetaria Internacional	IMF (국제금융기구)
IATA	International Air Transport Association	세계항공운송협회
INEM	Instituto Nacional de Empleo	고용 기구
IPC	índice de precios al consumo	소비자물가지수
MERCOSUR	Mercado Común del Sur	남미 공동 시장
OCDE	Organización para la Cooperación y el Desarrollo Económico	OECD (경제협력개발기구)
ONCE	Organización Nacional de Ciegos Españoles	스페인시각장애인협회
ONG	organización no gubernamental	NGO (비정부기구)
ONU	Naciones Unidas	UN (국제연합)
OTAN	Organización del Tratado del Atlántico Norte	NATO (북대서양조약기구)
Ovni	objeto volante no identificado	UFO (미확인비행물체)
PIB	producto interior bruto	GDP (국내총생산)
PNB	producto nacional bruto	GNP (국민총생산)
RENFE	Red Nacional de los Ferrocarriles Españoles	스페인 철도 조직
SIDA	síndrome de inmunodeficiencia adquirida	AIDS (후천성 면역결핍증)
TAE	Tasa Anual de Equivalencia	연이율
UE	Unión Europea	EU (유럽연합)
UEFA	Union of European Football Associations	유럽축구연맹

⓭ 자주 쓰는 약어 abreviaturas

@	arroba @기호
AA. VV. (=VV. AA.)	autores varios (varios autores) 다수의 작가
a.C.	antes de Cristo 기원전
apdo.	apartado 사서함
art. , art.º	artículo 조항
av. , avd. , avda.	avenida 대로
c/ , cl.	calle 거리
cap.	capítulo 장
Comp. , Cía.	Compañía 상사, 회사
C.P.	código postal 우편번호
cta.	cuenta 계좌
D. , D.ª, Dña.	Don / Doña ~씨
dcho.	derecho 오른쪽, 우측
d.C.	después de Cristo 기원후
dpto.	departamento 부서
Dir.	director 팀장, 사장, 과장, 감독
doc.	documento 서류
Dr. Drª	doctor(a) 박사, 의사
E.	Este 동쪽
ed. edit.	edición, editorial, editor(a) 출판, 출판사, 간행인
Fdo.	firmado 서명
H. , Hno.	hermano 수사, 신부
impr.	impronta, impreso 출판 준
Inst.	instituto 학교
Lic. , Ldo.	licenciado 석사, 변호사
n.º , núm.	número 번호
pág.	página 페이지
p.ej.	por ejemplo 예를 들어
pl. , plza. , pza.	plaza 광장
p.º	paseo 거리, ~가(街)
Prof. , Prof.ª	profesor(a) 교수님, 선생님
prov.ª	provincia 주
R.D.	Real Decreto 법령
Rep.	república 공화국
RR. HH.	recursos humanos 인력
s.	siglo 세기
S. , Sn.	San 성
SO.	Sudoeste 남서쪽
Sr. , Sra. , Srta.	Señor, Señora, Señorita ~씨
S.M. , SS.MM.	Su Majestad, Sus Majestades 폐하, 전하
S.	Sur 남쪽
V.O.	versión original 원어 버전

규칙·불규칙 동사표 Verbos regulares e irregulares

❶ 규칙 동사 verbos regulares

동사원형 현재분사 과거분사	현재	단순과거	불완료과거	미래	명령형
cenar cenando cenado 저녁 먹다	ceno cenas cena cenamos cenáis cenan	cené cenaste cenó cenamos cenasteis cenaron	cenaba cenabas cenaba cenábamos cenabais cenaban	cenaré cenarás cenará cenaremos cenaréis cenarán	cena (tú) cene (Ud.) cenemos (nosotros) cenad (vosotros) cenen (Uds.)
comer comiendo comido 먹다 점심 먹다	como comes come comemos coméis comen	comí comiste comió comimos comisteis comieron	comía comías comía comíamos comíais comían	comeré comerás comerá comeremos comeréis comerán	come (tú) coma (Ud.) comamos (nosotros) comed (vosotros) coman (Uds.)
vivir viviendo vivido 살다	vivo vives vive vivimos vivís viven	viví viviste vivió vivimos vivisteis vivieron	vivía vivías vivía vivíamos vivíais vivían	viviré vivirás vivirá viviremos viviréis vivirán	vive (tú) viva (Ud.) vivamos (nosotros) vivid (vosotros) vivan (Uds.)

❷ 불규칙 동사 Verbos irregulares

동사원형 현재분사 과거분사	현재	단순과거	불완료과거	미래	명령형
andar andando andado 걷다	ando andas anda andamos andáis andan	anduve anduviste anduvo anduvimos anduvisteis anduvieron	andaba andabas andaba andábamos andabais andaban	andaré andarás andará andaremos andaréis andarán	anda (tú) ande (Ud.) andemos (nosotros) andad (vosotros) anden (Uds.)
caer cayendo caído 떨어지다 떨어뜨리다	caigo caes cae caemos caéis caen	caí caíste cayó caímos caísteis cayeron	caía caías caía caíamos caíais caían	caeré caerás caerá caeremos caeréis caerán	cae (tú) caiga (Ud.) caigamos (nosotros) caed (vosotros) caigan (Uds.)

동사원형 현재분사 과거분사	현재	단순과거	불완료과거	미래	명령형
dar dando dado 주다	doy das da damos dais dan	di diste dio dimos disteis dieron	daba dabas daba dábamos dabais daban	daré darás dará daremos daréis darán	da (tú) dé (Ud.) demos (nosotros) dad (vosotros) den (Uds.)
decir diciendo dicho 말하다	digo dices dice decimos decís dicen	dije dijisteis dijo dijimos dijisteis dijeron	decía decías decía decíamos decíais decían	diré dirás dirá diremos diréis dirán	di (tú) diga (Ud.) digamos (nosotros) decid (vosotros) digan (Ud.)
estar estando estado ~이다 ~이 있다	estoy estás está estamos estáis están	estuve estuviste estuvo estuvimos estuvisteis estuvieron	estaba estabas estaba estábamos estabais estaban	estaré estarás estará estaremos estaréis estarán	está (tú) esté (Ud.) estemos (nosotros) estad (vosotros) estén (Uds.)
haber habiendo habido ~이 있다	he has ha hemos habéis han	hube hubiste hubo hubimos hubisteis hubieron	había habías había habíamos habíais habían	habré habrás habrá habremos habréis habrán	
hacer haciendo hecho 하다	hago haces hace hacemos hacéis hacen	hice hiciste hizo hicimos hicisteis hicieron	hacía hacías hacía hacíamos hacíais hacían	haré harás hará haremos haréis harán	haz (tú) haga (Ud.) hagamos (nosotros) haced (vosotros) hagan (Uds.)
ir yendo ido 가다	voy vas va vamos vais van	fui fuiste fue fuimos fuisteis fueron	iba ibas iba íbamos ibais iban	iré irás irá iremos iréis irán	ve (tú) vaya (Ud.) vayamos (nosotros) id (vosotros) vayan (Uds.)
oír oyendo oído 듣다	oigo oyes oye oímos oís oyen	oí oíste oyó oímos oísteis oyeron	oía oías oía oíamos oíais oían	oiré oirás oirá oiremos oiréis oirán	oye (tú) oiga (Ud.) oigamos (nosotros) oíd (vosotros) oigan (Uds.)
poder pudiendo podido ~할 수 있다	puedo puedes puede podemos podéis pueden	pude pudiste pudo pudimos pudisteis pudieron	podía podías podía podíamos podíais podían	podré podrás podrá podremos podréis podrán	

규칙·불규칙 동사표

동사원형 / 현재분사 / 과거분사	현재	단순과거	불완료과거	미래	명령형
poner poniendo puesto 놓다, 두다	pongo pones pone ponemos ponéis ponen	puse pusiste puso pusimos pusisteis pusieron	ponía ponías ponía poníamos poníais ponían	pondré pondrás pondrá pondremos pondréis pondrán	pon (tú) ponga (Ud.) pongamos (nosotros) poned (vosotros) pongan (Uds.)
querer queriendo querido 원하다 좋아하다	quiero quieres quiere queremos queréis quieren	quise quisiste quiso quisimos quisisteis quisieron	quería querías quería queríamos queríais querían	querré querrás querrá querremos querréis querrán	quiere (tú) quiera (Ud.) queramos (nosotros) quered (vosotros) quieran (Uds.)
saber sabiendo sabido 알다	sé sabes sabe sabemos sabéis saben	supe supiste supo supimos supisteis supieron	sabía sabías sabía sabíamos sabíais sabían	sabré sabrás sabrá sabremos sabréis sabrán	sabe (tú) sepa (Ud.) sepamos (nosotros) sabed (vosotros) sepan (Uds.)
salir saliendo salido 나가다 출발하다	salgo sales sale salimos salís salen	salí saliste salió salimos salisteis salieron	salía salías salía salíamos salíais salían	saldré saldrás saldrá saldremos saldréis saldrán	sal (tú) salga (Ud.) salgamos (nosotros) salid (vosotros) salgan (Uds.)
ser siendo sido ~이다	soy eres es somos sois son	fui fuiste fue fuimos fuisteis fueron	era eras era éramos erais eran	seré serás será seremos seréis serán	sé (tú) sea (Ud.) seamos (nosotros) sed (vosotros) sean (Uds.)
tener teniendo tenido 가지다	tengo tienes tiene tenemos tenéis tienen	tuve tuviste tuvo tuvimos tuvisteis tuvieron	tenía tenías tenía teníamos teníais tenían	tendré tendrás tendrá tendremos tendréis tendrán	ten (tú) tenga (Ud.) tengamos (nosotros) tened (vosotros) tengan (Uds.)
traer trayendo traído 가져오다	traigo traes trae traemos traéis traen	traje trajiste trajo trajimos trajisteis trajeron	traía traías traía traíamos traíais traían	traeré traerás traerá traeremos traeréis traerán	trae (tú) traiga (Ud.) traigamos (nosotros) traed (vosotros) traigan (Uds.)
venir viniendo venido 오다	vengo vienes viene venimos venís vienen	vine viniste vino vinimos vinisteis vinieron	venía venías venía veníamos veníais venían	vendré vendrás vendrá vendremos vendréis vendrán	ven (tú) venga (Ud.) vengamos (nosotros) venid (vosotros) vengan (Uds.)

동사원형 현재분사 과거분사	현재	단순과거	불완료과거	미래	명령형
ver viendo visto 보다	veo ves ve vemos veis ven	vi viste vio vimos visteis vieron	veía veías veía veíamos veíais veían	veré verás verá veremos veréis verán	ve (tú) vea (Ud.) veamos (nosotros) ved (vosotros) vean (Uds.)
pensar (e → ie) pensando pensado 생각하다	pienso piensas piensa pensamos pensáis piensan	pensé pensaste pensó pensamos pensasteis pensaron	pensaba pensabas pensaba pensábamos pensabais pensaban	pensaré pensarás pensará pensaremos pensaréis pensarán	piensa (tú) piense (Ud.) pensemos (nosotros) pensad (vosotros) piensen (Uds.)
volver (o → ue) volviendo vuelto 돌아가다	vuelvo vuelves vuelve volvemos volvéis vuelven	volví volviste volvió volvimos volvisteis volvieron	volvía volvías volvía volvíamos volvíais volvían	volveré volverás volverá volveremos volveréis volverán	vuelve (tú) vuelva (Ud.) volvamos (nosotros) volved (vosotros) vuelvan (Uds.)
dormir (o → ue, u) durmiendo dormido 잠자다	duermo duermes duerme dormimos dormís duermen	dormí dormiste durmió dormimos dormisteis durmieron	dormía dormías dormía dormíamos dormíais dormían	dormiré dormirás dormirá dormiremos dormiréis dormirán	duerme (tú) duerma (Ud.) durmamos (nosotros) dormid (vosotros) duerman (Uds.)
sentir (e → ie, i) sintiendo sentido 느끼다	siento sientes siente sentimos sentís sienten	sentí sentiste sintió sentimos sentisteis sintieron	sentía sentías sentía sentíamos sentíais sentían	sentiré sentirás sentirá sentiremos sentiréis sentirán	siente (tú) sienta (Ud.) sintamos (nosotros) sentid (vosotros) sientan (Uds.)
pedir (e → i) pidiendo pedido 부탁하다	pido pides pide pedimos pedís piden	pedí pediste pidió pedimos pedisteis pidieron	pedía pedías pedía pedíamos pedíais pedían	pediré pedirás pedirá pediremos pediréis pedirán	pide (tú) pida (Ud.) pidamos (nosotros) pedid (vosotros) pidan (Uds.)
reír (e → i) riendo reído 웃다	río ríes ríe reímos reís ríen	reí reíste rió reímos reísteis rieron	reía reías reía reíamos reíais reían	reiré reirás reirá reiremos reiréis reirán	ríe (tú) ría (Ud.) riamos (nosotros) reíd (vosotros) rían (Uds.)
seguir (e → i) siguiendo seguido 쫓다 계속하다	sigo sigues sigue seguimos seguís siguen	seguí seguiste siguió seguimos seguisteis siguieron	seguía seguías seguía seguíamos seguíais seguían	seguiré seguirás seguirá seguiremos seguiréis seguirán	sigue (tú) siga (Ud.) sigamos (nosotros) seguid (vosotros) sigan (Uds.)

동사원형 현재분사 과거분사	현재	단순과거	불완료과거	미래	명령형
construir (i → y) construyendo construido 건축하다	construyo construyes construye construimos construís construyen	construí construiste construyó construimos construisteis construyeron	construía construías construía construíamos construíais construían	construiré construirás construirá construiremos construiréis construirán	construye (tú) construya (Ud.) construyamos (nosotros) construid (vosotros) construyan (Uds.)
producir (c → zc) produciendo producido 생산하다	produzco produces produce producimos producís producen	produje produjiste produjo produjimos produjisteis produjeron	producía producías producía producíamos producíais producían	produciré producirás producirá produciremos produciréis producirán	pruduce (tú) produzca (Ud.) produzcamos (nosotros) producid (vosotros) produzcan (Uds.)

❸ 어간이 변하는 기타 불규칙 동사

- **pensar** (e → i)와 유사하게 변화하는 동사:
  sentar (앉다), **comenzar** (시작하다), **empezar** (시작하다), **cerrar** (닫다),
  entender (이해하다), **perder** (잃어버리다), **preferir** (선호하다), etc.

- **dormir** (o → ue)와 유사하게 변화하는 동사:
  almorzar (점심 먹다), **encontrar** (찾다, 만나다), **jugar** (놀다), **recordar** (기억하다), etc.

- **pedir, reír** (e → i)와 유사하게 변화하는 동사:
  elegir (선택하다), **repetir** (반복하다), **servir** (서비스하다, 쓰이다), **vestir** (옷 입다), etc.

- **construir** (i → y)와 유사하게 변화하는 동사:
  concluir (끝내다, 마치다), **huir** (도망가다), etc.

- **producir** (c → zc)와 유사하게 변화하는 동사:
  conducir (운전하다), **conocer** (알다), etc.

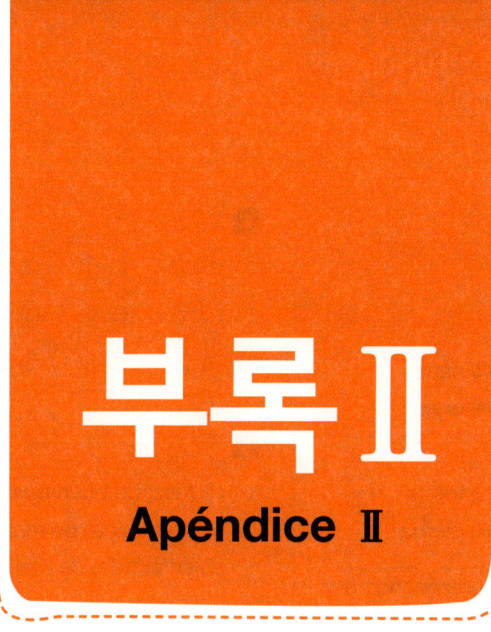

- 정답
  Clave

- 색인 ❶
  Índice ❶

- 색인 ❷
  Índice ❷

정답 clave

Ⅰ 인간

1 몸

1. (1) rodilla (2) nariz
   (3) pie (4) oreja
   (5) cuello

2. (1) oreja (2) frente
   (3) codo (4) pierna

3.
tronco	pecho, corazón, hombro
cabeza	cejas, lengua
pie	dedo, uña

2 신체적 특성

1. (1) Santiago (2) Carmen
   (3) Sofía (4) Gabriel

2. (1) ④ (2) ① (3) ② (4) ③

3 동작, 생리현상

1. (1) ⑤ (2) ① (3) ④ (4) ⑥
   (5) ③ (6) ②

2. (1) reír (2) saltar
   (3) estar de pie (4) aplaudir
   (5) sudar

3. (1) saboreas (2) ves
   (3) olemos (4) oís

4 성격

1. (1) ④ (2) ① (3) ③ (4) ②
2. (1) ① (2) ② (3) ② (4) ③
3. (1) ② (2) ③ (3) ①

5 감정

1. (1) feliz, de buen humor, contento
   (2) deprimida, de mal humor
   (3) enfadada, de mal humor

2. (1) aburrida (2) estresada

6 정신 활동

1. (1) ② (2) ③ (3) ①
2. (1) ② (2) ③ (3) ①
3. (1) entiendo (2) buscas
   (3) has encontrado

7 건강, 질병

1.
el/la médico/a	curar, recetar
el/la paciente	vomitar, toser, sangrar, marearse

2. (1) ④ (2) ① (3) ② (4) ③

3. (1) doler (2) herir
   (3) recetar (4) sangrar

Ⅱ 인간관계와 사회

① 가족

1. (1) prima (2) yerno
   (3) nieta (4) nuera
   (5) abuelo (6) suegro
2. (1) ③ (2) ② (3) ① (4) ①
   (5) ③
3. ③

② 인생

1. nacer → juventud → casarse → criar hijos → vejez → morir
2. (1) anciano
   (2) joven, muchacha
   (3) pareja, jóvenes, muchachos
   (4) tener éxito, muchacha
   (5) dar a luz
3. (1) ③ (2) ② (3) ①

③ 인간관계

1. (1) ③ (2) ① (3) ② (4) ④
2. (1) caballero (2) cosa
   (3) anciano
3. (1) me cae bien (2) vecinos
   (3) colegas (4) madrina

④ 일상적인 일

1. (1) acostarse
   (2) hacer la cama
   (3) pasear al perro

2.
Para cuidarse	ducharse, lavarse las manos, correr diariamente
Para divertirse	comprar, leer, ver la televisión, escuchar música
Para trabajar	estudiar, preparar documentos

3. (1) ven (2) salir
   (3) hace (4) saca
   (5) me ducho

⑤ 직업

1. (1) ④ (2) ③ (3) ① (4) ⑤
   (5) ② (6) ⑥
2. (1) bombero (2) veterinaria
   (3) dependienta (4) cartero

Ⅲ 의생활

① 옷

1. (1) ③ (2) ⑤ (3) ② (4) ④
   (5) ①
2. (1) ③ (2) ① (3) ② (4) ④
3. (1) pijama (2) bañador
   (3) camisa (4) calzoncillos

② 신발, 소품

1. (1) ③ (2) ④ (3) ① (4) ②
   (5) ⑤
2. (1) ② (2) ⑤ (3) ① (4) ④
   (5) ③

3

cabeza	①, ⑤, ⑦, ⑫
cuello	⑧, ⑨, ⑩
mano	③, ④, ⑪
pies	②, ⑥

❸ 모양, 재료

1 (1) ②   (2) ④   (3) ①   (4) ③

2 (1) de rayas   (2) estampado/a
   (3) de lunares   (4) de cuadros

3 (1) ②   (2) ④   (3) ①   (4) ③

❹ 미용, 위생

1 (1) ④   (2) ③   (3) ⑤   (4) ①
   (5) ②

2 (1) jabón   (2) el peine
   (3) el secador   (4) las tijeras
   (5) la maquinilla de afeitar
   (6) el cepillo

Ⅳ 식생활

❶ 음식

1 (1) uva   (2) tarta
   (3) queso   (4) ajo

2 (1) ③   (2) ⑤   (3) ③   (4) ④
   (5) ⑤   (6) ②   (7) ④   (8) ③

3 (1) ②   (2) ③   (3) ④   (4) ①

4 (1) pescado   (2) sopa
   (3) miel

❷ 맛, 조리법

1 (1) pescado al horno
   (2) soso
   (3) no le ha sabido a nada
   (4) fresco

2 (1) ③   (2) ④   (3) ①   (4) ②

3 (1) ②   (2) ④   (3) ①   (4) ③

❸ 상점, 식당

1 (1) 상점: panadería
      상인: panadero/a
   (2) 상점: frutería
      상인: frutero/a
   (3) 상점: pescadería
      상인: pescadero/a
   (4) 상점: carnicería
      상인: carnicero/a

2 ⑤-⑦-④-③-①-⑥-②

Ⅴ 집

❶ 집

1 (1) ②   (2) ⑤   (3) ④   (4) ③
   (5) ①

2 (1) ⑥, ②, ⑦, ⑤   (2) ①   (3) ④
   (4) ③

3 (1) ④   (2) ⑤   (3) ①   (4) ③
   (5) ②

2 주방, 욕실

1 (1) ③   (2) ①   (3) ②   (4) ③
   (5) ②   (6) ①   (7) ①

2 (1) ③   (2) ④   (3) ⑤   (4) ②
   (5) ①

3 (1) ③   (2) ⑥   (3) ①   (4) ⑤
   (5) ②   (6) ⑦   (7) ④

3 침실, 거실

1 (1) ordenador, computadora
   (2) silla
   (3) alfombra
   (4) cama
   (5) despertador

2 (1) ②   (2) ④   (3) ①   (4) ③
   (5) ⑤

3

electro-domésticos	aire acondicionado, televisión, equipo de música, ordenador
muebles	mesilla de noche, silla, cama, cajón, sillón

4 집안일

1 (1) escoba   (2) trapo
   (3) detergente (4) sacar
   (5) estropeada

2 (1) ②   (2) ⑤   (3) ④   (4) ①
   (5) ③

3 (1) poner la mesa
   (2) quitar el polvo
   (3) hacer la cama

Ⅵ 자연

1 우주, 지구, 지리

1 (1) ① hemisferio norte
       ② polo norte
       ③ ecuador
   (2) ① norte ② oeste ③ este

2 (1) ③   (2) ④   (3) ⑤   (4) ①
   (5) ②

3 (1) isla, mar   (2) playa
   (3) desiertos   (4) océanos
   (5) ríos

2 날씨, 자연현상

1 (1) Llueve (Está lloviendo).
   (2) Hay mucha niebla.
   (3) Hace mucho frío.
   (4) Hace mucho calor.

2 (1) ④, ⑤, ⑦
   (2) ①, ②, ③, ⑥, ⑧

3 (1) F   (2) V   (3) F   (4) V
   (5) V

3 동물

1 (1) 말 (caballo)   (2) 소 (vacas)
   (3) 새 (pájaros)   (4) 물고기 (pez)

2 (1) ③   (2) ④   (3) ②   (4) ①

3

insecto	hormiga, mosca, araña, cucaracha, mariposa
pájaro	paloma, gallina, águila
mamífero	oveja, ratón, burro, conejo, tigre, lobo

❹ 식물

1. (1) invernadero (2) girasoles
   (3) hierbas (4) huerto
2. (1) ④ (2) ③ (3) ① (4) ②
3. (1) rosa (2) invernadero
   (3) mosca (4) coser

❺ 환경

1. (1) A (2) B
   (3) A (4) B
   (5) C (6) A
2. (1) reciclar
   (2) contaminación
   (3) medio ambiente, ecologista
   (4) calentamiento

Ⅶ 도시

❶ 건물, 길

1. (1) en la iglesia
   (2) en una parada de autobús
   (3) en la estación de tren
   (4) en la tintorería

2. (1) ④ (2) ① (3) ③ (4) ②
3. (1) ② (2) ① (3) ① (4) ②

❷ 교통

1. (1) ③ (2) ④ (3) ① (4) ②
2. (1) metro (2) avión
   (3) taquilla (4) conducir
3. (1) cinturón de seguridad
   (2) atasco
   (3) azafatas, despega

❸ 위치

1. (1) ③ (2) ② (3) ①
2. (1) debajo de
   (2) encima de / sobre
   (3) al lado de / a la derecha de
   (4) detrás de

Ⅷ 문화

❶ 교육

1. (1) explica (2) matriculo
   (3) asistir (4) aprender
2. (1) ④ (2) ⑤ (3) ③ (4) ②
   (5) ①
3.

profesor/a	②
alumno/a	①, ③, ⑤, ⑦, ⑧
profesor/a, alumno/a	④, ⑥

2 언어, 문학

1. (1) lectores (2) autor
   (3) personaje (4) publica
2. (1) ② (2) ④ (3) ⑤ (4) ③
   (5) ①
3. (1) ④ (2) ③ (3) ① (4) ②

3 종교, 기타 학문

1. (1) sociólogo/a (2) químico/a
   (3) psicólogo/a (4) economista
   (5) arquitecto/a
2. (1) budismo (2) periodismo
   (3) derecho (4) sacerdotes
3. (1) sociología (2) arquitectura
   (3) geografía (4) psicología

4 대중매체

1. (1) ② (2) ④ (3) ① (4) ③
2. editorial, lápiz
3. (1) locutor/a (2) episodio
   (3) debate
   (4) documental / reportaje

5 전화, 우편

1. (1) ③ (2) ① (3) ④ (4) ②
2. (1) ② (2) ① (3) ③
3. (1) cargarla (2) el prefijo
   (3) comunicando (4) cuelga

6 인터넷

1. (1) un correo
   (2) direcciones de correo
   (3) consultar
   (4) adjuntar
2. (1) ③ (2) ② (3) ① (4) ④
3. (1) virus (2) red
   (3) página web (4) arroba

IX 여가

1 영화, 연극

1. (1) rodar
   (2) espectador(a)
   (3) taquilla
   (4) director(a)
   (5) guión
2. (1) F (2) F (3) V (4) F
3. (1) asiento, subtítulos
   (2) entradas (3) estreno
   (4) ponen (5) cartelera

2 미술, 음악, 춤

1. (1) ② (2) ④ (3) ① (4) ③
2. (1) baile (2) bailarines
   (3) música (4) cantante
   (5) compositor
3. ②

3 스포츠

1. (1) ⑤　(2) ③　(3) ②　(4) ①
   (5) ⑥　(6) ④

2. (1) tenista
   (2) nadador
   (3) jugador de béisbol
   (4) atleta
   (5) futbolista
   (6) ciclista
   (7) baloncestista, jugador de baloncesto

3. (1) piscina　　(2) atleta
   (3) ajedrez　　(4) yate

4 기타 취미

1. (1) parque de atracciones
   (2) tienda, centro comercial, gran almacén, mercado
   (3) playa
   (4) circo

2. (1) dar
   (2) tapas
   (3) tomando el sol
   (4) vamos

3. ①

5 축제, 축하

1. (1) ④　(2) ③　(3) ①　(4) ②

2. (1) luna de miel　(2) aniversario
   (3) brindis　　　(4) asistir

3. (1) ①
   (2) ③, ④
   (3) ②, ⑤
   (4) ③, ④

6 여행

1. (1) ②　(2) ③　(3) ⑤　(4) ⑥
   (5) ①　(6) ④

2. (1) recepcionista　(2) gratis
   (3) alta　　　　　(4) botones

3. (1) viajeros　(2) crucero
   (3) escala

X 국가

1 국가, 정치

1. ③

2. (1) ④　(2) ③　(3) ⑤　(4) ②
   (5) ①

3. ③

2 법, 경찰

3.

동사	명사
robar	robo
acusar	acusado
insultar	insulto
vigilar	vigilante
sospechar	sospechoso/a
denunciar	denuncia
multar	multa

2. (1) ③　(2) ①　(3) ②　(4) ④
3. (1) ②　(2) ③　(3) ③　(4) ①

XI 경제

1 경제

1. (1) tarjeta de crédito
   (2) firma
   (3) libreta de banco
   (4) billete
   (5) moneda
2. (1) ③ (2) ① (3) ②
3. (1) c, p, t, l   (2) b, l, s
   (3) h, r, n, c   (4) p, r, s, t, m

2 노동

1. (1) jubilado   (2) pensión
   (3) contrato   (4) despidiendo
   (5) promocionaron
2. (1) ③ (2) ④ (3) ② (4) ①

3 쇼핑

1. (1) en oferta
   (2) en efectivo
   (3) subirán el precio
   (4) hagan un descuento
2. (1) subir, bajar
   (2) hacer, tener
   (3) estar de, haber
   (4) tener, pedir
3. (1) garantía   (2) precio
   (3) plazos   (4) devolución

색인 Índice

A

a la derecha (de) (~의) 오른쪽에 ········ 231
a la izquierda (de) (~의) 왼쪽에 ········ 232
a la parrilla 불에 구운, 석쇠에 구운, 숯불에 구운
········ 132
a pie 걸어서 ········ 218
a tiempo parcial 시간제로 ········ 342
abajo 아래로, 아래에 ········ 231
abeja (f) 꿀벌 ········ 186
abierto/a 개방적인, 열린 ········ 34
abogado/a 변호사 ········ 83
abrazar 껴안다, 포옹하다 ········ 25
abrigo (m) 코트, 외투 ········ 94
abstracto/a 추상적인 ········ 284
abuelo/a 할아버지 / 할머니 ········ 62
aburrido/a 심심한, 지겨운 ········ 41
academia (f) 학원, 학술원 ········ 238
acciones (f) 주식 ········ 334
aceite (m) 식용유, 기름 ········ 118
aceituna (f) 올리브 ········ 118
acelerar 가속하다 ········ 218
acera (f) 인도, 사람이 다니는 길 ········ 208
ácido/a 신맛의, 산성의 ········ 132
acostar 눕히다 ········ 25
acostarse 눕다, 잠자리에 들다 ········ 79
actor/actriz 배우 ········ 83
acuario (m) 수족관, 어항 ········ 186
acusado/a 피고 ········ 323
adelgazar 마르다 ········ 25
adentro 안으로 ········ 231
adjuntar 첨부하다 ········ 272
adolescente 청소년 / 청춘의, 청소년기의 ···· 67
aduana (f) 세관 ········ 308
adulto/a 성인, 어른 / 성인의 ········ 67
aeropuerto (m) 공항 ········ 218
afeitarse 면도하다 ········ 113
afición (f) 취미 ········ 299

aficionado/a 팬, ~광, (~에) 열중하는 사람 /
취미인, 흥미있는 ········ 291
afuera 밖에서, 밖으로 ········ 231
agencia de viajes (f) 여행사 ········ 308
agradable 유쾌한, 기분 좋은 ········ 34
agricultor(a) 농부 ········ 83
agua (f) 물 ········ 118, 170
aguantar 참다 ········ 41
águila (f) 매 ········ 186
aguja (f) 바늘 ········ 107
ahí 거기 ········ 231
ahorro (m) 저축, 절약 ········ 334
aire acondicionado (m) 에어컨 ········ 160
ajedrez (m) 체스 ········ 291
ajo (m) 마늘 ········ 118
al final (de) (~의) 끝에 ········ 232
al fondo (de) (~의) 안쪽에 ········ 232
al horno 오븐에 구운 / 오븐에 조리한 ········ 32
al lado (de) (~의) 옆에 ········ 232
al vapor 증기로 익힌, 찐 ········ 132
alegre 쾌활한, 명랑한 ········ 34
alegre 즐거운, 기쁜 ········ 41
alergia (f) 알레르기 ········ 52
alfombra (f) 카펫 ········ 160
algodón (m) 면 ········ 107
allí 저기 ········ 232
almacenar 저장하다, 보관하다 ········ 154
almohada (f) 베개 ········ 160
almorzar 늦은 아침을 먹다, 점심 먹다 ········ 79
alojamiento (m) 숙소 ········ 308
alquilar 빌려 주다, 임대하다, 빌리다 ········ 144
alto/a 키가 큰 ········ 20
alumno/a 학생 ········ 238
ama de casa (f) 가정주부 ········ 83
amable 상냥한, 친절한 ········ 34
amanecer 동틀 녘, 새벽 / 동이 트다 ········ 179
ambulancia (f) 앰뷸런스 ········ 52
amigo/a 친구 / 친한 ········ 75

ancho/a 넓은, 헐거운, 낙낙한	107
anciano/a 노인 / 나이 든	67
andar 걷다	25
andén ⓜ 승강장	218
anillo ⓜ 링, 반지	101
animal de compañía ⓜ 반려 동물, 애완동물	186
animar 응원하다, 북돋우다	291
aniversario ⓜ 기념일	303
anochecer 해질 녘, 석양 / 해가 지다	179
antepasado/a 선조, 조상	62
apagar la luz 불을 끄다	165
aparcamiento ⓜ 주차장	208
aparcar 주차하다	218
apartado ⓜ 사서함	266
aperitivo ⓜ 전채 요리, 애피타이저	138
apetito ⓜ 식욕	52
aplaudir 박수 치다	25
aprender 배우다, 암기하다	47, 238
apuntes ⓜ 필기, 수업 내용을 적은 것	238
aquí 여기	233
araña ⓕ 거미	186
árbitro/a 심판, 심판관	291
árbol ⓜ 나무	197
archivo ⓜ 파일	272
arco iris ⓜ 무지개	179
área de servicio ⓕ 휴게소	219
arena ⓕ 모래	170
arma ⓕ 무기	323
armario ⓜ 장, 싱크대의 장	160
arquitecto/a 건축가	83
arquitectura ⓕ 건축	253
arreglar 고치다, 수선하다	219
arrepentirse 후회하다	41
arriba 위로, 위에	233
arroba ⓕ @기호, 골뱅이	272
arroz ⓜ 쌀	118
arte ⓜ 예술	284
asado/a 구운	132
ascensor ⓜ 엘리베이터	144
asesino/a 살인자	323
asiento ⓜ 좌석	219
asignatura ⓕ 과목	238
asistente/a 조수, 가사 도우미	84
asistir 출석하다, 참석하다	239
aspiradora ⓕ 진공청소기	165
asustar 놀라게 하다, 겁주다	41
atasco ⓜ 정체, 교통 정체, 막힘	219
aterrizar 착륙하다	219
atletismo ⓜ 육상, 육상경기	291
atmósfera ⓕ 대기, 분위기	179
atropellar 치다	220
atún ⓜ 참치	119
aula ⓕ 교실	239
autobús ⓜ 버스	220
autor(a) 작가	247
avenida ⓕ 대로, 큰 길	208
avión ⓜ 비행기	220
ayuntamiento ⓜ 시청, 도청	208
azafato/a 승무원	220
azúcar ⓜ 설탕	119
azulejo ⓜ 타일	144

B

bacalao ⓜ 대구	119
bailar 춤추다	284
bajar 내리다	220
bajo cero 영하의	179
bajo/a 키가 작은	20
balcón ⓜ 발코니	144
balón ⓜ 공	292
baloncesto ⓜ 농구	292
bañador ⓜ 수영복	94
bañarse 목욕하다	79
banco ⓜ 은행, 긴 의자, 벤치	208
banda sonora ⓕ 사운드트랙, 영화음악	278

bañera ⓕ 욕조 ········· 154
banquete ⓜ 연회 ········· 303
bar ⓜ 바 ········· 138
barato/a 값싼 ········· 348
barba ⓕ 턱수염 ········· 20
barco ⓜ 배 ········· 221
barra de labios ⓕ 립스틱 ········· 113
barrer 쓸다, 빗자루로 쓸다 ········· 165
barrio ⓜ 구역, 지역, 동네 ········· 209
base de datos ⓕ 데이터베이스 ········· 272
basura ⓕ 쓰레기 ········· 165, 203
batería ⓕ 배터리 ········· 266
bautizar 세례를 주다 ········· 67
bebé ⓕ 아기 ········· 67
beber 마시다 ········· 26
bebida ⓕ 음료 ········· 119
beca ⓕ 장학금 ········· 239
béisbol ⓜ 야구 ········· 292
bellas artes ⓕ 예술, 미술 ········· 253
besar 입맞춤하다, 키스하다 ········· 26
Biblia ⓕ 성경 ········· 253
biblioteca ⓕ 도서관 ········· 239
bicicleta ⓕ 자전거 ········· 221
bidé ⓜ 비데 ········· 154
billete ⓜ 티켓, 표, 지폐 ········· 221, 334
biografía ⓕ 전기 ········· 247
biología ⓕ 생물, 생물학 ········· 253
boca ⓕ 입 ········· 10
boca de metro ⓕ 지하철 입구 ········· 209
bocadillo ⓜ (스페인식) 샌드위치 ········· 119
boda ⓕ 결혼식 ········· 68, 303
bolígrafo ⓜ 볼펜 ········· 239
bolsa ⓕ 증시, 증권, 증권거래소 ········· 334
bolsa ⓕ 봉투 ········· 348
bolsillo ⓜ 주머니 ········· 94
bolso ⓜ 핸드백 ········· 101
bombero/a 소방관 ········· 84
bosque ⓜ 숲 ········· 170
bota ⓕ 부츠 ········· 101
botella ⓕ 병 ········· 133
botón ⓜ 단추 ········· 94
botones ⓜ 벨 보이 ········· 308

boxeo ⓜ 권투, 복싱 ········· 292
bragas ⓕ 여성용 팬티 ········· 94
brazo ⓜ 팔 ········· 10
brindis ⓜ 축배 ········· 303
budismo ⓜ 불교 ········· 253
bueno/a 착한, 좋은 ········· 34
bufanda ⓕ 목도리 ········· 101
burro/a 당나귀 ········· 187
buscador ⓜ 검색창 ········· 272
buscar 찾다, 바라다 ········· 47
buzón ⓜ 우체통 ········· 266

C

caballero ⓜ 신사, 기사 ········· 75
caballo ⓜ 말, 숫말 ········· 187
cabeza ⓕ 머리 ········· 10
cabina de teléfono ⓕ 공중전화 부스 ········· 266
cabra ⓕ 염소 ········· 187
cadena ⓕ 방송사, 방송국 ········· 260
caer 떨어지다, 넘어지다 ········· 26
caer bien/mal a alguien ~의 마음에 들다/ 들지 않다 ········· 75
café ⓜ 커피 ········· 120
cafetera ⓕ 커피메이커 ········· 154
cafetería ⓕ 카페, 카페테리아, 찻집 ········· 138
caja ⓕ 카운터, 계산소 ········· 348
cajero automático 현금자동지급기, 자동화기기 ········· 209
cajero/a 계산원 ········· 84
cajón ⓜ 서랍, 서랍장 ········· 160
calcetín ⓜ 양말 ········· 101
calefacción ⓕ 난방 ········· 144
calentamiento global 지구온난화 ········· 203
caliente 뜨거운 ········· 133
calle ⓕ 거리, 길 ········· 209
calor ⓜ 더위 ········· 180
calvo/a 대머리의 ········· 20
calzoncillos ⓜ 남성용 팬티 ········· 95
cama ⓕ 침대 ········· 161
cámara ⓕ 카메라 ········· 299

camarero/a	웨이터, 웨이트리스	84	casado/a 기혼자 / 결혼한	68
cambiar	바꾸다, 교환하다	348	casarse 결혼하다	68
cambio climático	기후 변화	203	casco ⓜ 헬멧	222
camión ⓜ	트럭	221	casco viejo ⓜ 구시가지	308
camisa ⓕ	셔츠, 남방	95	católico/a 가톨릭 신자 / 가톨릭의	254
camiseta ⓕ	티셔츠	95	cebolla ⓕ 양파	120
campaña electoral ⓕ	선거운동, 선거 캠페인	316	ceja ⓕ 눈썹	10
campeón(a)	챔피언	292	celebración ⓕ 개최	304
campo ⓜ	시골, 밭, 논	170	cementerio ⓜ 묘지	209
caña de azúcar ⓕ	사탕수수	197	cena ⓕ 저녁 식사	79
canal ⓜ	채널	260	céntrico/a 도심의, 중심가의	145
cancha ⓕ	트랙, 경기장	293	centro comercial ⓜ 쇼핑센터, 쇼핑몰	210
canción ⓕ	노래	284	cepillo de dientes ⓜ 칫솔	113
candidato/a	후보	316	cerca (de) (~에서) 가깝게	233
cansado/a	피곤한	52	cerdo/a 돼지	187
cantante	가수	84	cereal ⓜ 곡물, 곡물류	120
capa de ozono	오존층	203	cerebro ⓜ 뇌, 지능	11
capital ⓜ	자본	334	ceremonia ⓕ 식, 의례, 예식	304
capitán(a)	선장, 대장, 대위, 주장	221	certificado/a 등기우편물 / 등기로 된	267
cara ⓕ	얼굴	10	cerveza ⓕ 맥주	121
carácter ⓜ	성격, 특성	35	césped ⓜ 잔디	197
caramelo ⓜ	사탕, 캐러멜	120	chalé ⓜ 단독주택, 별장	145
cárcel ⓕ	감옥	323	chaleco ⓜ 조끼	95
cariñoso/a	다정한	35	chaleco salvavidas ⓜ 구명조끼	222
carnaval ⓜ	카니발	303	champú ⓜ 샴푸	113
carne ⓕ	고기, 육류	120	chaqueta ⓕ 재킷	95
carné de conducir ⓜ	운전면허증	222	chatear 채팅하다	273
carné de identidad ⓜ	신분증	323	chico/a 소년/소녀, 청년/아가씨	68
carnicería ⓕ	정육점	138	chocar 부딪히다	222
caro/a	값비싼	348	ciclismo ⓜ 사이클 경주	293
carpintero/a	목수	85	cielo ⓜ 하늘	180
carrera ⓕ	대학의 전공, 직업 경력	240	ciencias de la educación ⓕ 교육학	254
carrera ⓕ	경주	293	cine ⓜ 극장, 영화, 영화계	278
carretera ⓕ	도로, 차도	222	cinturón ⓜ 벨트	102
carta ⓕ	메뉴판	138	cinturón de seguridad ⓜ 안전벨트	223
carta ⓕ	편지	266	circo ⓜ 서커스	299
carta de presentación ⓕ	추천장	342	cita ⓕ 약속, 예약	75
cartelera ⓕ	관람물 게시판	278	ciudad ⓕ 도시	210
cartera ⓕ	지갑	102	ciudadano/a 시민, 주민	316
cartero/a	우편배달부	85	claro/a 밝은, 옅은	107
casa ⓕ	집	145	clase ⓕ 교실, 수업	240
			clavel ⓜ 카네이션	197

cliente/a 손님, 고객	349
clima ⓜ 날씨	180
cobrar 돈을 받다	335
cocer 끓이다, 요리하다	133
coche ⓜ 자동차	223
coche bomba ⓜ 자동차 폭탄	324
(coche) patrulla ⓕ 경찰차, 순찰차	324
cocina ⓕ 주방, 부엌	145
cocinero/a 요리사	85
código postal ⓜ 우편번호	267
codo ⓜ 팔꿈치	11
coleccionar 수집하다	299
colega ⓕ 동료, 동업자	75
colegio ⓜ 학교	240
collar ⓜ 목걸이	102
color ⓜ 색깔	284
columna ⓕ 기둥	145
comedia ⓕ 희극	278
comedor ⓜ 식당	146
comer 먹다	26
comercial 상업적인	342
cometa ⓜ 혜성	170
cómic ⓜ 만화	247
comida ⓕ 음식, 점심 식사	79
comisaría ⓕ 경찰서	210, 324
cómodo/a 편안한	107
compañero/a 동료, 파트너	76, 240
compañía ⓕ 주식회사, 상사, 회사	342
compositor(a) 작곡가	285
comprar 구입하다, 사다	349
comprender 이해하다	47
concierto ⓜ 콘서트	285
concurso ⓜ 콩쿨, 경연 대회	260
conducir 운전하다	223
conductor(a) 운전사	85
conectar(se) 접속하다, 연결하다	273
conejo/a 토끼	187
congelar 냉동하다, 얼리다	154
congreso ⓜ 국회, 회의	316
consonante ⓕ 자음	247
constitución ⓕ 헌법	324
construir 짓다, 건설하다	146
contaminación ⓕ 오염, 공해	203
contento/a 만족스러운, 기쁜	42
contestador automático ⓜ 자동응답기	267
continente ⓜ 대륙	171
contraseña ⓕ 비밀번호, 암호	273
contrato ⓜ 계약	342
conversación ⓕ 대화, 회화	247
copa ⓕ (다리가 긴) 잔	155
corazón ⓜ 심장, 마음	11
corbata ⓕ 넥타이	102
coro ⓜ 합창, 합창단	285
correo ⓜ 우편, 우체통	267
correo electrónico ⓜ 이메일, 전자 우편	273
correr 달리다, 뛰다	26
corrida de toros ⓕ 투우 경기	293
cortar 자르다	133
cortina ⓕ 커튼	146
corto/a 짧은	108
coser 바느질하다, 꿰매다	96
cosmético ⓜ 화장품	113
costa ⓕ 해안	171
coste ⓜ 비용	335
crecer 성장하다, 크다	68
criar 키우다	69
crimen ⓜ 중죄, 범죄	324
cristal ⓜ 유리	146, 223
cristianismo ⓜ 기독교	254
cruce ⓜ 횡단보도	210
crucero ⓜ 크루즈	309
crudo/a 날 것의, 익지 않은	133
cuaderno ⓜ 공책	240
cuadro ⓜ 그림, 액자, 사각형	146
cuarto de baño ⓜ 욕실	147
cubierto ⓜ 포크, 칼, 숟가락 세트, 식사 도구	155
cucaracha ⓕ 바퀴벌레	188
cuchara ⓕ 숟가락	155
cuchillo ⓜ 칼	155
cuello ⓜ 목	11
cuenta ⓕ 계산서	139
cuenta ⓕ 은행 계좌, 계산, 영수증	335
cuero ⓜ 가죽	108
cuidar 돌보다	52

cuidarse (스스로를) 돌보다, 가꾸다	114
culpable 죄인 죄가 있는	325
cultivar 경작하다, 재배하다	197
cumpleaños ⓜ 생일	304
cuñado/a 처남, 매부 / 올케, 시누이	62
cuota ⓕ 요금, 할부금, 회비	335
curar 치료하다	53
currículum ⓜ 이력서, 커리큘럼	343
curso ⓜ 학년, 강좌, 코스	241

D

dama ⓕ 숙녀, 귀부인	76
dar a luz 낳다, 출산하다	69
de cuadros 체크무늬의	108
de lunares 물방울무늬의, 도트 프린트의	108
de rayas 줄무늬의, 스트라이프 무늬의	108
debajo (de) (~의) 밑에	233
debate ⓜ 토론	260
deberes ⓜ 숙제	241
débil 약한	20
decidir 결정하다	47
dedicarse a algo ~에 종사하다	343
dedo ⓜ 손가락, 발가락	11
delante (de) (~의) 앞에	233
delgado/a ⓜ 마른	21
delincuente 범죄자	325
delito ⓜ 위법 행위, 범법 행위	325
demanda ⓕ 수요, 요구	335
dentista 치과, 치과 의사	53
dentro (de) (~의) 안에	234
denunciar 고소하다, 고발하다	325
departamento ⓜ 부서, 과	343
dependiente/a 종업원	85, 349
deporte ⓜ 운동, 스포츠	293
deprimido/a 우울한, 풀이 죽은	42
derecho ⓜ 법학, 권리	254, 316
desarrollarse 발전하다	336
desayuno ⓜ 아침 식사	80
descargar 다운로드하다	273
descuento ⓜ 할인	349

desierto ⓜ 사막	171
despedir 해고하다	343
despegar 이륙하다	223
despertador ⓜ 자명종	161
despertar 깨우다	27
despertarse 깨다	27
destinatario/a 수취인	267
destino ⓜ 운명, 목적지	69, 224
detective 탐정, 형사	325
detener 체포하다	326
detergente ⓜ 세제	165
detrás (de) (~의) 뒤에	234
devolver 돌려주다, 환불해 주다	349
Día de los Reyes Magos ⓜ 동방박사의 날	304
dialecto ⓜ 방언, 사투리	248
dibujar 그리다, 스케치하다	285
dibujo animado ⓜ 애니메이션, 만화영화	278
diccionario ⓜ 사전	241
dictadura ⓕ 독재, 독재 기간	317
diente ⓜ 치아, 이빨	12
dieta ⓕ 식이요법, 다이어트	134
dinero ⓜ 돈	336
dios ⓜ 신	254
diplomático/a 외교관	317
diputado/a 국회의원, 하원 의원	317
dirección ⓕ 주소	268
director(a) 감독	279
disco duro ⓜ 하드디스크	274
discoteca ⓕ 디스코텍	285
discriminación ⓕ 차별	326
discusión ⓕ 토론, 논의	76
diseñador(a) 디자이너, 설계자, 도안가	86
diseño ⓜ 디자인	96
disfrutar (de algo) (~을/를) 즐기다	42
disparar 발포하다	326
divertido/a 재미있는	35
divorciarse 이혼하다	69
doblar 접다, 구부리다	27
doctorado ⓜ 박사 학위, 박사과정	241
documentación ⓕ (증빙) 서류	326
documental ⓜ 다큐멘터리	260

dolor ⓜ 고통 ······ 53
dormir 자다 ······ 27
dormitorio ⓜ 침실 ······ 147
ducha ⓕ 샤워, 샤워기 ······ 155
ducharse 샤워하다 ······ 80
dulce ⓜ 사탕, 단맛의 과자나 케이크 / 달콤한 ······ 121
dulce 단맛의 ······ 134
duro/a 딱딱한 ······ 134

E

ecología ⓕ 생태학 ······ 204
economía ⓕ 경제 ······ 255, 336
ecosistema ⓜ 생태계 ······ 204
ecuador ⓜ 적도 ······ 171
edificio ⓜ 건물 ······ 210
editorial ⓕ 출판사 ······ 248
educación ⓕ 교육 ······ 69, 241
educado/a 정중한, 예의 바른 ······ 35
ejercicio ⓜ 연습, 연습 문제 ······ 242
ejército ⓜ 군대 ······ 317
elecciones ⓕ 선거 ······ 317
electro-doméstico ⓜ 가전제품 ······ 147
elefante/a 코끼리 ······ 188
embajada ⓕ 대사관 ······ 318
embarazo ⓜ 임신 ······ 53
embarque ⓜ 승선, 탑승 ······ 224
emitir 방송하다 ······ 261
emocionar 감동시키다 ······ 42
empatar 비기다, 동점이다 ······ 294
empleado/a 직원 ······ 86
empleo ⓜ 직업, 일자리, 고용 ······ 343
empresa ⓕ 회사 ······ 344
empujar 밀다 ······ 27
en directo 생방송으로 ······ 261
en efectivo ⓕ 현금으로 ······ 350
en el centro (de) (~의) 중심에 ······ 234
enamorado/a 사랑에 빠진, 사랑하는 ······ 42
enamorarse 사랑에 빠지다 ······ 70
enchufar 플러그를 꽂다 ······ 166
encima (de) (~의) 위에 ······ 234

encontrar 발견하다, 찾다 ······ 47
encontrarse bien/mal 컨디션이 좋다/나쁘다 ······ 53
energía ⓕ 에너지 ······ 204
enfadado/a 화가 난 ······ 43
enfermedad ⓕ 질병 ······ 54
enfermero/a 간호사 ······ 86
enfermo/a 아픈, 병에 걸린 / 환자 ······ 54
enfrente (de) (~의) 정면에, 앞에 ······ 234
engordar 살찌다 ······ 27
ensalada ⓕ 샐러드 ······ 121
ensayar 연습하다 ······ 286
enseñar 가르치다 ······ 242
entender 이해하다 ······ 48
entrada ⓕ 입장, 입구, 입장권, 표 ······ 224, 279
entre ~사이에 ······ 235
entrenar 연습하다 ······ 294
entretenerse 즐기다, 노닥거리다 ······ 299
entrevista ⓕ 인터뷰, 면접 ······ 261, 344
envejecerse 늙다 ······ 70
enviado/a especial 특파원 ······ 261
enviar 보내다 ······ 268
envidia ⓕ 질투 ······ 43
envolver 포장하다 ······ 350
episodio ⓜ 에피소드, 장, 회 ······ 261
equipaje ⓜ 짐, 수하물 ······ 309
equipo ⓜ 팀 ······ 294
equipo de música ⓜ 전축, 오디오 ······ 161
equivocar 틀리게 하다, 혼동시키다 ······ 48
escala ⓕ 경유, 경유지 ······ 309
escalera ⓕ 계단, 층계 ······ 147
escaparate ⓜ 진열대 ······ 96
escena ⓕ 무대, 장면 ······ 279
escoba ⓕ 비, 빗자루 ······ 166
escritor(a) 작가 ······ 86
escuchar 듣다, 경청하다 ······ 28
escuela ⓕ 학교, 학원, 학파 ······ 242
escultura ⓕ 조각, 조각품 ······ 286
espaguetis ⓜ 스파게티 ······ 121
espalda ⓕ 등 ······ 12
especialidad ⓕ 전공 ······ 242
espectáculo ⓜ 관람물, 쇼 ······ 279

espectador(a) 관객	279
espejo ⓜ 거울	147
esperar 기다리다, 소망하다	48
esposo/a 남편 / 부인	62
esquí ⓜ 스키	294
esquina ⓕ 길모퉁이, 코너	211
estación ⓕ 역	211
estadio ⓜ 스타디움	294
estado ⓜ 국가	318
estampado/a 무늬가 날염된, 무늬가 들어간	109
estantería ⓕ 책장, 진열장	148
estar comunicando 통화 중이다	268
estar de moda 유행하다	96
estar de pie 서 있다	28
estar en forma 적당한 몸매를 유지하다	295
estar hecho 익다	134
estatua ⓕ 동상	211
estatura ⓕ 신장, 키	21
este ⓜ 동, 동쪽	171
estilo ⓜ 스타일, 양식	286
estómago ⓜ 위, 복부, 배	12
estrecho ⓜ 해협	172
estrella ⓕ 별	172
estreno ⓜ 개봉, 초연	280
estrés ⓜ 스트레스	43
estropeado/a 고장 난, 망가진	166
estudiar 공부하다	48
evento ⓜ 행사, 이벤트, 행사	304
examen ⓜ 시험	242
exilio ⓜ 망명	318
exportación ⓕ 수출	336
exposición ⓕ 전시회	286
extranjero/a 외국, 외국인 / 외국의, 외국인의	309

F

fábrica ⓕ 공장, 제조사	336
facturar el equipaje 짐을 부치다	224
falda ⓕ 치마	96
falta ⓕ 반칙	295
familia ⓕ 가족	62
farmacia ⓕ 약국	54, 211
farol ⓜ 가로등, 등불	211
feliz 행복한	43
feo/a 못생긴	21
feria ⓕ 페리아, 바자, 축제	305
ferrocarril ⓜ 철도, 기차	212
fiambre ⓜ (햄 등의) 가공육	121
fiebre ⓕ 열	54
fiesta ⓕ 파티, 축제	305
fila ⓕ 열, 줄	280
filología ⓕ 어문학	255
filosofía ⓕ 철학	255
firma ⓕ 사인	337
fiscal 검사, 검찰	326
física ⓕ 물리	255
físico ⓜ 체격	12
flauta ⓕ 플루트	286
flor ⓕ 꽃	198
formación profesional ⓕ 직업 교육	243
fotografía ⓕ 사진	300
fotógrafo/a 사진사	86
fregar 설거지하다	156
frenar 멈추다	224
frente ⓕ 이마	12
fresa ⓕ 딸기	122
fresco/a 신선한	134
fresco/a 쌀쌀함 / 선선한, 쌀쌀한	180
frío/a 차가운	135
frío/a 추위, 냉기 / 차가운	181
frito/a 튀긴	135
frontera ⓕ 국경	172, 318
fruta ⓕ 과일	122
frutal ⓜ 과일나무, 과실수	198
frutería ⓕ 과일가게	139
fuegos artificiales ⓜ 불꽃놀이	305
fuente ⓕ 분수, 샘	212
fuerte 강한, 센	21
función ⓕ 공연, 상연	280
funcionar 작동하다, 기능하다	166
funcionario/a 장르	248

G

generoso/a 관대한 ······ 35
geografía (f) 지리 ······ 172, 255
gimnasio (m) 체육관, 헬스클럽 ······ 295
girar 돌다, 회전하다, 커브를 틀다 ······ 225
girasol (m) 해바라기 ······ 198
glorieta (f) 로터리, 회전식 교차로 ······ 212
gobierno (m) 정부 ······ 318
golpe de Estado (m) 쿠데타 ······ 319
golpear 두드리다, 때리다 ······ 28
goma de borrar (f) 지우개 ······ 243
gordo/a 뚱뚱한 ······ 21
gorra (f) 캡 모자 ······ 103
grabación (f) 녹음, 녹화 ······ 262
grado (m) 도, 온도 ······ 181
graduarse 졸업하다 ······ 243
gramática (f) 문법 ······ 248
gran almacén (m) 백화점, 대규모 상점 ······ 212
grande 큰 ······ 109
granja (f) 농장 ······ 189
gratis 무료의 / 무료로 ······ 309
grave 심각한, 위중한 ······ 54
grifo (m) 수도꼭지 ······ 156
gripe (f) 독감 ······ 55
gritar 소리 지르다 ······ 28
grueso/a 두꺼운 ······ 109
guante (m) 장갑 ······ 103
guapo/a 예쁜, 잘 생긴 ······ 22
guardería (f) 유치원 ······ 243
guardia 경비원, 경비 ······ 87
guerra (f) 전쟁 ······ 319, 327
guía 가이드 ······ 310
guía telefónica (f) 전화번호부 ······ 268
guion (m) 극본, 대본 ······ 280
guitarra (f) 기타 ······ 287

H

habitación (f) 방 ······ 148, 310
habitante (m) 주민 ······ 213
hablador(a) 말이 많은, 수다스러운 ······ 36
hablar 말하다 ······ 28
hacer la cama 침대를 정리하다 ······ 80, 166
hacer sol 화창하다 ······ 181
hambre (f) 배고픔, 공복감 ······ 29
hamburguesa (f) 햄버거 ······ 122
harina (f) 밀가루 ······ 122
heladería (f) 아이스크림 가게 ······ 139
helado (m) 아이스크림 ······ 122
helicóptero (m) 헬리콥터 ······ 225
hembra (f) 암컷 ······ 189
hemisferio (m) 반구 ······ 172
herencia (f) 유산, 상속 ······ 337
herir 상처를 입히다 ······ 55
herir 상처 내다, 상처를 입히다 ······ 327
hermano/a 형제 / 자매 ······ 63
hielo (m) 얼음 ······ 181
hierba (f) 풀 ······ 198
hígado (m) 간 ······ 13
hijo/a 아들 / 딸 ······ 63
hiloo (m) 실 ······ 109
hipoteca (f) 주택 융자 ······ 337
hogar (m) 가정, 집 ······ 63
hoja (f) 잎, 이파리 ······ 198
hombre (m) 인간, 남자 ······ 76
hombro (m) 어깨 ······ 13
humor (m) 기분 ······ 43
hongo (m) 버섯류 ······ 199
horario (m) 시간표 ······ 225
hormiga (f) 개미 ······ 189
horno (m) 오븐 ······ 156
hospital (m) 병원 ······ 55
hostal (m) 오스탈 ······ 310
huelga (f) 파업 ······ 344
huella digital (f) 지문 ······ 327
huerta (f) 밭, 경작지 ······ 199
hueso (m) 뼈 ······ 13
huésped 손님, 숙박객 ······ 76
huevo (m) 달걀 ······ 123
húmedo/a 습한, 습기가 많은 ······ 181
humo (m) 연기 ······ 204

I

iglesia *(f)* 교회	213
ignorar 모르다	48
igualdad *(f)* 평등	327
ilegal 불법적인, 불법의	327
imaginar 상상하다	49
impuesto *(m)* 세금	337
individuo *(m)* 개인, 사람	77
industria *(f)* 산업, 제조업, 공장	338
infierno *(m)* 지옥	256
informativo *(m)* 뉴스	262
ingeniería *(f)* 공학	256
inocente 결백한 사람 / 순진한, 무죄의	328
insecto *(m)* 곤충	189
instalar (un programa) (프로그램을) 설치하다	274
instrumento *(m)* 악기	287
insultar 욕하다	328
interés *(m)* 이자	338
interesarse 관심을 갖다	49
intérprete 통역사	87
inundación *(f)* 홍수	182
invernadero *(m)* 온실	199
invernadero *(m)* 온실효과	204
inversión *(f)* 투자	338
invitación *(f)* 초대	305
inyección *(f)* 주사	55
ir a trabajar 출근하다	80
ir de compras 쇼핑 가다, 장 보러 가다	300
isla *(f)* 섬	173
islamismo *(m)* 이슬람	256

J

jabón *(m)* 비누	114
jamón *(m)* 하몽, 햄	123
jardín *(m)* 정원	148
jardinero/a 정원사	87
jaula *(f)* 우리, 새장	190
jefe/a 책임자, 국장, 과장	87
jersey *(m)* 스웨터	97
jornada *(f)* 1일 업무	344
joven 젊은이 / 젊은	22, 70
joya *(f)* 보석	103
jubilación *(f)* 은퇴, 퇴직	344
juez(a) 판사	88
jugar 경기하다, 놀다	296
juguete *(m)* 장난감	300
junto (a) (~의) 옆에	235
jurado *(m)* 배심원단, 심사위원단	328
justicia *(f)* 정의, 사법부	328
juzgar 심판하다, 판단하다	328

L

labio *(m)* 입술	13
ladrar 짖다	190
ladrón(a) 도둑	329
lago *(m)* 호수	173
lágrima *(f)* 눈물	29
lámpara *(f)* 램프, 전등	148
lana *(f)* 울, 양모	109
lápiz *(m)* 연필	243
largo/a 긴	110
lata *(f)* 통조림, 캔	135
laurel *(m)* 월계수	199
lavabo *(m)* 세면대, 화장실	156
lavadora *(f)* 세탁기	156
lavar en seco 드라이클리닝을 하다	97
lavarse la cara 세수하다	80
lavavajillas *(m)* 식기세척기	157
leche *(f)* 우유	123
lechuga *(f)* 상추	123
lector(a) 독자	248
leer 읽다, 독서하다	29
legumbre *(f)* 콩류	123
lejos (de) (~에서) 멀리	235
lengua *(f)* 혀, 언어	14, 249
león(a) 사자	190
letra *(f)* 문자, 알파벳	249
letra *(f)* 가사	287

levantar 들다, 일으키다 ······················· 29
levantarse 일어나다 ······························· 81
ley ⒡ 법, 법률 ·· 329
librería ⒡ 서점 ······································ 213
libreta de banco ⒡ 통장 ················ 338
ligero/a 가벼운 ····································· 110
limón ⒨ 레몬 ······································· 124
limpiar el polvo 먼지를 닦다 ············· 167
lingüística ⒡ 언어학 ························· 249
liso/a 단색의, 장식이 없는 ························ 110
listo/a 똑똑한 ··· 36
llamar (por teléfono) 전화하다 ······· 269
llave ⒡ 열쇠 ··· 149
llegada ⒡ 도착 ····································· 225
llevar ~ años juntos (~해/년)을 함께 하다 ·· 70
llevarse bien/mal 사이가 좋다/나쁘다 ········ 36
llorar 울다 ··· 29
lluvia ⒡ 비 ·· 182
lobo/a 늑대 ·· 190
locutor(a) 앵커 ···································· 262
loro/a 앵무새 ······································· 190
lugar ⓜ 장소 ······································· 213
luna ⒡ 달, 위성 ···································· 173
luna de miel ⒡ 신혼여행 ··········· 71, 305
luz ⒡ 빛, 불 ··· 149

M

macho ⓜ 수컷 ···································· 191
madera ⒡ 목재 ·································· 287
madre ⒡ 어머니 ····································· 63
madrina ⒡ (세례식이나 결혼식의) 대모 ······· 77
maduro/a 성숙한 ··································· 36
maduro/a 익은 ···································· 135
maestro/a 선생님 ························· 88, 244
maíz ⓜ 옥수수 ···································· 124
maleta ⒡ 트렁크 ································· 310
maletero ⓜ 짐칸, 트렁크 ···················· 226
maletín ⓜ 작은 가방, 손가방 ················ 103
malo/a 나쁜, 못된 ··································· 36
mamífero/a 포유류 / 포유류의 ············ 191

mando(a distancia) ⓜ 리모컨 ········· 161
manga ⒡ 소매 ······································· 97
mano ⒡ 손 ··· 14
mano de obra ⒡ 노동력 ··················· 345
manta ⒡ 모포 ····································· 161
mantel ⓜ 식탁보 ································· 157
mantequilla ⒡ 버터 ·························· 124
manzana ⒡ 사과, 블록 ················ 124, 213
maquillarse 화장하다 ·························· 114
mar ⓜ⒡ 바다 ···································· 173
mareado/a 어지러운 ····························· 55
marido ⓜ 남편 ······································ 63
mariposa ⒡ 나비 ······························· 191
marisco ⓜ 해산물 ······························ 124
mármol ⓜ 대리석 ······························ 288
matar 죽이다, 살해하다 ························· 329
matemática ⒡ 수학 ························· 256
matrícula ⒡ 등록, 수강신청 ··············· 244
matrimonio ⓜ 부부, 결혼 ····················· 71
mayonesa ⒡ 마요네즈 ······················· 125
mayor 성인, 노인 / 나이가 든, 성인의 ········ 71
mecánico/a 기사, 기술자 ······················ 88
media pensión ⒡ 호텔 룸과 하루 2식을 제공
(하는 조건의 상품) ···································· 310
medias ⒡ 스타킹 ······························· 103
medicina ⒡ 약, 의학 ·················· 56, 256
médico ⓜ 의료보험 ····························· 58
médico/a 의사 ······························ 56, 88
medio ambiente ⓜ 환경 ·················· 205
medio de comunicación (de masas)
ⓜ 매스미디어, 대중매체 ························· 262
mejilla ⒡ 볼, 뺨 ····································· 14
melocotón ⓜ 복숭아 ························· 125
melón ⓜ 멜론 ····································· 125
mensaje ⓜ 메시지 ····························· 274
mente ⒡ 정신, 생각 ······························· 49
mentiroso/a 거짓말을 하는 ··················· 37
menú del día ⓜ 정식, 점심 정식 ········ 139
mercado ⓜ 시장 ······························· 139
merienda ⒡ 간식 ································· 81
mermelada ⒡ 마멀레이드, 잼 ············ 125
mesa ⒡ 탁자 ······································· 162

mesilla de noche ⓕ 나이트 테이블, 침대 옆 협탁 ········ 162	
meteorología ⓕ 기상학, 기상 ········ 182	
metro ⓜ 지하철 ········ 226	
micrófono ⓜ 마이크 ········ 262	
microondas ⓜ 전자레인지 ········ 157	
miedo ⓜ 두려움, 공포 ········ 44	
miel ⓕ 꿀 ········ 125	
militar 군인, 군대의 ········ 319	
minero/a 광부 ········ 88	
ministro/a 장관 ········ 319	
mirar 보다 ········ 30	
mochila ⓕ 배낭 ········ 104	
modelo 모델 ········ 89	
monarquía ⓕ 왕실, 왕가 ········ 319	
moneda ⓕ 화폐, 동전 ········ 338	
mono/a 원숭이 ········ 191	
montaña ⓕ 산 ········ 173	
montaña rusa ⓕ 롤러코스터 ········ 300	
monumento ⓜ 기념비, 유적지 ········ 311	
moreno/a 흑갈색 머리카락의 ········ 22	
morir 죽다 ········ 71	
mosca ⓕ 파리 ········ 191	
motocicleta ⓕ 오토바이 ········ 226	
motociclismo ⓜ 모터사이클 경주 ········ 296	
moverse 움직이다 ········ 30	
muchacho/a 소년/소녀, 청년/아가씨 ········ 71	
mudarse 이사하다 ········ 149	
mueble ⓜ 가구 ········ 149	
mujer ⓕ 부인, 여자 ········ 64	
multa ⓕ 벌금 ········ 329	
mundo ⓜ 세계 ········ 320	
muñeca ⓕ 손목 ········ 14	
músculo ⓜ 근육 ········ 14	
museo ⓜ 박물관, 미술관 ········ 214	
música ⓕ 음악 ········ 288	
musical ⓜ 뮤지컬 ········ 288	
muslo ⓜ 넓적다리, 허벅지 ········ 15

N

nacer 태어나다 ········ 72

nación ⓕ 국가, 국민 ········ 320	
nadar 수영하다 ········ 296	
naranja ⓕ 오렌지 ········ 126	
nariz ⓕ 코 ········ 15	
natural ⓜ 자연재해 ········ 180	
navegar 인터넷을 돌아다니다 ········ 274	
Navidad ⓕ 크리스마스 ········ 306	
negociar 협상하다, 흥정하다, 사업하다 ········ 339	
nervioso/a 긴장한, 신경질적인 ········ 44	
nevera ⓕ 냉장고 ········ 157	
niebla ⓕ 안개 ········ 182	
nieto/a 손자/손녀 ········ 64	
nieve ⓕ 눈 ········ 182	
niñez ⓕ 유년 시절, 어린 시절 ········ 72	
Nochebuena ⓕ 12월 24일 밤, 크리스마스이브 ········ 306	
Nochevieja ⓕ 12월 31일 밤 ········ 306	
norte ⓜ 북, 북쪽 ········ 174	
nota ⓕ 성적, 메모 ········ 244	
noticias ⓕ 뉴스, 소식 ········ 263	
novela ⓕ 소설 ········ 249	
novio/a 연인, 약혼자 ········ 72	
nube ⓕ 구름 ········ 183	
nuera ⓕ 며느리 ········ 64	
número ⓜ 번호 ········ 269

O

obra ⓕ 작품 ········ 249	
obrero/a 노동자 ········ 89, 345	
océano ⓜ 바다, 대양 ········ 174	
odiar 미워하다, 싫어하다 ········ 44	
oeste ⓜ 서, 서쪽 ········ 174	
oferta ⓕ 제공, 공급 ········ 350	
oficina de correos ⓕ 우체국 ········ 214	
oficina de información ⓕ 관광 안내소 ········ 311	
oficio 직업, 일 ········ 89	
oír 듣다 ········ 30	
ojo ⓜ 눈 ········ 15	
ola ⓕ 파도 ········ 174	
oler 냄새 맡다 ········ 30	
olvidar 잊어버리다 ········ 49

ombligo ⓜ 배꼽, 중심	15
opinar 의견을 내다, 의견을 나타내다	49
ordenador ⓜ 컴퓨터	162
oreja ⓕ 귀, 귓바퀴	15
orilla ⓕ 강변, 해변	174
oro ⓜ 금	110
orquesta ⓕ 오케스트라	288
oscuro/a 어두운, 짙은	110
oso/a 곰	192
ostra ⓕ 굴	126
oveja ⓕ 양	192

P

paciente 참을성 있는, 인내심이 강한	37
paciente 환자	56
padre ⓜ 아버지	64
padrino ⓜ (세례식이나 결혼식의) 대부	77
pagar 지불하다, 돈을 갚다	339
página web ⓕ 웹페이지, 홈페이지	274
país ⓜ 나라, 국가	175
paisaje ⓜ 풍경, 전경	175, 311
pájaro/a 새	192
palabra ⓕ 단어	250
palacio ⓜ 왕궁	214
palma ⓕ 손바닥	16
palomo/a 비둘기	192
pan ⓜ 빵	126
panadería ⓕ 빵집	140
panadero/a 제빵사	89
pantalla ⓕ 모니터, 화면	275
pantalones ⓜ 바지	97
pañuelo ⓜ 스카프, 손수건	104
papel ⓜ 종이	244
papel higiénico ⓜ 화장지	157
paquete ⓜ 소포, 꾸러미	269
parada ⓕ 정류소	214
paraguas ⓜ 우산	104
parecerse 닮다	22
pared ⓕ 벽	149
pareja ⓕ 커플	72
pariente 친척	64
paro ⓜ 실업, 실직	345
parque ⓜ 공원	214
partido ⓜ 시합, 경기	296
partido (político) ⓜ 정당	320
pasajero/a 승객	226
pasaporte ⓜ 여권	226
pasarlo bien/mal 재미있는/재미없는 시간을 보내다	300
paseo ⓜ 산책	301
pasillo ⓜ 복도	150
paso de peatones ⓜ 횡단보도	215
pasta de dientes ⓕ 치약	114
pata ⓕ 짐승의 다리, 발	192
patata ⓕ 감자	126
patinaje ⓜ 스케이팅, 롤러스케이팅	296
patio ⓜ 중정, 파티오	150
pato/a 오리	193
Patrimonio de la Humanidad ⓜ 인류 문화유산	311
patrón(a) 고용주, 주인, 후원자	345
pavo/a 칠면조	193
pecho ⓜ 가슴	16
pedir hora 예약하다	56
peinarse 머리를 빗다	114
pelar 껍질을 벗기다	135
película ⓕ 영화	280
pelirrojo/a 빨간 머리의	22
pelo ⓜ 머리카락, 털	16
pelo liso ⓜ 직모, 곧은 머리카락	23
pelo rizado ⓜ 곱슬머리	23
peluquería ⓕ 미용실	215
peluquero/a 미용사	89
pena ⓕ 안타까움, 고통, 슬픔	44
pena de muerte ⓕ 사형	329
pendiente ⓜ 귀고리	104
península ⓕ 반도	175
pensar 생각하다	50
pensión ⓕ 연금	345
pequeño/a 작은	111
pera ⓕ 배	126
perfume ⓜ 향수	115

periódico ⓜ 신문	263
periodismo ⓜ 언론, 신문방송학	257
periodista 기자, 저널리스트	9
perro/a 개	193
persona ⓕ 사람, 인간, 인물	77
personaje ⓜ 등장인물	250
personal ⓜ 인원, 인력형 개인적인	346
pesca ⓕ 낚시	297
pescadería ⓕ 생선 가게	140
pescado ⓜ 생선	127
pescador(a) 어부, 낚시꾼	90
peso ⓜ 체중, 몸무게	23
pestaña ⓕ 속눈썹	16
pez ⓜ 물고기	193
piano ⓜ 피아노	288
picante 매운	136
picar 간지럽다, 찌르다	56
pie ⓜ 발	16
piel ⓕ 피부	17
pierna ⓕ 다리	17
pijama ⓜ 파자마	97
piloto 조종사, 운전사	90, 227
pimiento ⓜ 후추	127
piña ⓕ 파인애플	127
pino ⓜ 소나무	199
pintor(a) 화가	90, 289
piscina ⓕ 수영장	150, 297
piso ⓜ 아파트, 층, 바닥	150
pistola ⓕ 총	330
pizarra ⓕ 칠판	244
planchar 다림질하다	167
planeta ⓜ 별, 행성, 지구	175
plano ⓜ 지도	311
plantar 심다	200
plástico ⓜ 플라스틱	205
plata ⓕ 은	111
plátano ⓜ 바나나	127
plato ⓜ 요리, 접시	140
playa ⓕ 해변	175
plaza ⓕ 광장	215
plazo ⓜ 기한, 할부금	339
pluma ⓕ 깃털	193
pobre 가난한 사람 / 가난한, 빈곤한, 불쌍한	44, 339
poder ⓜ 정권, 권력	320
poema ⓜ 시	250
policía 경찰	90
política ⓕ 정치	257, 320
pollo ⓜ 닭고기, 병아리	127
polo norte ⓜ 북극	176
poner huevos 알을 낳다	194
poner la lavadora 세탁기를 작동시키다	167
portavoz 대변인	321
portero/a 수위, 경비, 골키퍼	150, 297
postal ⓕ 엽서	269
postre ⓜ 후식	140
precio ⓜ 가격	350
prefijo ⓜ 지역 번호, 국가 번호	269
preocupado/a 걱정하는	45
presentador(a) 사회자	263
presidente/a 대통령, 대표	321
préstamo ⓜ 대출	339
presupuesto ⓜ 예산	340
primo/a 사촌	65
probador ⓜ 탈의실, 피팅룸	98
probarse 입어 보다, 착용해 보다	98
producto ⓜ 상품	340
profesor(a) 교수님, 선생님	91, 245
promoción ⓕ 선전, 승진, 동기	346
pronunciación ⓕ 발음	250
propietario/a 주인, 소유주	151
propina ⓕ 팁	140
protagonista 주인공	281
prudente 신중한	37
prueba ⓕ 테스트, 시험	245
psicología ⓕ 심리학	257
publicar 출간하다, 출판하다	250
publicidad ⓕ 광고	263
pueblo ⓜ 마을, 주민, 민족, 민중, 대중	215, 321
puente ⓜ 다리	215
puerta ⓕ 문	151
puerto ⓜ 항구	227
pulmón ⓜ 폐, 허파	17

pulsera ⓕ 팔찌 ········· 104
punto ⓜ 마침표, 점 ········· 275
puntual 시간을 잘 지키는 ········· 37

Q

quedar (con alguien) (~과/와) 만나기로 하다 ········· 301
quedar bien/mal 잘 어울리다/어울리지 않다 ········· 98
quemarse 데이다, 화상을 입다 ········· 57
queso ⓜ 치즈 ········· 128
química ⓕ 화학 ········· 257
quiosco ⓜ 신문 가판대 ········· 216
quitarse 벗다 ········· 98

R

raíz ⓕ 뿌리 ········· 200
rama ⓕ 가지 ········· 200
rápido/a 빠른 ········· 227
ratón ⓜ 마우스 ········· 275
ratón(a) 쥐 ········· 194
raza ⓕ 인종, 혈통 ········· 330
rebaja ⓕ 할인, 세일 ········· 351
recado ⓜ 메모, 전하는 말 ········· 270
recepción ⓕ 리셉션, 접수처 ········· 312
receta ⓕ 조리법, 레시피 ········· 136
receta (médica) ⓕ 처방전 ········· 57
recibo ⓜ 영수증 ········· 351
reciclar 재활용하다 ········· 205
recordar 기억하다 ········· 50
recto 곧게, 곧장 ········· 235
recursos ⓜ 자원, 재력, 수단 ········· 340
red ⓕ 인터넷, 통신망 ········· 275
reducir 감축하다, 줄이다 ········· 205
refresco ⓜ 청량음료 ········· 128
regalo ⓜ 선물 ········· 306
regar 물을 주다 ········· 200
región ⓕ 지역, 지방 ········· 176
reír 웃다 ········· 30

relámpago ⓜ 번개 ········· 183
religión ⓕ 종교 ········· 257
reloj ⓜ 시계 ········· 105
reportaje ⓜ 르포, 르포르타주 ········· 263
reposo ⓜ 안정, 휴식 ········· 57
representación ⓕ 공연 ········· 281
reserva ⓕ 예약 ········· 312
reservar mesa (식당의) 자리를 예약하다 ········· 141
resfriado/a 감기 / 감기에 걸린 ········· 57
respirar 숨 쉬다 ········· 31
restaurante ⓜ 레스토랑, 식당 ········· 141
retraso ⓜ 지연 ········· 227
retrato ⓜ 초상화 ········· 289
reunirse 모이다, 모임을 갖다 ········· 81
revista ⓕ 잡지 ········· 264
rey/reina 왕, 여왕(왕비) ········· 321
rico/a 맛있는 ········· 136
río ⓜ 강 ········· 176
robar 훔치다, 절도하다 ········· 330
rodar 촬영하다 ········· 281
rodilla ⓕ 무릎 ········· 17
ropa ⓕ 옷 ········· 98
rosa ⓕ 장미 ········· 200
rubio/a 금발 머리의 ········· 23
rueda ⓕ 바퀴 ········· 227
rueda de prensa ⓕ 기자회견 ········· 264
ruinas ⓕ 유적지 ········· 312
rural 시골의, 전원의 ········· 201

S

sábana ⓕ 시트 ········· 162
saber 알다 ········· 50
saber (a algo) (~한) 맛이 나다 ········· 136
saborear 맛보다, 음미하다 ········· 31
sacar al perro 개를 데리고 나가다, 개를 외출시키다 ········· 81
sacerdote ⓜ 사제, 승려 ········· 258
sal ⓕ 소금 ········· 128
salado/a 짠맛의 ········· 136
salida ⓕ 출구, 출발 ········· 228

salir 외출하다, 나가다	81
salir con alguien ~과/와 사귀다	72
salón ⓜ 거실	162
salsa ⓕ 소스	128
saltar 뛰어오르다, 껑충 뛰다	31
salud ⓕ 건강	57
salvaje 야생의	194
sandalias ⓕ 샌들	105
sangrar 피가 나다	58
sangre ⓕ 피	17
sano/a 건강한	58
satélite ⓜ 위성	176
satisfecho/a 만족하는, 만족스러운	45
secador ⓜ 헤어드라이어	115
seco/a 마른, 건조한	183
secretario/a 비서	91
secuestro ⓜ 납치	330
sed ⓕ 갈증	31
seda ⓕ 실크	111
seguro ⓜ 보험	312
seguro/a 자신 있는, 확실한	37
sello ⓜ 우표	270
semáforo ⓜ 신호등	228
Semana Santa ⓕ 성주간, 부활절 주간	306
sembrar 씨를 뿌리다	201
semilla ⓕ 씨	201
sensible 민감한	38
sentar 앉히다	31
sentido del humor ⓜ 유머 감각	38
sentir 느끼다	50
separarse 헤어지다, 별거하다	73
sequía ⓕ 가뭄	183
serie ⓕ 시리즈, 연속물	264
serio/a 심각한, 진지한	38
serpiente ⓕ 뱀	194
servilleta ⓕ 냅킨	158
sesión ⓕ 상연 회차	281
significado ⓜ 의미	251
silla ⓕ 의자	163
sillón ⓜ 1인용 소파 의자	163
simpático/a 친절한, 상냥한	38
sincero/a 솔직한	38

sindicato ⓜ 노동조합	346
sobre ⓜ 봉투 / ~위에	235, 270
sobrino/a 조카	65
sociable 사교적인, 우호적인	39
sociología ⓕ 사회학	258
sofá ⓜ 소파, 긴 의자	163
sol ⓜ 태양	176
soleado/a 햇빛이 잘 드는, 볕이 잘 드는	151
soltero/a 미혼남, 미혼녀 / 미혼의	73
sombrero ⓜ (챙이 있는) 모자	105
soñar 꿈꾸다	50
sonido ⓜ 소리, 음향	289
sopa ⓕ 스프	128
sorprender 놀라게 하다	45
sospechoso/a 용의자 의심스러운	330
sótano ⓜ 지하실	151
suave 부드러운	111
subtítulo ⓜ 자막	281
sucursal ⓕ 지점	340
sudar 땀 흘리다	32
suegro/a 시부모, 장인/장모	65
sueldo ⓜ 급여, 월급	346
suelo ⓜ 바닥	151
supermercado ⓜ 슈퍼마켓	141
superstición ⓕ 미신	258
sur ⓜ 남, 남쪽	177

talla ⓕ 사이즈	99
tapa ⓕ 타파스	141
taquilla ⓕ 매표소, 창구	282
tardar (시간이) 걸리다	228
tarifa ⓕ 요금	270
tarjeta de crédito ⓕ 신용카드	340
tarta ⓕ 케이크	129
taxi ⓜ 택시	228
taxista 택시 기사	91
taza ⓕ (손잡이가 달린) 잔	158
té ⓜ 차	129
teatro ⓜ 연극, 극작품	282

techo ⓜ 천장	152
teclado ⓜ 키보드	275
tela ⓕ 원단, 헝겊	111
teléfono ⓜ 전화기	163, 270
telenovela ⓕ TV 드라마	264
televisión ⓕ 텔레비전	163
temperatura ⓕ 기온, 온도	58, 183
templo ⓜ 신전, 사원	258
temporada alta ⓕ 성수기	312
tender la ropa 옷을 널다	167
tenedor ⓜ 포크	158
tener éxito 성공하다	73
tener suelto 잔돈을 가지고 있다	351
teñir el pelo 머리카락을 염색하다	115
tenis ⓜ 테니스	297
tensión ⓕ 혈압, 당기는 힘	58
teología ⓕ 신학	258
termómetro ⓜ 체온계, 온도계	59
terraza ⓕ 테라스	152
terremoto ⓜ 지진	184
testigo 증인	331
tiempo ⓜ 날씨, 시간	184
tiempo libre ⓜ 자유 시간, 여유 시간	301
tienda ⓕ 상점, 가게	216, 351
tienda de campaña ⓕ 텐트	313
tierra ⓕ 지구, 땅	177
tigre 호랑이	194
tijeras ⓕ 가위	115
timbre ⓜ 벨	152
tímido/a 소심한, 수줍어하는	39
tintorería ⓕ 세탁소	216
tío/a 삼촌/고모	65
tirar 잡아당기다	32
título ⓜ 제목, 타이틀, 학위	245, 251
tiza ⓕ 분필	245
toalla ⓕ 수건	115
tocar 연주하다, 만지다	32, 289
tomar algo 요기하다, 무언가를 먹다	141
tomar el sol 선탠하다, 일광욕하다	301
tomate ⓜ 토마토	129
tonto/a 바보스러운	39
tormenta ⓕ 소나기, 폭우	184
toro ⓜ 숫소	195
torre ⓕ 탑	216
tortilla ⓕ 토르티야	129
tortuga ⓕ 거북이	195
tos ⓕ 기침	59
tostada ⓕ 토스트	129
trabajador(a) 성실한, 근면한	39
trabajo ⓜ 직업, 일, 직장	346
traducción ⓕ 번역	251
tráfico ⓜ 교통	228
tragedia ⓕ 비극	282
traje ⓜ 슈트, 정장	99
tranquilo/a 침착한, 온화한	45
trapo ⓜ 행주, 걸레, 헝겊	167
trasero ⓜ 엉덩이, 둔부	18
tren ⓜ 기차	229
tripa ⓕ 창자, 내장, 복부	18
triste 슬픈	45
tronco ⓜ 몸통, 줄기	201
trueno ⓜ 천둥	184
turismo ⓜ 관광	313

U

uña ⓕ 손톱, 발톱	18
universidad ⓕ 대학교	245
urgencias ⓕ 응급실	59
uva ⓕ 포도	130

V

vaca ⓕ 암소	195
vacación ⓕ 방학, 휴가	313
vago/a 게으른	39
valle ⓜ 계곡	177
vaqueros ⓜ 청바지	99
vaso ⓜ 컵	158
váter ⓜ 변기, 화장실	158
vecino/a 이웃	77
vehículo ⓜ 차량, 탈 것, 운송수단	229
vejez ⓕ 노년기	73

velocidad (f) 속도 ······ 229
vena (f) 혈관 ······ 18
vendedor(a) 상인, 판매원 ······ 91
vender 팔다 ······ 351
ventana (f) 창문 ······ 152
ventanilla (f) 창구, 매표소 ······ 229
ver 보다 ······ 32
verdura (f) 채소 ······ 130
versión original (f) 원어판, 원래의 언어 버전 ······ 282
vestido (m) 드레스, 원피스 ······ 99
vestirse 옷 입다 ······ 99
veterinario/a 수의사 ······ 91
viajar 여행하다 ······ 313
víctima 희생자 ······ 331
vid (f) 포도나무 ······ 201
vida (f) 생명, 삶 ······ 59
vídeo (m) 비디오 ······ 282
vidrio (m) 유리 ······ 205
viejo/a 늙은 ······ 23
viento (m) 바람 ······ 184
vigilar 감시하다, 지키다 ······ 331
vinagre (m) 식초 ······ 130
vino (m) 포도주 ······ 130
violencia (f) 폭력 ······ 331
violín (m) 바이올린 ······ 289
visado (m) 비자 ······ 331
visitar 방문하다 ······ 313
viudo/a 홀아비, 미망인/배우자를 잃은 ······ 73
vivienda (f) 집 ······ 152
vocabulario (m) 어휘, 어휘력 ······ 251
vocal (f) 모음 ······ 251
volante (m) 핸들 ······ 229
volar 날다 ······ 195
volcán (m) 화산 ······ 177
volumen (m) 볼륨, 소리의 크기 ······ 264
voluntario/a 자원봉사자 / 자발적인 ······ 301
volverse 뒤를 돌다 ······ 32
vomitar 토하다 ······ 59
votar 선거하다, 투표하다 ······ 321
voz (f) 목소리 ······ 18

Y

yate (m) 요트 ······ 297
yerno (m) 사위 ······ 65

Z

zapatillas (de deporte) (f) 운동화 ······ 105
zapato (m) 구두 ······ 105
zona (f) 지역 ······ 177
zoo (m) 동물원 ······ 216
zorro/a 여우 ······ 195
zumo (m) 주스 ······ 130

색인 ❷ Indíce ❷

ㄱ

한국어	스페인어	쪽
가게	ⓕ tienda	216, 351
가격	ⓜ precio	350
가구	ⓜ mueble	149
가난한 (사람)	pobre	339
가로등	ⓜ farol	211
가르치다	enseñar	242
가뭄	ⓕ sequía	183
가벼운	ligero/a	110
가사	ⓕ letra	287
가사 도우미	asistente/a	84
가속하다	acelerar	218
가수	cantante	84
가슴	ⓜ pecho	16
가위	ⓕ tijeras	115
가이드	guía	310
가전제품	ⓜ electro-doméstico	147
가정	ⓜ hogar	63
가정주부	ⓕ ama de casa	83
가족	ⓕ familia	62
가죽	ⓜ cuero	108
가지	ⓕ rama	200
가축	ⓜ ganado	188
간	ⓜ hígado	13
간식	ⓕ merienda	81
간지럽다	picar	56
간호사	enfermero/a	86
갈증	ⓕ sed	31
감기	ⓜ resfriado/a	57
감기에 걸린	resfriado	57
감독	director(a)	279
감동시키다	emocionar	42
감시하다	vigilar	331
감옥	ⓕ cárcel	323
감자	ⓕ patata	126
감축하다	reducir	205
값비싼	caro/a	348
값싼	barato/a	348
강	ⓜ río	174
강변	ⓕ orilla	174
강좌	ⓜ curso	241
강한	fuerte	21
개	perro/a	193
개를 외출시키다	sacar al perro	81
개미	ⓕ hormiga	189
개방적인	abierto/a	34
개봉	ⓜ estreno	280
개인	ⓜ individuo	77
개인적인	personal	346
개최	ⓕ celebración	304
갤러리	ⓕ galería	287
거기	ahí	231
거리	ⓕ calle	209
거미	ⓕ araña	186
거북이	ⓕ tortuga	195
거실	ⓜ salón	162
거울	ⓜ espejo	147
거짓말을 하는	mentiroso/a	37
걱정하는	preocupado/a	45
건강	ⓕ salud	57
건강한	sano/a	58
건물	ⓜ edificio	210
건설하다	construir	146
건조한	seco/a	183
건축	ⓕ arquitectura	253
건축가	arquitecto/a	83
걷다	andar	25
걸레	ⓜ trapo	167
걸어서	a pie	218
검사	fiscal	326
검색창	ⓜ buscador	272
검찰	fiscal	326
겁주다	asustar	41
게으른	vago/a	39
결백한 사람	inocente	328
결정하다	decidir	47
결혼	ⓜ matrimonio	71
결혼식	ⓕ boda	68, 303
결혼하다	casarse	68

한국어	스페인어	페이지
결혼한	casado	68
경기	ⓜ partido	296
경기장	ⓕ cancha	293
경기하다	jugar	296
경비(원)	guardia	87
경연 대회	ⓜ concurso	260
경유(지)	ⓕ escala	309
경작지	ⓕ huerta	199
경작하다	cultivar	197
경제	ⓕ economía	255, 336
경주	ⓕ carrera	293
경찰	ⓕ policía	90
경찰서	ⓕ comisaría	210, 324
경찰차	(coche) patrulla	324
경청하다	escuchar	28
계곡	ⓜ valle	177
계단	ⓕ escalera	147
계산	ⓕ cuenta	335
계산서	ⓕ cuenta	139
계산소	ⓕ caja	348
계산원	cajero/a	84
계약	ⓜ contrato	342
고객	cliente/a	349
고기	ⓕ carne	120
고모	tía	65
고발하다	denunciar	325
고소하다	denunciar	325
고양이	gato/a	189
고용	ⓜ empleo	343
고용주	patrón(a)	345
고장 난	estropeado/a	166
고치다	arreglar	219
고통	ⓜ dolor, ⓕ pena	44, 53
곡류	ⓜ cereal	120
곡물	ⓜ cereal	120
곤충	ⓜ insecto	189
곧게	recto	235
곧은 머리카락	ⓜ pelo liso	23
곧장	recto	235
골키퍼	portero/a	297
곰	oso/a	192
곱슬머리	ⓜ pelo rizado	23
공	ⓜ balón	292
공급	ⓕ oferta	350
공무원	funcionario/a	87
공복감	ⓕ hambre	29
공부하다	estudiar	48
공연	ⓕ Representación, función	280, 281
공원	ⓜ parque	214
공장	ⓕ fábrica, ⓕ industria	336, 338
공중전화 부스	ⓕ cabina de teléfono	266
공책	ⓜ cuaderno	240
공포	ⓜ miedo	44
공학	ⓕ ingeniería	256
공항	ⓜ aeropuerto	218
공해	ⓕ contaminación	203
과목	ⓕ asignatura	238
과일	ⓕ fruta	122
과일 가게	ⓕ frutería	139
과일나무	ⓜ frutal	198
과장	jefe/a	87
관객	espectador(a)	279
관광	ⓜ turismo	313
관광 안내소	ⓕ oficina de información	311
관대한	generoso/a	35
관람물	ⓜ espectáculo	279
관람물 게시란	ⓕ cartelera	278
관심을 갖다	interesarse	49
~광	aficionado/a	291
광고	ⓕ publicidad	263
광부	minero/a	88
광장	ⓕ plaza	215
교수님	profesor(a)	91, 245
교실	ⓕ aula, clase	239, 240
교육	ⓕ educación	69, 241
교육학	ⓕ ciencias de la educación	254
교통	ⓜ tráfico	228
교통 정체	ⓜ atasco	219
교환하다	cambiar	348
교회	ⓕ iglesia	213

한국어	스페인어	페이지
구두	(m) zapato	105
구름	(f) nube	183
구명조끼	(m) chaleco salvavidas	222
구부리다	doblar	27
구시가지	(m) casco viejo	308
구역	(m) barrio	209
구운	asado/a	132
구입하다	comprar	349
국가	(m) estado, país (f) nación	175, 318, 320
국가 번호	(m) prefijo	269
국경	(f) frontera	172, 318
국민	(f) nación	320
국장	jefe/a	87
국회	(m) congreso	316
국회의원	diputado/a	317
군대	(m) ejército	317
군대의	militar	319
군인	militar	319
굴	(f) ostra	126
권력	(m) poder	320
권리	(m) derecho	316
권투	(m) boxeo	292
귀	(f) oreja	15
귀고리	(m) pendiente	104
귀부인	(f) dama	76
귓바퀴	(f) oreja	15
그리다	dibujar	285
그림	(m) cuadro	146
극본	(m) guión	280
극작품	(m) teatro	282
극장	(m) cine	278
근면한	trabajador(a)	39
근육	(m) músculo	14
금	(m) oro	110
금발 머리의	rubio/a	23
급여	(m) sueldo	346
기념비	(m) monumento	311
기념일	(m) aniversario	303
기능하다	funcionar	166
기다리다	esperar	48
기독교	(m) cristianismo	254
기둥	(f) columna	145
기름	(m) aceite	118
기분 좋은	agradable	34
기쁜	alegre, contento/a	41, 42
기사	(m) caballero, mecánico/a	75, 88
기상(학)	(f) meteorología	182
기술자	mecánico/a	88
기억하다	recordar	50
기온	(f) temperatura	183
기자	periodista	9
기자회견	(f) rueda de prensa	264
기차	(m) ferrocarril, tren	212, 229
기침	(f) tos	59
기타	(f) guitarra	287
기한	(m) plazo	339
기혼자	casado/a	68
기후변화	cambio climático	203
긴	largo/a	110
긴 의자	(m) sofá, banco	163, 208
긴장한	nervioso/a	44
길	(f) calle	209
길모퉁이	(f) esquina	211
깃털	(f) pluma	193
깨다	despertarse	27
깨우다	despertar	27
껍질을 벗기다	pelar	135
껑충 뛰다	saltar	31
껴안다	abrazar	25
꽃	(f) flor	198
꾸러미	(m) paquete	269
꿀	(f) miel	125
꿀벌	(f) abeja	186
꿈꾸다	soñar	50
꿰매다	coser	96
끓이다	cocer	133

ㄴ

한국어	스페인어	페이지
나가다	salir	81
나라	(m) país	175
나무	(m) árbol	197
나비	(f) mariposa	191
나쁜	malo/a	36
나이 든	anciano	67
나이트 테이블	(f) mesilla de noche	162
낙낙한	ancho/a	107

낚시 ⓕ pesca	297
낚시꾼 pescador(a)	90
난방 ⓕ calefacción	144
날 것의 crudo/a	133
날다 volar	195
날씨 ⓜ clima, tiempo	180, 184
남(쪽) ⓜ sur	177
남방 ⓕ camisa	95
남성용 팬티 ⓜ calzoncillos	95
남자 ⓜ hombre	76
남편 ⓜ esposo, marido	62, 63
납치 ⓜ secuestro	330
낳다 dar a luz	69
내리다 bajar	220
내장 ⓕ tripa	18
냄새 맡다 oler	30
냅킨 ⓕ servilleta	158
냉기 frío/a	181
냉동하다 congelar	154
냉장고 ⓕ nevera	157
넓은 ancho/a	107
넓적다리 ⓜ muslo	15
넘어지다 caer	26
넥타이 ⓕ corbata	102
노년기 ⓕ vejez	73
노동력 ⓕ mano de obra	345
노동자 obrero/a	89, 345
노동조합 ⓜ sindicato	346
노래 ⓕ canción	284
노인 anciano/a, mayor	67, 71
녹음 ⓕ grabación	262
녹화 ⓕ grabación	262
논 ⓜ campo	170
논의 ⓕ discusión	76
놀다 jugar	296
놀라게 하다 asustar	41
놀라다 sorprender	45
농구 ⓜ baloncesto	292
농부 agricultor(a)	83
농장 ⓕ granja	189
뇌 ⓜ cerebro	11
눈 ⓜ ojo, ⓕ nieve	15, 182
눈물 ⓕ lágrima	29

눈썹 ⓕ ceja	10
눕다 acostarse	79
눕히다 acostar	25
뉴스 ⓜ informativo, ⓕ noticias	262, 263
느끼다 sentir	50
늑대 lobo/a	190
늙다 envejecerse	70
늙은 viejo/a	23
늦은 아침을 먹다 almorzar	79

ㄷ

다리 ⓕ pierna, ⓜ puente	17, 215
(짐승의) 다리, 발 ⓕ pata	192
다림질하다 planchar	167
다운로드하다 descargar	273
다이어트 ⓕ dieta	134
다정한 cariñoso/a	35
다큐멘터리 ⓜ documental	260
단독주택 ⓜ chalé	145
단맛의 dulce	134
단색의 liso/a	110
단어 ⓕ palabra	250
단추 ⓜ botón	94
달 ⓕ luna	173
달걀 ⓜ huevo	123
달리다 correr	26
달콤한 ⓜ dulce	121
닭고기 ⓜ pollo	127
닮다 parecerse	22
당나귀 burro/a	187
대구 ⓜ bacalao	119
대기 ⓕ atmósfera	179
대로 ⓜ avenida	208
대륙 ⓜ continente	171
대리석 ⓜ mármol	288
대머리의 calvo/a	20
대변인 portavoz	321
대본 ⓜ guión	280
대사관 ⓕ embajada	318
대양 ⓜ océano	174
대위 capitán(a)	221
대장 capitán(a)	221

대중 ⓜ pueblo	321
대중매체 ⓜ medio de comunicación (de masas)	262
대출 ⓜ préstamo	339
대통령 presidente/a	321
대표 presidente/a	321
대학교 ⓕ universidad	245
대화 ⓕ conversación	247
더위 ⓜ calor	180
데이다 quemarse	57
데이터베이스 ⓕ base de datos	272
도둑 ladrón(a)	329
도로 ⓕ carretera	222
도서관 ⓕ biblioteca	239
도시 ⓕ ciudad	210
도심 céntrico/a	145
도안가 diseñador(a)	86
도착 ⓕ llegada	225
도청 ⓜ ayuntamiento	208
도트 프린트의 de lunares	108
독감 ⓕ gripe	55
독서하다 leer	29
독자 lector(a)	248
독재 ⓕ dictadura	317
돈 ⓜ dinero	336
돈을 갚다 pagar	339
돈을 받다 cobrar	335
돌다 girar	225
돌려주다 devolver	349
돌보다 cuidar	52
동(쪽) ⓜ este	171
동기 ⓕ promoción	346
동네 ⓜ barrio	209
동료 ⓕ Colega, compañero/a	75, 76, 240
동물원 ⓜ zoo	216
동방박사의 날 ⓜ Día de los Reyes Magos	304
동상 ⓕ estatua	211
동업자 ⓕ colega	75
동이 트다 amanecer	179
동전 ⓕ moneda	338
동틀 녘 amanecer	179
돼지 cerdo/a	187
두꺼운 grueso/a	109
두드리다 golpear	28

두려움 ⓜ miedo	44
둔부 ⓜ trasero	18
뒤를 돌다 volverse	32
드라이클리닝을 하다 lavar en seco	97
드레스 ⓜ vestido	99
듣다 escuchar, oír	28, 30
들다 levantar	29
등 ⓕ espalda	12
등기된 certificado/a	267
등기우편물 certificado/a	267
등록 ⓕ matrícula	244
등불 ⓜ farol	211
등장인물 ⓜ personaje	250
디스코텍 ⓕ discoteca	285
디자이너 diseñador(a)	86
디자인 ⓜ diseño	96
딱딱한 duro/a	134
딸 hija	63
딸기 ⓕ fresa	122
땀 흘리다 sudar	32
땅 ⓕ tierra	177
때리다 golpear	28
떨어지다 caer	26
똑똑한 listo/a	36
뚱뚱한 gordo/a	21
뛰다 correr	26
뛰어오르다 saltar	31
뜨거운 caliente	133

ㄹ

램프 ⓕ lámpara	148
레몬 ⓜ limón	124
레스토랑 ⓜ restaurante	141
레시피 ⓜ receta	136
로터리 ⓕ glorieta	212
롤러스케이팅 ⓜ patinaje	296
롤러코스터 ⓕ montaña rusa	300
르포(르포르타주) ⓜ reportaje	263
리모컨 ⓜ mando(a distancia)	161
리셉션 ⓕ recepción	312
립스틱 ⓕ barra de labios	113
링 ⓜ anillo	101

ㅁ

한국어	스페인어	페이지
마늘	(m) ajo	118
마르다	adelgazar	25
마른	delgado/a	21
마른	seco/a	183
마멀레이드	(f) mermelada	125
마시다	beber	26
마요네즈	(f) mayonesa	125
마우스	(m) ratón	275
마을	(m) pueblo	215
마음	(m) corazón	11
마이크	(m) micrófono	262
마침표	(m) punto	275
막힘	(m) atasco	219
만족스러운	contento/a, satisfecho/a	42, 45
만족하는	satisfecho/a	45
만지다	tocar	32
만화	(m) cómic	247
만화영화	(m) dibujo animado	278
말이 많은	hablador(a)	36
말하다	hablar	28
맛보다	saborear	31
맛있는	rico/a	136
망가진	estropeado/a	166
망명	(m) exilio	318
매	(f) águila	186
매부	cuñado	62
매스미디어	(m) medio de comunicación (de masas)	262
매운	picante	136
매표소	(f) ventanilla, taquilla	282, 229
맥주	(f) cerveza	121
머리	(f) cabeza	10
머리를 빗다	peinarse	114
머리카락	(m) pelo	16
머리카락을 염색하다	teñir el pelo	115
먹다	comer	26
먼지를 닦다	limpiar el polvo	167
멈추다	frenar	224
메뉴판	(f) carta	138
메모	(f) nota, (m) recado	244, 270
메시지	(m) mensaje	274
멜론	(m) melón	125
며느리	(f) nuera	64
면	(m) algodón	107
면도하다	afeitarse	113
면접	(f) entrevista	344
명랑한	alegre	34
모니터	(f) pantalla	275
모델	modelo	89
모래	(f) arena	170
모르다	ignorar	48
모음	(m) vocal	251
모이다	reunirse	81
모터사이클 경주	(m) motociclismo	296
모포	(f) manta	161
목	(m) cuello, (f) garganta	11, 13
목걸이	(m) collar	102
목구멍	(f) garganta	13
목도리	(f) bufanda	101
목소리	(f) voz	18
목수	carpintero/a	85
목욕하다	bañarse	79
목재	(f) madera	287
목적지	(m) destino	224
몸매를 유지하다(적당한)	estar en forma	295
몸무게	(m) peso	23
몸통	(m) tronco	201
못된	malo/a	36
못생긴	feo/a	21
묘지	(m) cementerio	209
무기	(f) arma	323
무늬가 들어간	estampado/a	109
무대	(f) escena	279
무료의	gratis	309
무릎	(f) rodilla	17
무언가를 먹다	tomar algo	141
무죄의	inocente	328
무지개	(m) arco iris	179
문	(f) puerta	151
문법	(f) gramática	248
문자	(f) letra	249
물	(f) agua	118, 170
물고기	(m) pez	193
물리	(f) física	255
물방울무늬의	de lunares	108

물을 주다 regar	200
뮤지컬 ⓜ musical	288
미망인 viuda	73
미술관 ⓜ museo	214
미신 ⓕ superstición	258
미용사 peluquero/a	89
미용실 ⓕ peluquería	215
미워하다 odiar	44
미혼남 soltero	73
미혼녀 soltera	73
미혼의 soltero/a	73
민감한 sensible	38
민족 ⓜ pueblo	215, 321
민중 ⓜ pueblo	215, 321
밀가루 ⓕ harina	122
밀다 empujar	27

ㅂ

바 ⓜ bar	138
바꾸다 cambiar	348
바나나 ⓜ plátano	127
바느질하다 coser	96
바늘 ⓕ aguja	107
바다 mar, océano	173, 174
바닥 ⓜ suelo	151
바닥 ⓜ piso	150
바라다 buscar	47
바람 ⓜ viento	184
바보스러운 tonto/a	39
바이올린 ⓜ violín	289
바자 ⓕ feria	305
바지 ⓜ pantalones	97
바퀴 ⓕ rueda	227
바퀴벌레 ⓕ cucaracha	188
박물관 ⓜ museo	214
박사 학위 ⓜ doctorado	241
박사과정 ⓜ doctorado	241
박수 치다 aplaudir	25
밖으로 afuera	231
반구 ⓜ hemisferio	172
반도 ⓕ península	175
반지 ⓜ anillo	101

반칙 ⓕ falta	295
발 ⓜ pie, ⓕ pada	16, 192
발가락 ⓜ dedo	11
발견하다 encontrar	47
발음 ⓕ pronunciación	250
발전하다 desarrollarse	336
발코니 ⓜ balcón	144
발톱 ⓕ uña	18
발포하다 disparar	326
밝은 claro/a	107
방 ⓕ habitación	148, 310
방문하다 visitar	313
방송국 ⓕ cadena	260
방송하다 emitir	261
방언 ⓜ dialecto	248
방학 ⓕ vacación	313
밭 ⓕ huerta, ⓜ campo	170 199
배 ⓜ estómago, ⓕ pera, ⓜ barco	12, 126, 221
배꼽 ⓜ ombligo	15
배낭 ⓕ mochila	104
배심원단 ⓜ jurado	328
배우 actor/actriz	83
배우다 aprender	47, 238
배우자를 잃은 viudo/a	73
배터리 ⓕ batería	266
백화점 ⓜ gran almacén	212
뱀 ⓕ serpiente	194
버섯류 ⓜ hongo	199
버스 ⓜ autobús	220
버터 ⓕ mantequilla	124
번개 ⓜ relámpago	183
번역 ⓕ traducción	251
번호 ⓜ número	269
벌금 ⓕ multa	329
범법 행위 ⓜ delito	325
범죄자 delincuente	325
법(률) ⓕ ley	329
법학 ⓜ derecho	254
벗다 quitarse	98
베개 ⓕ almohada	160
벤치 ⓜ banco	208
벨 ⓜ timbre	152
벨 보이 ⓜ botones	308

한국어	스페인어	쪽
벨트	ⓜ cinturón	102
벽	ⓕ pared	149
변기	ⓜ váter	158
변호사	abogado/a	83
별	ⓕ estrella, ⓜ planeta	172, 175
별거하다	separarse	73
별장	ⓜ chalé	145
병	ⓕ botella	133
병아리	ⓜ pollo	127
병원	ⓜ hospital	55
볕이 잘 드는	soleado/a	151
보관하다	almacenar	154
보내다	enviar	268
보다	mirar, ver	30, 32
보석	ⓕ joya	103
보증(서)	ⓕ garantía	350
보험	ⓜ seguro	312
복도	ⓜ pasillo	150
복부	ⓜ estómago, ⓕ tripa	12, 18
복숭아	ⓜ melocotón	125
복싱	ⓜ boxeo	292
볼	ⓕ mejilla	14
볼륨	ⓜ volumen	264
볼펜	ⓜ bolígrafo	239
봉투	ⓜ sobre, ⓕ bolsa	270, 348
부드러운	suave	111
부딪히다	chocar	222
부부	ⓜ matrimonio	71
부서	ⓜ departamento	343
부엌	ⓕ cocina	145
부인	ⓕ mujer, esposa	62, 64
부츠	ⓕ bota	101
부활절 주간	ⓕ Semana Santa	306
북(쪽)	ⓜ norte	174
북극	ⓜ polo norte	176
북돋우다	animar	291
분수	ⓕ fuente	212
분위기	ⓕ atmósfera	179
분필	ⓕ tiza	245
불	ⓕ luz	149
불교	ⓜ budismo	253
불꽃놀이	ⓜ fuegos artificiales	305
불법의	ilegal	327
불쌍한	pobre	44, 339
불에 구운	a la parrilla	132
불을 끄다	apagar la luz	165
블록	ⓕ manzana	213
비	ⓕ lluvia	182
비극	ⓕ tragedia	282
비기다	empatar	294
비누	ⓜ jabón	114
비데	ⓜ bidé	154
비둘기	ⓜ palomo/a	192
비디오	ⓜ vídeo	282
비밀번호	ⓕ contraseña	273
비서	secretario/a	91
비용	ⓜ coste	335
비자	ⓜ visado	331
비행기	ⓜ avión	220
빈곤한	pobre	339
빌려 주다	alquilar	144
빌리다	alquilar	144
빗자루	ⓕ escoba	166
빛	ⓕ luz	149
빠른	rápido/a	227
빨간 머리의	pelirrojo/a	22
빵	ⓜ pan	126
빵집	ⓕ panadería	140
뺨	ⓕ mejilla	14
뼈	ⓜ hueso	13
뿌리	ⓕ raíz	200

ㅅ

한국어	스페인어	쪽
사각형	ⓜ cuadro	146
사과	ⓕ manzana	124
사교적인	sociable	39
사다	comprar	349
사람	ⓜ individuo, ⓕ persona	77
사랑에 빠지다	enamorarse	70
사랑하는	enamorado/a	42
사막	ⓜ desierto	171
사법부	ⓕ justicia	328
사서함	ⓜ apartado	266
사업하다	negociar	339
사운드트랙	ⓕ banda sonora	278

한국어	스페인어	페이지
사원	(m) templo	258
사위	(m) yerno	65
사이가 나쁘다	llevarse mal	36
사이가 좋다	llevarse bien	36
사이즈	(f) talla	99
사이클 경주	(m) ciclismo	293
사인	(f) firma	337
사자	león(a)	190
사전	(m) diccionario	241
사제	(m) sacerdote	258
사진	(f) fotografía	300
사진사	fotógrafo/a	86
사촌	primo/a	65
사탕	(m) caramelo, dulce	120, 121
사탕수수	(f) caña de azúcar	197
사투리	(m) dialecto	248
사형	(f) pena de muerte	329
사회자	presentador(a)	263
사회학	(f) sociología	258
산	(f) montaña	173
산성의	ácido/a	132
산업	(f) industria	338
산책	(m) paseo	301
살인자	asesino/a	323
살찌다	engordar	27
살해하다	matar	329
삶	(f) vida	59
삼촌	tío	65
상냥한	amable, simpático/a	34, 38
상사	(f) compañía	342
상상하다	imaginar	49
상속	(f) herencia	337
상업적인	comercial	342
상연	(f) función	280
상연 회차	(f) sesión	281
상인	vendedor(a)	91
상점	(f) tienda	216, 351
상처 내다	herir	55, 327
상처를 입히다	herir	55, 327
상추	(f) lechuga	123
상품	(m) producto	340
새	pájaro/a	192
새벽	amanecer	179
새장	(f) jaula	190
색깔	(m) color	284
샌들	(f) sandalias	105
샐러드	(f) ensalada	121
생각	(f) mente	49
생각하다	pensar	50
생명	(f) vida	59
생물(학)	(f) biología	253
생방송으로	en directo	261
생선	(m) pescado	127
생선 가게	(f) pescadería	140
생일	(m) cumpleaños	304
생태계	(m) ecosistema	204
생태학	(f) ecología	204
샤워(기)	(f) ducha	155
샤워하다	ducharse	80
샴푸	(m) champú	113
서 있다	estar de pie	28
서(쪽)	(m) oeste	174
서랍(장)	(m) cajón	160
서점	(f) librería	213
서커스	(m) circo	299
석쇠에 구운	a la parrilla	132
석양	anochecer	179
선거	(f) elecciones	317
선거 캠페인	(f) campaña electoral	316
선거운동	(f) campaña electoral	316
선거하다	votar	321
선물	(m) regalo	306
선생님	profesor(a), maestro/a	88, 91, 244, 245
선선한	fresco/a	180
선장	capitán(a)	221
선전	(f) promoción	346
선조	antepasado/a	62
선탠하다	tomar el sol	301
설거지하다	fregar	156
설계자	diseñador(a)	86
설탕	(m) azúcar	119
섬	(f) isla	173
성격	(m) carácter	35
성경	(f) Biblia	253
성공하다	tener éxito	73
성수기	(f) temporada alta	312

한국어	스페인어	쪽
성숙한	maduro/a	36
성실한	trabajador(a)	39
성인(의)	adulto/a, mayor	67, 71
성장하다	crecer	68
성적	(f) nota	244
성주간	(f) Semana Santa	306
세계	(m) mundo	320
세관	(f) aduana	308
세금	(m) impuesto	337
세례를 주다	bautizar	67
세면대	(m) lavabo	156
세수하다	lavarse la cara	80
세일	(f) rebaja	351
세제	(m) detergente	165
세탁기	(f) lavadora	156
세탁기를 작동시키다	poner la lavadora	167
세탁소	(f) tintorería	216
센	fuerte	21
셔츠	(f) camisa	95
소금	(f) sal	128
소나기	(f) tormenta	184
소나무	(m) pino	199
소녀	chica	68
소년	chico	68
소리	(m) sonido	289
소리 지르다	gritar	28
소망하다	esperar	48
소매	(f) manga	97
소방관	bombero/a	84
소설	(f) novela	249
소스	(f) salsa	128
소식	(f) noticias	263
소심한	tímido/a	39
소유주	propietario/a	151
소파	(m) sofá	163
소포	(m) paquete	269
속눈썹	(f) pestaña	16
속도	(m) velocidad	229
손	(f) mano	14
손가락	(m) dedo	11
손가방	(m) maletín	103
손녀	nieta	64
손님	huésped, cliente/a	76, 349
손목	(f) muñeca	14
손바닥	(f) palma	16
손수건	(m) pañuelo	104
손자	nieto	64
손톱	(f) uña	18
솔직한	sincero/a	38
쇼	(m) espectáculo	279
쇼핑 가다	ir de compras	300
쇼핑센터	(m) centro comercial	210
수강신청	(f) matrícula	244
수건	(f) toalla	115
수다스러운	hablador(a)	36
수단	(m) recursos	340
수도꼭지	(m) grifo	156
수선하다	arreglar	219
수업	(f) clase	240
수영복	(m) bañador	94
수영장	(f) piscina	150, 297
수영하다	nadar	296
수요	(f) demanda	335
수위	portero/a	150
수의사	veterinario/a	91
수족관	(m) acuario	186
수줍어하는	tímido/a	39
수집하다	coleccionar	299
수출	(f) exportación	336
수취인	destinatario/a	267
수컷	(m) macho	191
수탉	(m) gallo	188
수하물	(m) equipaje	309
수하물을 접수하다	facturar el equipaje	224
수학	(f) matemática	256
숙녀	(f) dama	76
숙박객	huésped	76
숙소	(m) alojamiento	308
숙제	(m) deberes	241
순진한	inocente	328
순찰차	(f) (coche) patrulla	324
숟가락	(f) cuchara	155
숟가락 세트	(m) cubierto	155
숨 쉬다	respirar	31
(숫)말	(m) caballo	187
숫소	(m) toro	195

색인 ❷ 405

한국어	스페인어	쪽
숯불에 구운	a la parrilla	132
숲	ⓜ bosque	170
슈트	ⓜ traje	99
슈퍼마켓	ⓜ supermercado	141
스웨터	ⓜ jersey	97
스카프	ⓜ pañuelo	104
스케이팅	ⓜ patinaje	296
스케치하다	dibujar	285
스키	ⓜ esquí	294
스타디움	ⓜ estadio	294
스타일	ⓜ estilo	286
스타킹	ⓕ medias	103
스트라이프 무늬의	de rayas	108
스트레스	ⓜ estrés	43
스파게티	ⓜ espaguetis	121
스포츠	ⓜ deporte	293
스프	ⓕ sopa	128
슬픈	triste	45
슬픔	ⓕ pena	44
습기가 많은	húmedo/a	181
습한	húmedo/a	181
승강장	ⓜ andén	218
승객	pasajero/a	226
승려	sacerdote	258
승무원	azafato/a	220
승선	ⓜ embarque	224
승진	ⓕ promoción	346
시	ⓜ poema	250
시간	ⓜ tiempo	184
시간을 잘 지키는	puntual	37
시간제로	a tiempo parcial	342
시간표	ⓜ horario	225
시계	ⓜ reloj	105
시골	ⓜ campo	170
시골의	rural	201
시누이	cuñada	62
시리즈	ⓕ serie	264
시민	ciudadano/a	316
시부모	suegro/a	65
시장	ⓜ mercado	139
시청	ⓜ ayuntamiento	208
시트	ⓕ sábana	162
시합	ⓜ partido	296
시험	ⓜ examen, ⓕ prueba	242, 245
식	ⓕ ceremonia	304
식기세척기	ⓜ lavavajillas	157
식당	ⓜ restaurante, comedor	141, 146
식도	ⓕ garganta	13
식사 도구	ⓜ cubierto	155
식욕	ⓜ apetito	52
식용유	ⓜ aceite	118
식이요법	ⓕ dieta	134
식초	ⓜ vinagre	130
식탁보	ⓜ mantel	157
신	ⓜ dios	254
신경질적인	nervioso/a	44
신맛의	ácido/a	132
신문	ⓜ periódico	263
신문 가판대	ⓜ quiosco	216
신문방송학	ⓜ periodismo	257
신분증	ⓜ carné de identidad	323
신사	ⓜ caballero	75
신선한	fresco/a	134
신용카드	ⓕ tarjeta de crédito	340
신장	ⓕ estatura	21
신전	ⓜ templo	258
신중한	prudente	37
신학	ⓕ teología	258
신호등	ⓜ semáforo	228
신혼여행	ⓕ luna de miel	71, 305
실	ⓜ hilo	109
실업	ⓜ paro	345
실직	ⓜ paro	345
실크	ⓕ seda	111
싫어하다	odiar	44
심각한	serio/a, grave	38, 54
심다	plantar	200
심리학	ⓕ psicología	257
심사위원단	ⓜ jurado	328
심심한	aburrido/a	41
심장	ⓜ corazón	11
심판(관)	árbitro/a	291
심판하다	juzgar	328
쌀	ⓜ arroz	118
쌀쌀한	fresco/a	180
쌀쌀함	fresco/a	180

쓰레기 ⒡ basura ······ 165, 203
(빗자루로) 쓸다 barrer ······ 165
씨 ⒡ semilla ······ 201
씨를 뿌리다 sembrar ······ 201

ㅇ

아가씨 muchacha ······ 71
아기 ⒨ bebé ······ 67
아들 hijo ······ 63
아래에 abajo ······ 231
아버지 ⒨ padre ······ 64
아이스크림 ⒨ helado ······ 122
아이스크림 가게 ⒡ heladería ······ 139
아침 식사 ⒨ desayuno ······ 80
아파트 ⒨ piso ······ 150
아픈 enfermo/a ······ 54
악기 ⒨ instrumento ······ 287
안개 ⒡ niebla ······ 182
안경 ⒡ gafas ······ 102
안으로 adentro ······ 231
안전벨트 ⒨ cinturón de seguridad ······ 223
안정 ⒨ reposo ······ 57
안타까움 ⒡ pena ······ 44
약히다 sentar ······ 31
알다 saber ······ 50
알레르기 ⒡ alergia ······ 52
알을 낳다 poner huevos ······ 194
알파벳 ⒡ letra ······ 249
암기하다 aprender ······ 47, 238
암소 ⒡ vaca ······ 195
암컷 ⒡ hembra ······ 189
암탉 ⒡ gallina ······ 188
암호 ⒡ contraseña ······ 273
애니메이션 ⒨ dibujo animado ······ 278
애완동물 ⒨ animal de compañía ······ 186
애피타이저 ⒨ aperitivo ······ 138
액자 ⒨ cuadro ······ 146
앰뷸런스 ⒡ ambulancia ······ 52
앵무새 loro/a ······ 190
앵커 locutor(a) ······ 262
야구 ⒨ béisbol ······ 292
야생하다 salvaje ······ 194

약 ⒡ medicina ······ 56, 256
약국 ⒡ farmacia ······ 54, 211
약속 ⒡ cita ······ 75
약한 débil ······ 20
약혼자 novio/a ······ 72
양 ⒡ oveja ······ 192
양말 ⒨ calcetín ······ 101
양모 ⒡ lana ······ 109
양식 ⒨ estilo ······ 286
양파 ⒡ cebolla ······ 120
어깨 ⒨ hombro ······ 13
어두운 oscuro/a ······ 110
어른 adulto/a ······ 67
어린 시절 ⒡ niñez ······ 72
어머니 ⒡ madre ······ 63
어문학 ⒡ filología ······ 255
어부 pescador(a) ······ 90
어울리지 않다 quedar mal ······ 98
어지러운 mareado/a ······ 55
어항 ⒨ acuario ······ 186
어휘(력) ⒨ vocabulario ······ 251
언론 ⒨ periodismo ······ 257
언어 ⒡ lengua ······ 14, 249
언어학 ⒡ lingüística ······ 249
얼굴 ⒡ cara ······ 10
얼리다 congelar ······ 154
얼음 ⒨ hielo ······ 181
엉덩이 ⒨ trasero ······ 18
(~에) 열중하는 사람 aficionado/a ······ 291
에너지 ⒡ energía ······ 204
에어컨 ⒨ aire acondicionado ······ 160
에피소드 ⒨ episodio ······ 261
엘리베이터 ⒨ ascensor ······ 144
여권 ⒨ pasaporte ······ 226
여기 aquí ······ 233
여성용 팬티 ⒡ bragas ······ 94
여왕 reina ······ 321
여우 zorro/a ······ 195
여유 시간 ⒨ tiempo libre ······ 301
여자 ⒡ mujer ······ 64
여행사 ⒡ agencia de viajes ······ 308
여행하다 viajar ······ 313
역 ⒡ estación ······ 211

한국어	스페인어	페이지
연결하다	conectar(se)	273
연극	ⓜ teatro	282
연극 전용 극장	ⓜ teatro	282
연금	ⓕ pensión	345
연기	ⓜ humo	204
연습 (문제)	ⓜ ejercicio	242
연습하다	ensayar, entrenar	286, 394
연인	novio/a	72
연주하다	tocar	289
연필	ⓜ lápiz	243
연회	ⓜ banquete	303
열	ⓕ fiebre, ⓕ fila	54, 280
열린	abierto/a	34
열쇠	ⓕ llave	149
염소	ⓕ cabra	187
엽서	ⓕ postal	269
영수증	ⓜ recibo, ⓕ cuenta	351, 335
영하의	bajo cero	179
영화	ⓜ Cine, ⓕ película	278, 280
영화계	ⓜ cine	278
영화음악	ⓕ banda sonora	278
옅은	claro/a	107
예쁜	guapo/a	22
예산	ⓜ presupuesto	340
예술	ⓜ arte, ⓕ bellas artes	253, 284
예식	ⓕ ceremonia	304
예약	ⓕ cita, reserva	75, 312
예약하다	pedir hora	56
예의 바른	educado/a	35
오디오	ⓜ equipo de música	161
오렌지	ⓕ naranja	126
오리	pato/a	193
(스페인식) 오믈렛	ⓕ tortilla	129
오븐	ⓜ horno	156
오븐에 조리한	al horno	132
오스탈	ⓜ hostal	310
오염	ⓕ contaminación	203
오존층	capa de ozono	203
오케스트라	ⓕ orquesta	288
오토바이	ⓕ motocicleta	226
옥수수	ⓜ maíz	124
온도	ⓜ grado, ⓕ temperatura	181, 183
온도계	ⓜ termómetro	59
온실	ⓜ invernadero	199
온실효과	ⓜ invernadero	204
온화한	tranquilo/a	45
올리브	ⓕ aceituna	118
올케	cuñada	62
옷	ⓕ ropa	98
옷 입다	vestirse	99
옷을 널다	tender la ropa	167
왕	rey	321
왕가	ⓕ monarquía	319
왕궁	ⓜ palacio	214
왕비	reina	321
왕실	ⓕ monarquía	319
외교관	diplomático/a	317
외국(인)	extranjero/a	309
외국(인)의	extranjero/a	309
외출하다	salir	81
외투	ⓜ abrigo	94
요구	ⓕ demanda	335
요금	ⓕ tarifa, cuota	270, 335
요기하다	tomar algo	141
요리	ⓜ plato	140
요리사	cocinero/a	85
요리하다	cocer	133
요트	ⓜ yate	297
욕실	ⓜ cuarto de baño	147
욕조	ⓕ bañera	154
욕하다	insultar	328
용의자	sospechoso/a	330
우리	ⓕ jaula	190
우산	ⓜ paraguas	104
우송료	ⓜ gastos de envío	268
우울한	deprimido/a	42
우유	ⓕ leche	123
우체국	ⓕ oficina de correos	214
우체통	ⓜ buzón	266
우편	ⓜ correo	267
우편료	ⓜ gastos de envío	268
우편배달부	cartero/a	85
우편번호	ⓜ código postal	267
우표	ⓜ sello	270
우호적인	sociable	39
운동	ⓜ deporte	293

한국어	스페인어	쪽
운동화	(f) zapatillas (de deporte)	105
운명	(m) destino	69
운송수단	(m) vehículo	229
운전면허증	(m) carné de conducir	222
운전사	conductor(a), piloto	85, 90, 227
운전하다	conducir	223
울	(f) lana	109
울다	llorar	29
움직이다	moverse	30
웃다	reír	30
원단	(f) tela	111
원숭이	mono/a	191
원어판	(f) versión original	282
원피스	(m) vestido	99
월계수	(m) laurel	199
월급	(m) sueldo	346
웨이터	camarero	84
웨이트리스	camarera	84
웹 서핑하다	navegar	274
웹페이지	(f) página web	274
위	(m) estómago	12
위법 행위	(m) delito	325
위성	(f) luna, (m) satélite	173, 176
위에	arriba	233
위중한	grave	54
유년 시절	(f) niñez	72
유리	(m) cristal , (m) vidrio	146, 205, 223
유머 감각	(m) sentido del humor	38
유산	(f) herencia	337
유적지	(m) monument, (f) ruinas	311, 312
유치원	(f) guardería	243
유쾌한	agradable	34
유행하다	estar de moda	96
육류	(f) carne	120
육상	(m) atletismo	291
육상경기	(m) atletismo	291
은	(f) plata	111
은퇴	(f) jubilación	344
은행	(m) banco	208
은행 계좌	(f) cuenta	335
음료	(f) bebida	119
음미하다	saborear	31
음식	(f) comida	79
음악	(f) música	288
음향	(m) sonido	289
응급실	(f) urgencias	59
응원하다	animar	291
의견을 내다	opinar	49
의례	(f) ceremonia	304
의료보험	(m) médico	58
의미	(m) significado	251
의사	médico/a	56, 88
의심스러운	sospechoso/a	330
의자	(f) silla	163
의학	(f) medicina	56, 256
이기다	ganar	295
이력서	(m) currículum	343
이륙하다	despegar	223
이마	(f) frente	12
이메일	(m) correo electrónico	273
이벤트	(m) evento	304
이빨	(m) diente	12
이사하다	mudarse	149
이슬람	(m) islamismo	256
이웃	vecino/a	77
이자	(m) interés	338
이파리	(f) hoja	198
이해하다	comprender, entender	47, 48
이혼하다	divorciarse	69
익다	estar hecho	134
익은	maduro/a	135
익지 않은	crudo/a	133
인간	(m) hombre, (f) persona	76, 77
인내심이 강한	paciente	37
인도	(f) acera	208
인력	(m) personal	346
인류 문화유산	(m) Patrimonio de la Humanidad	311
인물	(f) persona	77
인원	(m) personal	346
인종	(f) raza	330
인터넷	(f) red	275
인터넷을 돌아다니다	navegar	274
인터뷰	(f) entrevista	261, 344
인후	(f) garganta	13
일	(m) trabajo	346

한국어	스페인어	쪽
일광욕하다	tomar el sol	301
일어나다	levantarse	81
일으키다	levantar	29
일자리	ⓜ empleo	343
읽다	leer	29
임대하다	alquilar	144
임신	ⓜ embarazo	53
입	ⓕ boca	10
입구	ⓕ entrada	224
입맞춤하다	besar	26
입술	ⓜ labio	13
입어 보다	probarse	98
입장	ⓕ entrada	224
입장권	ⓕ entrada	279
잊어버리다	olvidar	49
잎	ⓕ hoja	198

ㅈ

한국어	스페인어	쪽
자다	dormir	27
자동응답기	ⓜ contestador automático	267
자동차	ⓜ coche	223
자동차 폭탄	ⓜ coche bomba	324
자동화기기	cajero automático	209
자르다	cortar	133
자막	ⓜ subtítulo	281
자매	hermana	63
자명종	ⓜ despertador	161
자발적인	voluntario/a	301
자본	ⓜ capital	334
자신 있는	seguro/a	37
자연재해	ⓜ natural	180
자원	ⓜ recursos	340
자원봉사자	voluntario/a	301
자유 시간	ⓜ tiempo libre	301
자음	ⓕ consonante	247
자전거	ⓕ bicicleta	221
작가	escritor(a), autor(a)	86, 247
작곡가	compositor(a)	285
작동하다	funcionar	166
작은	pequeño/a	111
작은 가방	ⓜ maletín	103
작품	ⓕ obra	249

한국어	스페인어	쪽
잔돈을 가지고 있다	tener suelto	351
잔디	ⓜ césped	197
잘 어울리다	quedar bien	98
잘생긴	guapo/a	22
잠자리에 들다	acostarse	79
잡아당기다	tirar	32
잡지	ⓕ revista	264
장	ⓜ episodio	261
(싱크대의)장	ⓜ armario	160
장 보러 가다	ir de compras	300
장갑	ⓜ guante	103
장관	ministro/a	319
장난감	ⓜ juguete	300
장례식	ⓜ funeral	70
장르	ⓜ género	248
장면	ⓕ escena	279
장모	suegro/a	65
장미	ⓕ rosa	200
장소	ⓜ lugar	213
장식이 없는	liso/a	110
장인	suegro/a	65
장학금	ⓕ beca	239
재력	ⓜ recursos	340
재미없는 시간을 보내다	pasarlo mal	300
재미있는	divertido/a	35
재미있는 시간을 보내다	pasarlo bien	300
재배하다	cultivar	197
재킷	ⓕ chaqueta	95
재활용하다	reciclar	205
잼	ⓕ mermelada	125
저기	allí	232
저널리스트	periodista	9
저녁 식사	ⓕ cena	79
저장하다	almacenar	154
저축	ⓜ ahorro	334
적도	ⓜ ecuador	171
전경	ⓜ paisaje	175
전공	ⓕ especialidad	242
(대학의) 전공	ⓕ carrera	240
전기	ⓕ biografía	247
전등	ⓕ lámpara	148
전시회	ⓕ exposición	286
전원	rural	201

한국어	스페인어	쪽
전자레인지	ⓜ microondas	157
전자우편	ⓜ correo electrónico	273
전쟁	ⓕ guerra	319, 327
전채 요리	ⓜ aperitivo	138
전축	ⓜ equipo de música	161
전화기	ⓜ teléfono	163, 270
전화번호부	ⓕ guía telefónica	268
전화하다	llamar (por teléfono)	269
절도하다	robar	330
절약	ⓜ ahorro	334
젊은	joven	22, 70
젊은이	joven	22, 70
점	ⓜ punto	275
점심 먹다	almorzar	79
점심 식사	ⓕ comida	79
점심) 정식	ⓜ menú del día	139
접다	doblar	27
접속하다	conectar(se)	273
접수처	ⓕ recepción	312
접시	ⓜ plato	140
정권	ⓜ poder	320
정당	ⓜ partido (político)	320
정류소	ⓕ parada	214
정부	ⓜ gobierno	318
정신	ⓕ mente	49
정원	ⓜ jardín	148
정원사	jardinero/a	87
정육점	ⓕ carnicería	138
정의	ⓕ justicia	328
정장	ⓜ traje	99
정중한	educado/a	35
정체	ⓜ atasco	219
정치	ⓕ política	257, 320
제공	ⓕ oferta	350
제목	ⓜ título	251
제빵사	panadero/a	89
제조사	ⓕ fábrica	336
제조업	ⓕ industria	338
조각(품)	ⓕ escultura	286
조끼	ⓜ chaleco	95
조리법	ⓕ receta	136
조상	antepasado/a	62
조수	asistente/a	84
조종사	piloto	90, 227
조카	sobrino/a	65
졸업하다	graduarse	243
종교	ⓕ religión	257
종업원	dependiente/a	85, 349
종이	ⓜ papel	244
좋은	bueno/a	34
좌석	ⓜ asiento	219
죄가 있는	culpable	325
죄인	culpable	325
주머니	ⓜ bolsillo	94
주민	ⓜ pueblo, habitante, ciudadano/a 213, 215, 316	
주방	ⓕ cocina	145
주사	ⓕ inyección	55
주소	ⓕ dirección	268
주스	ⓜ zumo	130
주식	ⓕ acciones	334
주식회사	ⓕ compañía	342
주유소	ⓕ gasolinera	212
주인	propietario/a, patrón(a)	151, 345
주인공	protagonista	281
주장	capitán(a)	221
주차장	ⓜ garaje, aparcamiento	148, 208
주차하다	aparcar	218
주택 융자	ⓕ hipoteca	337
죽다	morir	71
죽이다	matar	329
줄	ⓕ fila	280
줄기	ⓜ tronco	201
줄무늬의	de rayas	108
줄이다	reducir	205
중심	ⓜ ombligo	15
중심가의	céntrico/a	145
중정	ⓜ patio	150
쥐	ratón(a)	194
즐거운	alegre	41
즐기다 노닥거리다	entretenerse	299
증권	ⓕ bolsa	334
증권거래소	ⓕ bolsa	334
증기로 익힌	al vapor	132
증시	ⓕ bolsa	334
증인	testigo	331
지갑	ⓕ cartera	102

지겨운 aburrido/a — 41
지구 (f) tierra — 177
지구온난화 calentamiento global — 203
지능 (m) cerebro — 11
지도 (m) plano — 311
지리 (f) geografía — 172, 255
지문 (f) huella digital — 327
지방 (f) región — 176
지불하다 pagar — 339
지역 (m) barrio, (f) zona, región — 176, 177, 209
지역 번호 (m) prefijo — 269
지연 (m) retraso — 227
지옥 (m) infierno — 256
지우개 (f) goma de borrar — 243
지점 (f) sucursal — 340
지진 (m) terremoto — 184
지출 (m) gasto — 337
지키다 vigilar — 331
지폐 (m) billete — 334
지하실 (m) sótano — 151
지하철 (m) metro — 226
지하철 입구 (f) boca de metro — 209
직모 (m) pelo liso — 23
직업 (m) empleo, (m) trabajo, (m) oficio — 89, 343, 346
직업 경력 (f) carrera — 240
직업 교육 (f) formación profesional — 243
직원 empleado/a — 86
직장 (m) trabajo — 346
진공청소기 (f) aspiradora — 165
진열대 (m) escaparate — 96
진열장 (f) estantería — 148
진지한 serio/a — 38
질병 (f) enfermedad — 54
질투 (f) envidia — 43
짐 (m) equipaje — 309
짐을 부치다 facturar el equipaje — 224
짐칸 (m) maletero — 226
집 (f) casa, (f) vivienda, (m) hogar — 63, 145, 152
짓다 construer — 146
짖다 ladrar — 190
짙은 oscuro/a — 110
짠맛의 salado/a — 136
짧은 corto/a — 108

찌르다 picar — 56
찐 al vapor — 132

ㅊ

차 (m) té — 129
차가운 frío/a — 135, 181
차도 (f) carretera — 222
차량 (m) vehículo — 229
차별 (f) discriminación — 326
착륙하다 aterrizar — 219
착용해 보다 probarse — 98
착한 bueno/a — 34
참다 aguantar — 41
참석하다 asistir — 239
참을성 있는 paciente — 37
참치 (m) atún — 119
찻집 (f) cafetería — 138
창구 (f) taquilla, (f) ventanilla — 229, 282
창문 (f) ventana — 152
창자 (f) tripa — 18
찾다 encontrar, buscar — 47
채널 (m) canal — 260
채소 (f) verdura — 130
채팅하다 chatear — 273
책임자 jefe/a — 87
책장 (f) estantería — 148
챔피언 campeón(a) — 292
처남 cuñado — 62
처방전 (f) receta (médica) — 57
천둥 (m) trueno — 184
천장 (m) techo — 152
철도 (m) ferrocarril — 212
철학 (f) filosofía — 255
첨부하다 adjuntar — 272
청년 muchacho — 71
청량음료 (m) refresco — 128
청바지 (m) vaqueros — 99
청소년(기의) adolescente — 67
체격 (m) físico — 12
체스 (m) ajedrez — 291
체온 (f) temperatura — 58
체온계 (m) termómetro — 59

412　내게는 특별한 **스페인어 어휘**를 부탁해

한국어	스페인어	쪽
체육관	ⓜ gimnasio	295
체중	ⓜ peso	23
체크무늬의	de cuadros	108
체포하다	detener	326
초대	ⓕ invitación	305
초상화	ⓜ retrato	289
초연	ⓜ estreno	280
총	ⓕ pistola	330
촬영하다	rodar	281
추상적인	abstracto/a	284
추위	frío/a	181
추천장	ⓕ carta de presentación	342
축구	ⓜ fútbol	295
축배	ⓜ brindis	303
축제	ⓕ fiesta, ⓕ feria	305
출간하다	publicar	250
출구	ⓕ salida	228
출근하다	ir a trabajar	80
출발	ⓕ salida	228
출산하다	dar a luz	69
출석하다	asistir	239
출판사	ⓕ editorial	248
출판하다	publicar	250
춤추다	bailar	284
취미	ⓕ afición	299
취미인	aficionado/a	291
층	ⓜ piso	150
층계	ⓕ escalera	147
치과	dentista	53
치과 의사	dentista	53
치다	atropellar	220
치료하다	curar	53
치마	ⓕ falda	96
치아	ⓜ diente	12
치약	ⓕ pasta de dientes	114
치즈	ⓜ queso	128
친구	amigo/a	75
친절한	amable, simpático/a	34, 38
친척	pariente	64
친한	amigo/a	75
칠면조	pavo/a	193
칠판	ⓕ pizarra	244
침대	ⓕ cama	161
침대 옆 협탁	ⓕ mesilla de noche	162
침대를 정리하다	hacer la cama	80, 166
침실	ⓜ dormitorio	147
침착한	tranquilo/a	45
칫솔	ⓜ cepillo de dientes	113

ㅋ

카네이션	ⓜ clavel	197
카니발	ⓜ carnaval	303
카메라	ⓕ cámara	299
카운터	ⓕ caja	348
카톨릭 신자	católico/a	254
카톨릭의	católico/a	254
카페(카페테리아)	ⓕ cafetería	138
카펫	ⓕ alfombra	160
칼	ⓜ cuchillo, ⓜ cubierto	155
캐러멜	ⓜ caramel	120
캔	ⓕ lata	135
캡 모자	ⓕ gorra	103
커리큘럼	ⓜ currículum	343
커브를 틀다	girar	225
커튼	ⓕ cortina	146
커플	ⓕ pareja	72
커피	ⓜ café	120
커피메이커	ⓕ cafetera	154
컨디션이 나쁘다	encontrarse mal	53
컨디션이 좋다	encontrarse bien	53
컴퓨터	ⓜ ordenador	162
컵	ⓜ vaso	158
케이크	ⓕ tarta	129
코	ⓕ nariz	15
코끼리	elefante/a	188
코너	ⓕ esquina	211
코스	ⓜ curso	241
코트	ⓜ abrigo	94
콘서트	ⓜ concierto	285
콩류	ⓕ legumbre	123
콩쿨	ⓜ concurso	260
쾌활한	alegre	34
쿠데타	ⓜ golpe de Estado	319
크다	crecer	68
크루즈	ⓜ crucero	309
크리스마스	ⓕ Navidad	306

큰 grande	109
큰 길 (f) avenida	208
키 (f) estatura	21
키가 작은 bajo/a	20
키가 큰 alto/a	20
키보드 (m) teclado	275
키스하다 besar	26
키우다 criar	69

ㅌ

타이틀 (m) título	251
타일 (m) azulejo	144
타파스 (f) tapa	141
탁자 (f) mesa	162
탈 것 (m) vehículo	229
탈의실 (m) probador	98
탐정 detective	325
탑 (f) torre	216
탑승 (m) embarque	224
태양 (m) sol	176
태어나다 nacer	72
택시 (m) taxi	228
택시 기사 taxista	91
턱수염 (f) barba	20
털 (m) pelo	16
테니스 (m) tenis	297
테라스 (f) terraza	152
테스트 (f) prueba	245
텐트 (f) tienda de campaña	313
텔레비전 (f) televisión	163
토끼 conejo/a	187
토론 (f) discusión, (m) debate	76, 260
토르티야 (f) tortilla	129
토마토 (m) tomate	129
토스트 (f) tostada	129
토하다 vomitar	59
통신망 (f) red	275
통역사 intérprete	87
통장 (f) libreta de banco	338
통조림 (f) lata	135
통화 중이다 estar comunicando	268
퇴직 (f) jubilación	344

투우 경기 (f) corrida de toros	293
투자 (f) inversión	338
투표하다 votar	321
튀긴 frito/a	135
트랙 (f) cancha	293
트럭 (m) camión	221
트렁크 (m) maletero, (f) maleta	226, 310
특성 (m) carácter	35
특파원 enviado/a especial	261
틀리게 하다 equivocar	48
티셔츠 (f) camiseta	95
티켓 (f) billete	221
팀 (m) equipo	294
팁 (f) propina	140

ㅍ

파도 (f) ola	174
파리 (f) mosca	191
파업 (f) huelga	344
파인애플 (f) piña	127
파일 (m) archivo	272
파자마 (m) pijama	97
파트너 compañero/a	76, 240
파티 (f) fiesta	305
파티오 (m) patio	150
판단하다 juzgar	328
판매원 vendedor(a)	91
판사 juez(a)	88
팔 (m) brazo	10
팔꿈치 (m) codo	11
팔다 vender	351
팔찌 (f) pulsera	104
팬 aficionado/a	291
페리아 (f) feria	305
편안한 cómodo/a	107
편지 (f) carta	266
평등 (f) igualdad	327
폐 (m) pulmón	17
포도 (f) uva	130
포도나무 (f) vid	201
포도주 (m) vino	130
포옹하다 abrazar	25

포유류(의) mamífero/a	191
포장하다 envolver	350
포크 ⓜ cubierto, tenedor	155, 158
폭력 ⓕ violencia	331
폭우 ⓕ tormenta	184
표 ⓜ billete, ⓕ entrada	221, 279
풀 ⓕ hierba	198
풀이 죽은 deprimido/a	42
풍경 ⓜ paisaje	175, 311
플라스틱 ⓜ plástico	205
플러그를 꽂다 enchufar	166
플루트 ⓕ flauta	286
피 ⓕ sangre	17
피가 나다 sangrar	58
피고 acusado/a	323
피곤한 cansado/a	52
피부 ⓕ piel	17
피아노 ⓜ piano	288
피팅룸 ⓜ probador	98
필기 ⓜ apuntes	238

ㅎ

하늘 ⓜ cielo	180
하드디스크 ⓜ dicco duro	274
하몽 ⓜ jamón	123
하원 의원 diputado/a	317
학교 ⓜ colegio, ⓕ escuela	240, 242
학년 ⓜ curso	241
학생 alumno/a	238
학원 ⓕ academia, ⓕ escuela	238, 242
학위 ⓜ título	245
학파 ⓕ escuela	242
할머니 abuela	62
할부금 ⓜ plazo	339
할부금 ⓕ cuota	335
할아버지 abuelo	62
할인 ⓜ descuento, ⓕ rebaja	349, 351
합창(단) ⓜ coro	285
항구 ⓜ puerto	227
해가 뜨다 amanecer	179
해가 지다 anochecer	179
해고하다 despedir	343

해바라기 ⓜ girasol	198
해변 ⓕ orilla, ⓕ playa	174, 175
해산물 ⓜ marisco	124
해안 ⓕ costa	171
해협 ⓜ estrecho	172
핸드백 ⓜ bolso	101
핸들 ⓜ volante	229
햄 ⓜ jamón	123
햄버거 ⓕ hamburguesa	122
햇빛이 잘 드는 soleado/a	151
행복한 feliz	43
행사 ⓜ evento	304
행성 ⓜ planeta	175
행주 ⓜ trapo	167
향수 ⓜ perfume	115
허벅지 ⓜ muslo	15
허파 ⓜ pulmón	17
헌법 ⓕ constitución	324
헐거운 ancho/a	107
헝겊 ⓕ tela	111
헝겊 ⓜ trapo	167
헤어드라이어 ⓜ secador	115
헤어지다 separarse	73
헬리콥터 ⓜ helicóptero	225
헬멧 ⓜ casco	222
헬스클럽 ⓜ gimnasio	295
혀 ⓕ lengua	14
현금으로 ⓕ en efectivo	350
현금자동지급기 cajero automático	209
혈관 ⓕ vena	18
혈압 ⓕ tensión	58
혈통 ⓕ raza	330
협상하다 negociar	339
형사 detective	325
형제 hermano	63
혜성 ⓜ cometa	170
호랑이 tigre	194
호수 ⓜ lago	173
호텔 룸과 하루 2식을 제공 ⓕ media pensión	310
혼동시키다 equivocar	48
홀아비 viudo	73
홈페이지 ⓕ página web	274
홍수 ⓕ inundación	182

화가 pintor(a)	289
화가 난 enfadado/a	43
화랑 ⓕ galería	287
화면 ⓕ pantalla	275
화산 ⓜ volcán	177
화상을 입다 quemarse	57
화장실 ⓜ lavabo, ⓜ váter	156, 258
화장지 ⓜ papel higiénico	157
화장품 ⓜ cosmético	113
화장하다 maquillarse	114
화창하다 hacer sol	181
화폐 ⓕ moneda	338
화학 ⓕ química	257
확실한 seguro/a	37
환경 ⓜ medio ambiente	205
환불해 주다 devolver	349
환자 enfermo/a, paciente	54, 56
회 ⓜ episodio	261
회비 ⓕ cuota	335
회사 ⓕ compañía, ⓕ empresa	342, 344
회의 ⓜ congreso	316
회전식 교차로 ⓕ glorieta	212
회전하다 girar	225
회화 ⓕ conversación	247
횡단보도 ⓜ cruce, ⓜ paso de peatones	210, 215
후보 candidato/a	316
후식 ⓜ postre	140
후원자 patrón(a)	345
후추 ⓜ pimiento	127
후회하다 arrepentirse	41
훔치다 robar	330
휘발유 ⓕ gasolina	225
휴가 ⓕ vacación	313
휴게소 ⓕ área de servicio	219
휴식 ⓜ reposo	57
흑갈색 머리카락의 moreno/a	22
흥미있는 aficionado/a	291
흥정하다 negociar	339
희극 ⓕ comedia	278
희생자 víctima	331

기타

@기호 ⓕ arroba	272
골뱅이 ⓕ arroba	272
12월 24일 밤 ⓕ Nochebuena	306
크리스마스이브 ⓕ Nochebuena	306
TV 드라마 ⓕ telenovela	264
1인용 소파 의자 ⓜ sillón	163
1일 업무 ⓕ jornada	344
12월 31일 밤 ⓕ Nochevieja	306